金融と保険の融合

究極のリスクマネジメント

可児 滋［著］

一般社団法人 金融財政事情研究会

はじめに

　企業経営を取り巻くリスクには、企業のコアビジネスに直結する経営リスクや、企業活動に必要となる資金調達・運用にかかわる金融リスク、さらにはコーポレート・シチズンシップにかかわる社会的リスク等があるが、最近では、世界の各地で多発をみている地震や台風、洪水等のカタストロフィ・リスクや猛暑、暖冬、豪雨、豪雪、旱魃等の天候リスクといった自然災害のリスクへの対応が大きな課題となっている。
　そして、こうした自然災害リスクにいかに対応すべきか、というリスクマネジメントのなかで、金融資本市場と保険市場がもつノウハウを統合するかたちで各種ツールの開発が具現化し、この結果、金融と保険の融合が着実に進行している状況にある。
　リスクは、決してスタティックなものではなく、環境の変化によって、また企業のビジネス内容の変化によってさまざまなかたちで多様化し、かつ複雑化している。巨大カタストロフィがグローバル規模でサプライチェーンに深刻な被害をもたらした事実が、こうした企業を取り巻くリスク環境の変化を如実に物語っている。企業のリスクマネジメントは、このようにダイナミックに変化するリスクに適切に対応する必要がある。
　リスクマネジメントのアプローチは、リスクの事前防止とリスクが現実に発生した際の事後措置の双方をバランスよく組み合わせて実施することが肝要である。
　しかし、これまでのリスクマネジメントをみると、いざ現実にリスクが表面化した場合の事後措置が十分ではなかったというケースが少なくない。その背景には、事前のリスク防止に完全を期している以上、リスクの事後措置にさして注力する必要はなく、むしろ事後措置に重きを置くこと自体が、事前のリスクマネジメントが不十分であることになり自己矛盾である、といった潜在意識がある。リスクに対する「絶対安全神話」の考えがこの典型である。しかし、いかにリスクの事前防止策を講じても、リスクが完全になくな

るわけではない。

　リスクに対応するためのマネジメントは、リスクの予防策としての「リスクコントロール」と、リスクの発生による被害をカバーする対応策としての「リスクファイナンス」を組み合わせて、はじめてベストプラクティスを実現することが可能となる。

　そして、その各々について企業はビジネスの内容や企業の財務力、さらには企業をめぐる諸環境を総合勘案して、各種のツールを組み合わせたポリシーミックスにより最適なリスクマネジメント戦略を構築する必要がある。

　リスクマネジメントに活用されるツールとしては、伝統的な保険が重要な役割を果たしているが、カタストロフィ・リスク等は、発生確率は低い（low frequency）ものの、いざこれが発生すると甚大な影響を及ぼす（high severity）ことから、保険市場のキャパシティではこうしたリスクを十分に吸収することが困難になるといった状況がみられる。

　特に、このところ、巨大カタストロフィ・イベントの発生が増加していることから、その発生のつど、保険市場のキャパシティ不足から来るハードマーケット化（保険料の急騰）が顕現化している。

　そこで、保険市場よりもはるかにリスク引受けキャパシティが大きい金融資本市場を活用するさまざまなツールが開発されることになった。これは、伝統的な保険にかわるリスクマネジメントのツールとしてART（代替的リスク移転）と呼ばれている。その代表例が、CATボンドと略称される災害債券（カタストロフィ・ボンド）や天候デリバティブである。

　そして、新たなツールが伝統的な保険市場を補完するかたちで、金融資本市場と保険市場の融合が促進されている。このような金融と保険との融合は、単に金融資本市場が保険市場にリスクテイクのキャパシティを提供することにとどまらず、金融資本市場が営々と培ってきたイノベーションを保険市場に提供し、また、保険市場が営々と培ってきたリスクマネジメントのノウハウを金融資本市場に提供するというように、マーケット間の緊密度が高まるなかで、相互に切磋琢磨しながら、その機能が統合されるかたちで進行している。

いまや各企業のリスクマネジメントのあり方いかんが会社の命運を握っているばかりか、経済活動全体のリスク耐久度を決定するといっても決して過言ではない。本書が、先行きも予想されるリスクの顕現化に対して、適切なリスクマネジメントを企画、実行するための一助となれば幸甚である。

　本書の出版にあたっては、一般社団法人金融財政事情研究会の加藤一浩前出版部長（現、株式会社きんざい社長）、谷川治生現出版部長をはじめ皆様に格別お世話をいただいた。紙上をお借りして厚くお礼を申し上げたい。

2013年7月

可児　滋

[著者略歴]

可児　滋（かに　しげる）

横浜商科大学商学部教授
1966年 日本銀行入行、英国ハル大学へ留学、
日本銀行岡山支店長、文書局長、
東京証券取引所常務理事、
日本電気株式会社常勤顧問等を経て2006年から現職。
日本証券アナリスト協会検定会員（CMA）、CFA協会認定証券アナリスト（CFA）、国際公認投資アナリスト（CIIA）、CFP、１級FP技能士。
著書・訳書に、
『資産証券化と投資ファンド：市場型間接金融』日本評論社2008、『英和和英デリバティブ・証券化用語辞典』中央経済社2009、『金融先物の世界』時事通信出版局2009、『金融技術100の疑問』時事通信出版局2010、『先物市場から未来を読む』（訳書：Leo Melamed著）日本経済新聞出版社2010、『環境と金融ビジネス』銀行研修社2011、『イノベーション・スピリッツ』金融財政事情研究会2012、『デリバティブがわかる』（共著）日本経済新聞出版社2012など多数。

目　次

第1章
カタストロフィ・リスクとリスクマネジメント

1　カタストロフィ・リスクの発生と損害状況 …………………………… 2
2　カタストロフィ・リスクの概念と特性 ………………………………… 7
　（1）ペリル、ハザード、リスク ………………………………………… 7
　（2）カタストロフィ・リスクの特性 …………………………………… 7
　（3）カタストロフィ・リスク発生の推測 ……………………………… 8
　（4）カタストロフィ・リスクと脆弱性 ………………………………… 9
3　リスクマネジメント …………………………………………………… 10
　（1）リスクマネジメントの重要性とポイント ………………………… 10
　（2）カタストロフィ・リスクマネジメントの特徴 …………………… 11
　（3）カタストロフィ・リスクマネジメントの枠組み ………………… 12
　（4）統合的リスクマネジメント ………………………………………… 29

第2章
リスクファイナンスと保険・再保険

1　保険業界のコアビジネス ……………………………………………… 36
　（1）保険と統計原則 ……………………………………………………… 36
　（2）カタストロフィ・リスクと保険 …………………………………… 38
2　日本の地震保険 ………………………………………………………… 43
　（1）一般家庭向け地震保険と政府の役割 ……………………………… 43
　（2）地震保険の補償内容等 ……………………………………………… 44
3　再保険の種類 …………………………………………………………… 45
　（1）契約形態による分類 ………………………………………………… 45

（2）リスク負担による分類 ……………………………………… 47

第3章 リスクファイナンスと代替的リスク移転（ART）

1　カタストロフィ・リスクと再保険市場の限界 ………………………… 54
　　（1）再保険市場の受再キャパシティ ……………………………… 54
　　（2）再保険のマーケットサイクル ………………………………… 55
2　金融資本市場の活用とART ……………………………………………… 57
　　（1）再保険とART …………………………………………………… 57
　　（2）金融と保険の融合 ……………………………………………… 59
3　キャプティブ ……………………………………………………………… 63
　　（1）キャプティブとリスクの自家保有 …………………………… 63
　　（2）キャプティブの発展経緯 ……………………………………… 63
　　（3）キャプティブの機能 …………………………………………… 66
　　（4）キャプティブの種類とフレームワーク ……………………… 69
　　（5）キャプティブの設立拠点と運営 ……………………………… 76
　　（6）日本企業のキャプティブ ……………………………………… 79
4　ファイナイト ……………………………………………………………… 79
　　（1）ファイナイト保険の基本コンセプト ………………………… 79
　　（2）ファイナイト保険の特徴とメリット ………………………… 80
　　（3）ファイナイト保険のフレームワークとその活用 …………… 82
　　（4）ファイナイト保険の課題 ……………………………………… 84
5　コンティンジェント・キャピタル …………………………………… 85
　　（1）コンティンジェント・キャピタルの基本コンセプト ……… 85
　　（2）コンティンジェント・キャピタルの機能とメリット ……… 87
　　（3）カタストロフィ・リスクとコンティンジェント・キャピタル ……… 88
　　（4）コンティンジェント・キャピタルと保険業界 ……………… 89
6　コミットメントラインとコンティンジェント・ローン …………… 89

(1) コミットメントラインの基本コンセプト ……………………… 89
　(2) コミットメントラインの機能と特徴点 ………………………… 90
　(3) コンティンジェント・ローン …………………………………… 91
　(4) 日本におけるコンティンジェント・ローンの事例 …………… 92
7　コンティンジェント・サープラスノート ……………………………… 96
　(1) コンティンジェント・サープラスノートの基本コンセプト … 96
　(2) サープラスノートのフレームワーク …………………………… 97
　(3) コンティンジェント・サープラスノートの具体例 …………… 99
8　コンティンジェント・エクイティ ……………………………………… 100
　(1) コンティンジェント・エクイティの基本コンセプト ………… 100
　(2) コンティンジェント・エクイティのリスク …………………… 102
　(3) コンティンジェント・エクイティの具体例 …………………… 103
9　サイドカー ………………………………………………………………… 104
　(1) サイドカー発展の経緯 …………………………………………… 104
　(2) サイドカーの基本コンセプトとフレームワーク ……………… 105
　(3) サイドカーの特徴とメリット …………………………………… 107
10　インダストリーロス・ワランティ …………………………………… 109
　(1) インダストリーロス・ワランティの基本コンセプト ………… 109
　(2) インダストリーロス・ワランティの開発と発展経緯 ………… 110
　(3) インダストリーロス・ワランティの特性とフレームワーク … 111
　(4) インダストリーロス・ワランティの具体例 …………………… 114
　(5) インダストリーロス・ワランティのメリットとリスク ……… 114

第4章
リスクファイナンスとデリバティブ

1　カタストロフィ・スワップ ……………………………………………… 118
　(1) カタストロフィ・デリバティブとスワップ …………………… 118
　(2) カタストロフィ・リスクスワップ ……………………………… 119

(3)　カタストロフィ・再保険スワップ ································ 123
2　カタストロフィ先物、オプション ································ 125
　　(1)　シカゴ商品取引所のカタストロフィ先物、オプション ·········· 126
　　(2)　シカゴ商業取引所のハリケーン先物、オプション ················ 133
　　(3)　その他取引所上場のカタストロフィ・デリバティブ ············ 137

第5章 CATボンド（カタストロフィ・ボンド）

1　カタストロフィ・リスクと保険リンク証券 ························ 142
　　(1)　保険リンク証券とCATボンド ································ 142
　　(2)　証券化の発展経緯 ·· 142
　　(3)　証券化のフレームワーク ···································· 144
　　(4)　保険リンク証券の登場 ······································ 145
2　CATボンドとカタストロフィ・リスク ···························· 146
　　(1)　CATボンドが対象とするカタストロフィ・リスク ·············· 147
　　(2)　CATボンド発行のフレームワーク ···························· 147
　　(3)　CATボンドの特性 ·· 156
3　保険・再保険とCATボンドの比較 ································ 156
　　(1)　キャパシティの大きさ ·· 157
　　(2)　実損てん補とベーシスリスク ································ 157
　　(3)　決済のタイミング──支払い即時性 ···························· 159
　　(4)　リスクヘッジ期間 ·· 159
　　(5)　信用リスク ·· 160
　　(6)　リスクのヘッジコスト ·· 161
4　CATボンドマーケットの動向 ···································· 161
　　(1)　CATボンドマーケットの推移 ································ 162
　　(2)　グローバル金融危機後のCATボンドマーケット ·············· 162
5　カタストロフィ・リスクとモデルの構築 ························ 166

(1) カタストロフィ・モデルの発展経緯 ……………………………… 166
　　(2) 決定モデルと確率モデル …………………………………………… 169
　　(3) カタストロフィ・モデルの構築の骨組み ………………………… 170
　　(4) カタストロフィ・モデルのさらなる発展 ………………………… 173
6　CATボンドのトリガー ………………………………………………… 177
　　(1) CATボンドのトリガーの基本コンセプト ……………………… 177
　　(2) 逆選別とモラルハザード ………………………………………… 179
　　(3) 情報の非対称性とモラルハザード ……………………………… 182
　　(4) トリガーの種類と特性 …………………………………………… 184
　　(5) トリガーの選択にあたって考慮すべき要素 …………………… 196
　　(6) 最適なトリガーの選択 …………………………………………… 199
　　(7) CATボンドのトリガー別発行推移 ……………………………… 199
7　CATボンドの格付 ……………………………………………………… 201
　　(1) CATボンドの格付の必要性 ……………………………………… 201
　　(2) カタストロフィ・モデルとCATボンドの格付 ………………… 202
　　(3) CATボンドの格付の手法 ………………………………………… 203
　　(4) CATボンドの格付の状況 ………………………………………… 205
8　CATボンドの投資家 …………………………………………………… 205
　　(1) 投資家のプロファイル …………………………………………… 205
　　(2) CATボンド投資のインセンティブ ……………………………… 208
9　CATボンドの具体例 …………………………………………………… 215
　　(1) USAA発行のCATボンド ………………………………………… 215
　　(2) 日本の損保会社発行のCATボンド ……………………………… 218
　　(3) 日本企業等発行のCATボンド …………………………………… 223
10　CATボンドマーケットのフロンティア …………………………… 237
　　(1) マルチペリルCATボンド ………………………………………… 237
　　(2) マルチトリガーCATボンド ……………………………………… 240
　　(3) 合成CATボンド …………………………………………………… 242
　　(4) 自然災害リスク以外のCATボンド ……………………………… 243

11　CATボンドマーケットの現状と課題 ………………………………… 246
　(1)　CATボンド市場の規模 ………………………………………………… 246
　(2)　CATボンドの発行コスト ……………………………………………… 246
　(3)　CATボンドの流通市場の流動性 ……………………………………… 250
　(4)　金融資本市場と保険市場の相互補完関係 …………………………… 251

第6章 天候デリバティブ

1　ビジネスと天候リスク ……………………………………………………… 254
　(1)　天候リスク対応への経営責任 ………………………………………… 254
　(2)　各業界における天候リスク …………………………………………… 255
　(3)　天候リスクマネジメント ……………………………………………… 258
　(4)　天候データ ……………………………………………………………… 259
2　天候リスクマネジメントと天候デリバティブ ………………………… 265
　(1)　天候デリバティブのコンセプト ……………………………………… 265
　(2)　天候デリバティブの発展経緯 ………………………………………… 265
　(3)　天候デリバティブによる天候リスクマネジメント ………………… 268
　(4)　天候デリバティブと保険との違い …………………………………… 269
　(5)　天候リスクの定量化 …………………………………………………… 271
　(6)　天候デリバティブのペイオフとプライシング ……………………… 274
　(7)　天候オプション ………………………………………………………… 275
3　天候デリバティブ取引の実際 …………………………………………… 277
　(1)　OTC取引 ………………………………………………………………… 277
　(2)　取引所取引 ……………………………………………………………… 284
　(3)　日本の天候デリバティブ取引 ………………………………………… 295

参照・引用文献 ………………………………………………………………… 303
事項索引 ………………………………………………………………………… 307

第1章

カタストロフィ・リスクと
リスクマネジメント

1 カタストロフィ・リスクの発生と損害状況

　1900年から現在までの自然災害に起因するカタストロフィ・イベントの発生件数をみると、趨勢的な増加をみており、特に1970年代以降はその増加が加速している状況にある（図表1－1）。これを損害額でみると、年ごとに大きなばらつきがみられるものの、トレンドとしては、やはり1970年代以降、急激な増加となっている（図表1－2）。また、IMFの調査によると、1990年代の自然災害による全世界の損害額は、1950年代に比べると18倍にのぼっている[1]。さらに、1900年から現在に至るまでの期間について、アジア地域の自然災害発生状況をみると、件数も損害額も漸増して、特に1980年以降の増加が顕著である（図表1－3）。

　このように、カタストロフィ・リスクによる被害を大きくしている要因には、都市への人口集中といった都市化の傾向の強まりと、それに伴いリスクにさらされる物的資産の増加がある。国連によれば、世界の総人口のうち都市に住む人口の割合は1950年には30％であったが、その50年後の2000年には50％へと大幅に上昇している。また、2025年にはこの割合がさらに60％まで上昇することが見込まれている[2]。

　カタストロフィ・リスクには、さまざまな種類があるが、このうち、地震、台風、洪水、旱魃の4種類が全体の74％となっている。そして、世界の人口のうち13％が、台風や洪水の被害を受けやすい海岸沿いのいわゆる海抜ゼロメートル地帯に住居を構えている。また、地震、台風、洪水、旱魃に高潮を加えた五つのカタストロフィ・リスクに最も多くさらされている国をみると、バヌアツ、トンガ、フィリピン、コスタリカに続いて日本が第5位となっている[3]。

---

[1] Freeman, P., Keen, M., and Mani, M. (2003) *Dealing with increased Risk of Natural Disasters* IMF.
[2] Kunreuther, H. C., and Michel-Kerjan, E. O. (2009) The Development of New Catastrophe Risk Markets *University of Pennsylvania*. p123
[3] Bündnis Entwicklung Hilft (2011) *World Risk Report* 2011

図表1－1　自然災害によるカタストロフィ・リスクの発生件数（1900～2011年）

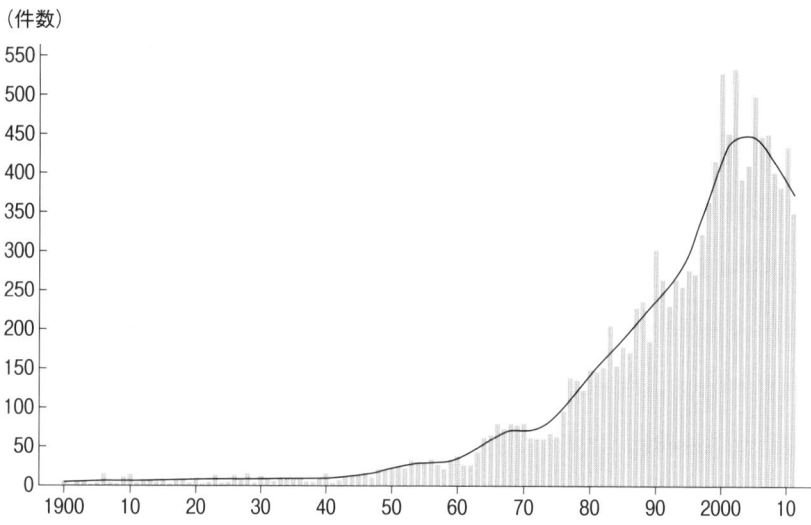

（出所）　EM-DAT：The OFDA/CRED International Disaster Database —Université Catholique de Louvain, Brusselsをもとに著者作成

図表1－2　自然災害に起因するカタストロフィ・リスク発生による損害額（1900～2011年）

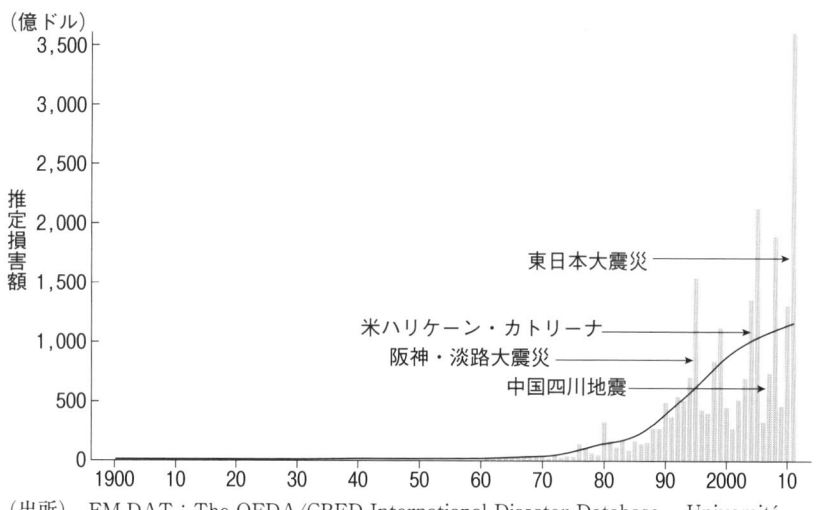

（出所）　EM-DAT：The OFDA/CRED International Disaster Database —Université Catholique de Louvain, Brusselsをもとに著者作成

図表1−3　アジア地域における自然災害発生件数と損害額

期間	自然災害発生件数 (年平均)	損害額（百万ドル）	
		年平均	1件当り平均
1900−09	1	2	2
1910−19	1	11	11
1920−29	2	69	35
1930−39	2	148	74
1940−49	2	48	24
1950−59	2	48	24
1960−69	7	131	19
1970−79	10	878	88
1980−89	21	1,801	86
1990−99	30	28,965	966
2000−11	54	53,935	999

（出所）　アジア開発銀行

　特に、アジア地域においては、さまざまなカタストロフィによる被害に見舞われるリスクが最も高いことが、過去からのデータで明らかにされている。具体的には、自然災害に起因するカタストロフィ・リスクの損害額を地域別割合でみると、1980年から2011年までの期間中、米国が40％、欧州が14％、豪州が3％、アフリカが1％であるのに対して、アジアは42％と最大のカタストロフィ・リスク地帯となっている（図表1−4）。また、アジア開発銀行の調査結果では、1980年から2009年までの期間中、アジア太平洋地域のGDPは世界全体の25％弱であるが、この期間に全世界で発生した自然災害による損失総額のうちアジア太平洋地域が被った損害額のシェアは38％と、カタストロフィ・リスクの最大被害地域となっている[4]。

　これを特に巨大カタストロフィについてみると、1980年から2011年までの期間中、世界中で最も損害額が大きいカタストロフィ・イベント上位10件の

---

[4]　ADB（2012）*Response to Natural Disasters and Disaster Risks* ADB 2012.10

図表1−4　自然災害に起因するカタストロフィの地域別発生割合（1980〜2011年、発生件数）

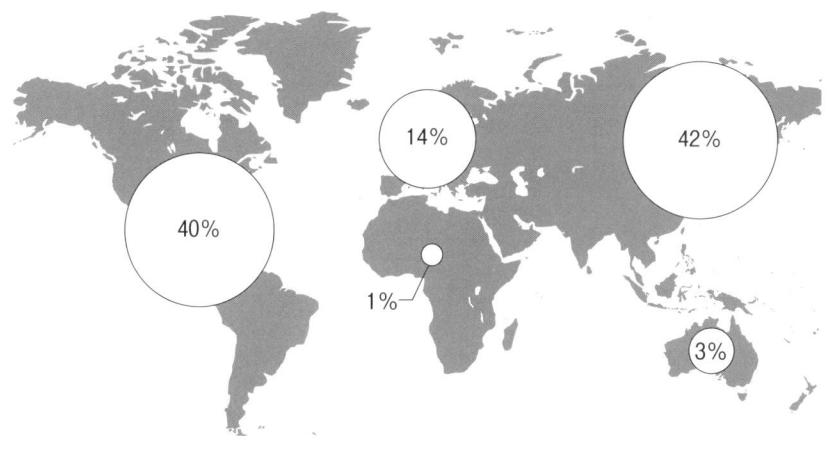

大陸	損害額（億ドル）
米国（含む南米）	14,070
欧州	4,950
アフリカ	440
アジア	14,500
豪州	1,040

（出所）ミュンヘン再保険会社

なかで、アジア地域で発生したカタストロフィが6件にのぼっており、このうち日本で発生したカタストロフィが、東日本大震災、阪神・淡路大震災、新潟県中越地震の3件と5割を占めている。また、1980年からの30年間に発生したこの10件のうち7件が2000年後に発生をみており、時期を追うごとに巨大カタストロフィ・イベントの発生が加速度的に増加していることがうかがわれる（図表1−5）。

さらに、アジア太平洋地域の居住者が自然災害に見舞われる確率を欧米の居住者と比べると、実に25倍もの高率となっている。現に、世界の大都市で自然災害に最も脆弱な都市は、そのほとんどがアジアにより占められてい

図表1－5　自然災害に起因する巨大カタストロフィ・リスクの発生ケース（1980～2011年）

	発生時期	カタストロフィ	損害額（億ドル）
1	2011. 3	東日本大震災	2,100
2	2005. 8	米ハリケーン・カトリーナ	1,250
3	1995. 1	阪神・淡路大震災	1,000
4	2008. 5	中国四川大地震	850
5	1994. 1	米ノーリッジ地震	440
6	2011.11	タイ洪水	400
7	2008. 9	米ハリケーン・アイク	383
8	1998. 5～9	中国長江　洪水	307
9	2010. 2	チリ地震	300
10	2004.10	新潟県中越地震	280

（出所）　ミュンヘン再保険会社

る。アセアンと国連、世界銀行が行った推計によると、アセアン地域は、100年に一度の割合で190億ドルを超える損失を被るカタストロフィ・リスクに襲われるとしている。しかしながら、過去20年間の自然災害による損害額をみると、アジア地域における年間平均損害額は実に400億ドルに達している[5]。

　これは、人口や物的資産が集中した地域にカタストロフィ・イベントが発生したことを端的に示すものである。

　このように、各種の統計から、カタストロフィ・リスクが都市およびその周辺部に発生した場合には、人命はもとより、物的被害は甚大なものとなることが浮き彫りとなっている。

---

[5]　EM-DAT: *The OFDA/CRED International Disaster Database*（2012）— Universite Catholiqué de Louvain, Brussels

2 カタストロフィ・リスクの概念と特性

リスクマネジメントの検討に入る前に、まず、カタストロフィ・リスクの概念と特性を整理しておこう。

(1) ペリル、ハザード、リスク

「ペリル」は、損失を引き起こすことになる可能性のあるイベント（事象）をいう。したがって、ペリルがあってもそれが必ずしも金銭的な損失を招くわけではない。たとえば、砂漠の真ん中で地震というペリルが発生したとしても、そこに人や建物等が存在しなければ目にみえる被害を受けるおそれはない。それが、大きな損害を及ぼすのは、そのようなイベントが発生する地域に人的、物的資産が集中していることによる。

一方、「ハザード」は、リスク発生により損失を引き起こす確率を高める事象や、損失を拡大させる事象をいう。すなわち、ハザードは、リスクを発生させる原因となる環境を意味する。ハザードは、たとえば免震構造でない建物や耐震強化策が講じられていない設備、活断層、強度や高さが十分ではない堤防や防波堤、災害予防マニュアルが完備されていない企業等に存在する。

そして、「リスク」は、あるイベントの結果として発生する損失発生の可能性、ないし不確実性である。

(2) カタストロフィ・リスクの特性

リスクを頻度と程度により分類すると、一般的に頻度が高いほど発生した場合の程度は軽く、頻度が低いほどいざ発生すると深刻な被害を及ぼす結果となるケースが多い。

大規模自然災害リスクは、まれにしか発生しないが、いったん発生するとその被害は甚大なものとなることが少なくない。このように低頻度・高損害（low frequency-high severity）を特徴とするリスクは、カタストロフィ・リ

スク（catastrophe risk）とかCATリスクと呼ばれる。また、年間発生確率が1％以下、すなわち、100年に一度発生するかどうかといったリスクを、スーパーCATイベントということもある。

カタストロフィ・リスクは、人命と社会生活、そして経済の各方面に大きな影響をもたらす。大規模自然災害リスクには、季節に関係なく不規則に発生するが、地域はある程度推測することができる地震、津波、噴火等のカタストロフィ・リスクと、特定の季節に発生するが、その多くが地域を特定して予測することがむずかしい台風、竜巻、洪水、雹（ひょう）等のカタストロフィ・リスクがある。そして、このいずれのカテゴリーのカタストロフィ・リスクについても、発生確率と損失の予測がきわめてむずかしいという特性をもっている。

(3) カタストロフィ・リスク発生の推測

交通事故や住宅火災等のリスクは、どこかで毎日のように発生し、また、その1件当りの物的損失も、個々にみれば差はあるものの、一般的にはさほど大きくはない。そして、こうした損失は、統計的手法や数理学的手法で一定の確度をもって推測することが可能である。

しかし、カタストロフィ・リスクについては、このような手法で損失リスクを的確に予想することはきわめて困難な実情にある。すなわち、多くのカタストロフィは不規則に発生し、いざ発生すると損害は甚大なものとなる。たとえば、世界中で毎年700件強の自然災害に関連したカタストロフィ・イベントが発生しているが、これを世界中に存在する災害に脆弱な地域の数と比較すると、きわめて低い率となる[6]。そして、この700件のうちの1件がある特定の場所に発生する確率は10年、100年、500年、またはそれ以上に長い期間のうちの1回となる。

したがって、こうした数少ない過去のデータから、ある特定の地域においてカタストロフィが発生する確率を定量的に求めることは、決して容易なこ

6　Banks, E. (2005) *Catastrophe Risk*. John Wiley & Sons, Ltd. p3

とではない。しかし、すべてのカタストロフィ・リスクが必ずしもランダムなものではなく、また、カタストロフィ・リスクによってランダム性にもおのずから程度の差があり、長期的にみれば発生確率をある程度の確度をもって予想することが可能なカタストロフィ・リスクも存在する。

なお、カタストロフィの発生確率は、たとえば、ある年にある地域にマグニチュード8の地震が起きる確率は0.01の確率であるというように、通常、年間の発生頻度で示される。この例によれば、ある年におけるカタストロフィの不発生確率は99.0%となり、また、カタストロフィの発生のインターバルは、100年間に一度となる（0.01＝1/100年）。

(4) カタストロフィ・リスクと脆弱性

カタストロフィ・リスクの把握には、とりわけ脆弱性に対する認識とその評価がきわめて重要となる。ここで「脆弱性」(vulnerability) とは、カタストロフィ・リスクが発生した場合に、その対象がどの程度の経済的な損失を被るかの程度を示す。また、このようにリスクにさらされている対象を「エキスポージャー」(exposure) という。そして、この脆弱性を極小化することがカタストロフィ・リスクマネジメントが目指すべき重要なポイントとなる。

こうした脆弱性は、カタストロフィ・リスクに対するエキスポージャーの大きさにより左右される。無人島がもつリスク・エキスポージャーは大きなものではなく、したがって、たとえカタストロフィ・イベントが発生しても、さしたる経済的な損失が発生するわけではない。一方、大規模な経済圏を形成して、リスク・エキスポージャーが巨大な規模にまで発展した東日本で発生した大震災では、未曽有の被害を受けることとなった。

リスク・エキスポージャーは、絶えず変化することから、それにつれて脆弱性も大きく変動する。すなわち、経済成長のプロセスにおいては、特に規模の経済が大きく働くことから、世界中で都市部およびその周辺地域への人口と物的資産の集中化、蓄積が進行し、それに伴い都市部と周辺地域の災害へのエキスポージャーが一段と巨大化する状況にある。

このように、カタストロフィ・イベントが発生しやすい地域への人口集中がみられ、それにつれて物的資産の集積が進む状況にあっては、その当然の帰結として脆弱性は増大することになる。したがって、こうした地域にカタストロフィが発生した場合には、当該地域における人的、物的な被害はもとより、企業にとっては事業の停止等による間接的な損失が甚大なものとなるおそれがある。たとえば、地震等のカタストロフィ・リスクに対する直接被害への対策としては免震構造の普及等により漸次、進捗がみられているが、間接的な被害への対策は、それに比べると大幅に遅れているのが実情である。

また、さまざまな業界におけるグローバル化の進展に伴う各経済拠点の結びつきの緊密化も間接的な被害をさらに拡大させる要因となっている。こうした事象は、東日本大震災でサプライチェーンの断絶により、グローバル規模での経済活動の停滞が発生したことに象徴的にみられた。

3 リスクマネジメント

(1) リスクマネジメントの重要性とポイント

このところ、企業に対して、コーポレートガバナンスのいっそうの強化を求める声が高まっているが、そのエッセンスは、適切なリスクマネジメントの実行である。

的確なリスクマネジメントのフレームワークを構築するためには、リスク・エキスポージャーの性格、リスク発生の頻度の確率、期待損失、リスクマネジメントのための所要コストの分析と推測を行うことが必要であり、これらすべてがリスクマネジメントのアクションプランにとって重要となる。

たとえば、企業が地震対策を検討する際には、避難マニュアルの整備、防災訓練の実施、建物の耐震対策、さらには地震発生時の資金手当等の項目が考えられる。しかしながら、こうした対策をメニューにして並べ立ててみても、全体としてどの項目に重点を置くのか、また個別の項目に対して各々ど

こまで資源を投入するのが適当かが、必ずしも明確なものとはならない。その結果、手をつけやすい対策から思いつくままに個別、断片的に実施していくことになりかねない。

こうした場当たり的なリスクマネジメントの弊に陥ることを回避して、限られた資源を極力有効に活用することにより、最大限の効果をあげる対策をとるためには、秩序立てたかたちでリスクマネジメントの枠組みを構築しなければならない。それには、まずもって、リスクそのものの予測を行うことが必要である。次に、予測されたリスクをもとにして、そのリスク発生により自社がどのようなかたちで、どの程度の規模の被害を受ける可能性があるかのシナリオを描く。そして、そのシナリオをベースにして、考えられる対策のなかから最適なソリューションを選択して、それにどこまで資源を投入するかを決定する。

こうすることにより、個々の企業のビジネスの内容に応じた実効性のあるリスクマネジメントを講じることが可能となる。

(2) カタストロフィ・リスクマネジメントの特徴

カタストロフィは、自動車事故のように多発しないが、一度起こると巨額にのぼる損害を引き起こすこととなる。また、時間的なリスクの分散がなく、一時点に損害が集中して発生するといった特徴をもっている。

このように、カタストロフィ・リスクがもつ特性は、一般的に保険の対象となるリスクがもっている特徴と必ずしもマッチしない。保険会社は、適正な保険料の設定とキャッシュフロー・マネジメントのために、保険の引受けにより抱えることとなるリスクの発生確率と損失規模の予想を的確に行うことが必須となる。こうした損失リスクの推定を行うにあたっては、個々の保険契約がもつリスクには相関性がなく、したがって保険リスクは分散可能であるとの前提がある。これにより、たとえば自動車保険のように同種リスクを対象にして多くの件数にのぼる保険契約を締結する場合には、大数の法則により発生確率を正確に予想することが可能となる。

そして、このような条件が満たされる限り、保険会社は、たとえ保険金の

支払いにつながるようなイベントの発生があっても、デフォルトとなることを回避することができる。

しかしながら、低頻度・高損害のカタストロフィ・リスクについては、さまざまな要因が影響し、不確実性がきわめて大きく、的確な予想はきわめてむずかしくなる。こうしたカタストロフィ・リスクは、いざ発生すれば巨額の損害となり、保険会社が破綻に至るおそれもある。実際のところ、1992年に米国のバハマやマイアミ、ルイジアナを襲ったハリケーン・アンドリューでは、保険金の支払いが莫大な規模となり、この結果、保険会社9社が支払不能に陥った[7]。

さらに、1994年にロサンゼルス市ノースリッジに発生したノースリッジ地震の後、カリフォルニアでビジネスを展開していた保険会社の多くは、仮にこれに続いて巨大カタストロフィが発生するようなことがあれば支払不能に陥ることが懸念された。現に、格付会社のS&Pは、ノースリッジ地震の後、さらなるカタストロフィが発生した場合には10社にのぼる保険会社が破綻する懸念があると予想した。

また、ノースリッジ地震発生後、カリフォルニア保険局が1995年に実施した調査の結果、大半の保険会社が住宅保険に制限を設けるか、保険の販売を完全に停止していることが判明した。こうした事情を背景として、官民共同出資によるCEA（California Earthquake Authority；カリフォルニア地震公社）が設立され、巨大災害による保険契約者の損失をカバーする制度が整備されるに至った。なお、CEAは後述するCATボンド（Catastrophe bond；災害債券）のスポンサーとして、過去幾度にもわたってCATボンドを発行した実績がある。

(3) カタストロフィ・リスクマネジメントの枠組み

カタストロフィ・リスクのなかでも、とりわけ自然災害に起因するカタストロフィ・イベントに対するリスクマネジメントは決して容易ではないが、

---

[7] 損害保険料率算出機構（2003）『巨大災害リスクに関する研究』2003年7月p13

いざ発生した場合には、その損害が甚大なものとなるおそれがあり、それだけに的確な対応が強く求められる。

企業のリスクマネジメントをみると、高頻度・低損害のリスクへの対応は、リスクマネジメントの重要性の認識の深まりやリスクマネジメント技術の進展もあって、このところ総じて大きな進展をみている。しかしながら、低頻度・高損害を特性とするカタストロフィ・リスクへの対応は、企業によってかなりばらつきがみられるのが実態である。

こうしたカタストロフィ・リスクマネジメントは、高頻度・低損害のリスクへの対応と異なる点も少なくないが、およそいかなるリスクマネジメントにおいても最終的な目的は、的確なリスクの認識、測定を実施して、そのうえでリスクにより被る損失を極小化することにある。

すなわち、リスクマネジメントの基本となるステップは、
① リスクの認識
② リスクの測定
③ リスクマネジメント手法の選択とその実行
④ リスクマネジメント実行後のモニター
といった共通する枠組みで実施されることとなる（図表１－６）。

① リスクの認識

リスクマネジメントの第一段階に来るのは、企業を取り巻くリスクの認識である。このステップにおいては、特にペリルのカテゴリーとその規模、発生頻度、発生場所、それにペリルを誘引するようなハザードの存在の有無の把握、認識が重要となる。

実際のところ、リスクマネジメントを構成するいくつかのステップのなかでも、とりわけリスクの認識は、その入口に当たる最も重要なファクターとなる。特に、カタストロフィ・リスクは、その特性である発生頻度の低さが、人々に、「ワーストケースシナリオは、まず起こることはあるまい」といった心理を形成する誘因になることに留意する必要がある。

このように、人々の間にカタストロフィ・イベントの発生はまずないと思

図表1-6 リスクマネジメントの枠組み

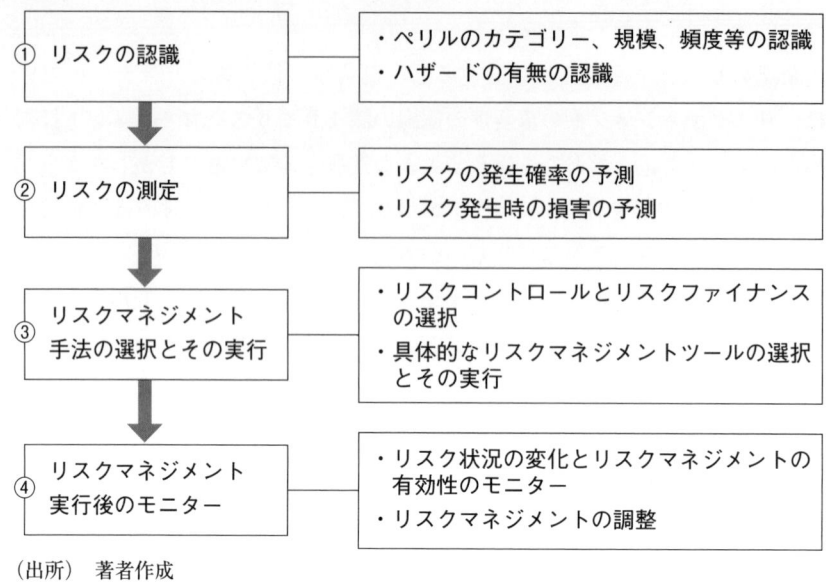

(出所) 著者作成

い込むセンチメントが根づいてしまうと、真のリスクマネジメントは覚束ないものとなってしまう。

・リスクの認識と行動経済学

　人間には、目にみえるものは信じるが、みえないものはややもすれば軽視してしまうという性向がある。その典型がリスクである。リスクは、それ自体、リスクであることにとどまっている限りは目にみえることはないが、いざリスクが顕現化した場合には人命や物的資産に被害が発生する。そして、事後になってはじめてリスクのおそろしさを物理的に認識することになる。このような特性をもつリスクを対象とするマネジメントを的確に実施することは、口でいうほど容易なことではない。

　こうしたリスクのなかでも、とりわけカタストロフィ・リスクは、その発生頻度が相対的に低く、それだけにいったい、いつ、どこで、どのような規模でリスクが発生するのかを予測することはきわめてむずかしい。

　カタストロフィ・リスクに対する事前の防災措置、減災対策がきわめて大

きな効果を発揮することは、過去の経験からみても明らかである。また、中央防災会議による首都直下型地震の防災戦略によれば、住宅、建築物、交通施設の耐震化、防火対策の推進や、企業の事業継続プラン（Business Continuity Plan；BCP）の策定、実行による生産活動の維持により、首都直下型地震による経済被害額を10年間で4割減少させることが目標となっている[8]。

このようにリスクマネジメントの重要性は明確であるにもかかわらず、現実にカタストロフィ・リスクが表面化しなければ防災のために積極的に投資をしようとはしないケースが少なくない。こうした状況は、まれにしか起きないというカタストロフィがもつ低頻度の特徴から、発生確率についてどうしても下方バイアスが働きやすいことによるものであり、したがって、リスクマネジメントについても中途半端に終わる傾向がある。これは「自然災害シンドローム」と呼ばれる現象である。

この背景には、行動経済学（behavioral economics）の観点からいくつかの事由が存在することが指摘されているが、そのいずれもが、リスクの認識にかかわる要因である[9]。

まず、人々はカタストロフィ・リスクが確率のかたちで示されると、それを被害の軽減のために積極的に活用しようとはしない事実があげられる。とりわけ、カタストロフィのように低頻度のイベントについての確率であるとその傾向が強い。たとえば、ある実証研究によると、人々は1万分の1の確率で発生するリスクと、100万分の1の確率で発生するリスクがもつ事の軽重を明確に区別することができないとの結果が出ている[10]。

また、人々は、ある確率以下のイベントについては、まさかそのようなことが自分の身に降りかかることはないだろう、と無視する傾向がある。したがって、あえて費用をかけてまでして積極的に災害対策を講じようとはしない。特に、巨大なカタストロフィを実際に経験したことのない場合には、そ

---

8 中央防災会議決定2006年4月
9 Kunreuther, H. C., and Michel-Kerjan, E. O. (2009) The Development of New Catastrophe Risk Markets *University of Pennsylvania*. p130
10 Kunreuther H.C. (2001) Mitigation and Financial Risk Management for Natural Hazards *The Geneva Papers on Risk and Insurance – Issues and Practice*.

うしたカタストロフィ・イベントが起こることはまずない、との確信に近い思い込みから、目にみえるベネフィットを生まないようなところに投資をすることには必ずしも前向きではなくなる。そして、カタストロフィが発生して現実に損害がわが身に降りかかってはじめて、予防措置をしておけばよかったと後悔することになる。

　さらに、人々は長期にわたって多額のコストを背負う原因となるリスクが将来発生する可能性が存在するにもかかわらず、そのリスクを回避するために短期的なコストをかける施策を実施することを避ける傾向が強い。また、遠い将来のリスクは過大にディスカウントしてみる結果、リスクを過小評価するという傾向もリスク軽視の大きな要因となっている。

　このように、リスクについて長期の視点からではなく、せいぜい先行き2〜3年のリスクしか予想していないといった短期的視点に基づく思考方法や行動様式は「リスク近視眼」(risk myopia) と呼ばれる。

　こうしたリスク近視眼がみられるケースは、なにも自然災害のカタストロフィに限られたことではない。グローバル金融危機にまで拡大した米国サブプライム危機も、リスク近視眼がその根底にあった。すなわち、人々は、いわゆる米国の安定経済（great moderation）のぬるま湯のなかに浸って、中長期的な金融リスクに対する備えを怠った。そして、短期のリターン獲得をねらうあまり、過度のクレジットリスクを取るビジネスにのめり込み、この結果、金融カタストロフィともいうべきシステミックリスクを発生させることになった。

　また、特に企業のリスクマネジメントにおいては、少なくとも自分の在職中にはこうしたカタストロフィ・リスクが起こることはない、とのリスク近視眼のもとで、マネジメント層がリスク軽減のための目先の投資に消極的な行動をとる可能性がある。

　このようなリスク近視眼的な行動をとることを回避するためには、なんといってもカタストロフィ・リスクの脅威と、それが発生した場合のインパクトを、過去のデータ等を活用して、自らの頭に十分、染み込ませるといったリスクの認識に対するたゆまぬ自己努力が必要である。

また、カタストロフィ・リスクがもつ低頻度の特性に起因するリスクの軽視への対応策としては、技術的ではあるが、カタストロフィ・リスクの発生確率の表現方法を変えることも一つの手法として考えられる[11]。たとえば、1年間のうちに発生する確率は100分の1というよりも、20年間のうちに発生する確率が5分の1といったように、やや長い時間枠で確率を表現することにより、人々がもつ閾値の水準を超えることでリスクの認識が強まる効果を期待することもできる。

②　リスクの測定

　リスクマネジメントの第二のステップであるリスクの測定では、リスクがどの程度の頻度で発生するかという発生確率の予測と、実際にリスクが発生した場合の損失額の予測を行うことがポイントとなる。

　第一ステップであるリスクの認識が、主として定性的であるのに対して、このリスク測定のステップにおいては、定量的な分析が求められることになる。

　リスクマネジメントは、後述（本項③）のとおり、リスク発生前の予防措置としてのリスクコントロールと、リスク発生後の対応措置としてのリスクファイナンスに二分されるが、この分類の前提としてリスクの発生頻度とその被害の度合いをカテゴリー別にして把握する必要がある。

　すなわち、リスクの測定では、①低頻度・低損害のリスク、②高頻度・低損害のリスク、③低頻度・高損害のリスク、それに④高頻度・高損害のリスクの四つのカテゴリーに分類することができる（図表1-7）。そして、実際には、発生の頻度が比較的高く、したがって前もってある程度見込まれるリスクであって、損害の度合いも概して大きくない高頻度・低損害のリスクカテゴリーと、発生の頻度が低く、したがって予見することがむずかしいリスクで、損害の規模が大きく企業の財務基盤を大きく揺るがし、さらには経営破綻に結びつくおそれのあるような低頻度・高損害のリスクカテゴリーが、

11　世界経済フォーラム（2009）『グローバルリスク・ネットワーク報告書』2009年1月p12

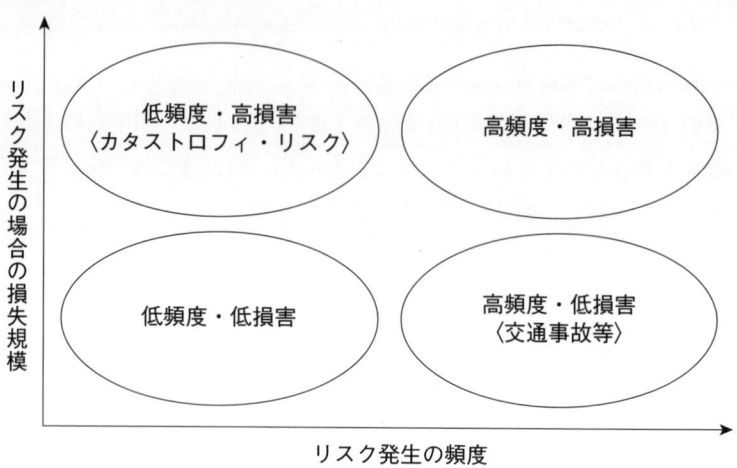

図表1－7　リスクマップ

（出所）著者作成

リスクマネジメント上、特に重要なものとなる。このなかでもとりわけ留意すべきリスクは、低頻度・高損害のリスクであることは、東日本大震災で証明されたところである。

　そして、高頻度のリスクは、大数の法則等をベースとして数理分析によって的確に推測することができる一方、低頻度のリスクは、主としてシミュレーションによりモデルを構築して推測する手法がとられている。

・リスクカーブ

　リスクの測定を定量的に行うツールとしては、一般的にリスクカーブが活用されている。

　リスクカーブは、横軸に予想損失額を、また縦軸に損失の年超過確率（EP）をとって描く。ここで、損失の年超過確率とは、1年間に一定の損害額以上の被害を及ぼすカタストロフィ・イベントが発生する確率をいう。たとえば、予想損害額が500億円で年超過確率が1％の場合には、500億円以上の損害額を及ぼすカタストロフィ・イベントが発生する確率が1年間で1％であることを意味する。また、このことは、100年に一度の確率で500億円以上の損害額を及ぼすカタストロフィ・イベントが発生することを意味する（図表

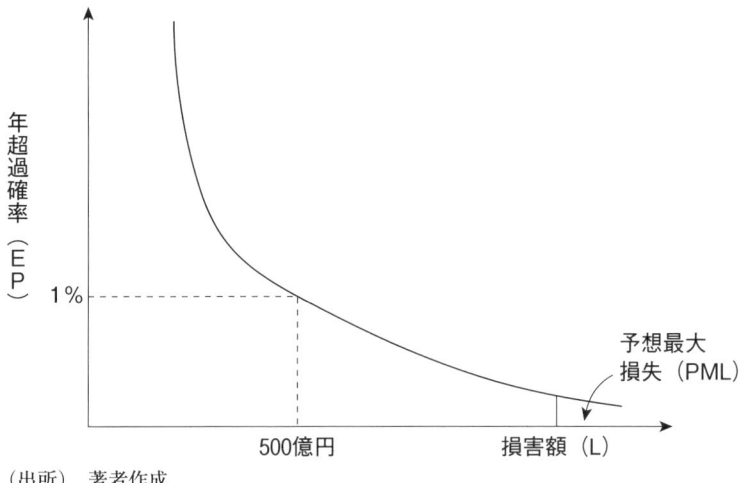

図表1-8 リスクカーブ

(出所) 著者作成

1-8)。そして、右肩下がりの曲線となるリスクカーブの右下の予想損失額が最大となる点が、予想最大損失 (Probable Maximum Loss ; PML) となる。

このリスクカーブの形状により、リスク発生の頻度やリスクが発生した場合の被害の大きさを推定することができる。すなわち、図表1-9①のような場合には、発生頻度は高いが、損失額が小さいリスクを示す。これに対して、図表1-9②のような場合には、発生頻度は低いが、いったん発生したら損失額が大きいリスクを示す。

③ リスクマネジメント手法の選択とその実行

以上みてきた第一ステップであるリスクの認識と、第二ステップであるリスクの測定の結果をふまえて、いよいよ的確なリスクマネジメント手法を選択して、それを実行に移すこととなる。

・リスクコントロールとリスクファイナンス

リスクマネジメントは、リスクコントロールとリスクファイナンスに大別される (図表1-10)。

このうち「リスクコントロール」は、リスクを回避、防止するとか、リス

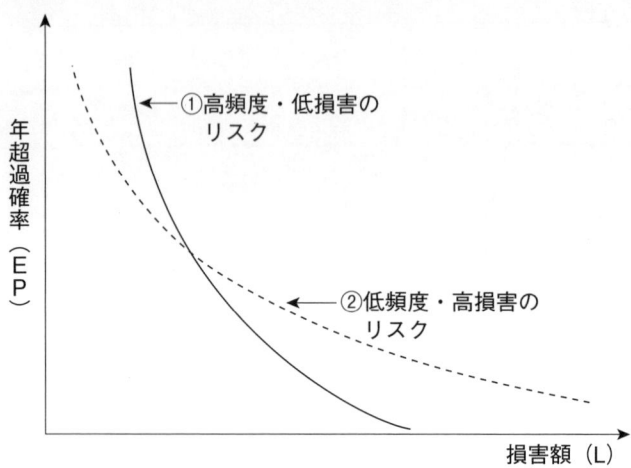

図表１−９　リスクのタイプとリスクカーブ

（出所）遠藤昭彦・吉川弘道『地震リスクマネージメントの考え方』をもとに著者作成

クが発生した場合に、その損失額を極力小さくするために事前に実施する諸方策である。一般的に、リスクが実際に発生してからその損失をカバーするコストは、リスクが発生する前にその予防措置を講じるコストに比べると、格段に高くなる。この事実からも、あらためてリスクコントロールの重要性を確認することができる。

　一方、「リスクファイナンス」は、災害が実際に発生して損失が現実のものとなった場合に、その損失のカバーのために資金手当を行う方策である。

　リスクマネジメントを検討するにあたっては、こうしたリスクコントロールとリスクファイナンスが表裏一体の関係にあることに留意する必要がある。すなわち、リスクコントロールは、カタストロフィ・リスクによる損失削減策（mitigation）の効果により、リスクファイナンスに必要となるコストを削減する効果をもつ。たとえば、リスクファイナンスの代表的なツールである災害保険では、リスクコントロールが充実しているほど保険料率が低くなる。このように、リスクコントロールによる減災対策の推進度合いがリスクファイナンスのコストに反映されることとなる。そして、リスクファイ

図表1-10 リスクマネジメントの手法

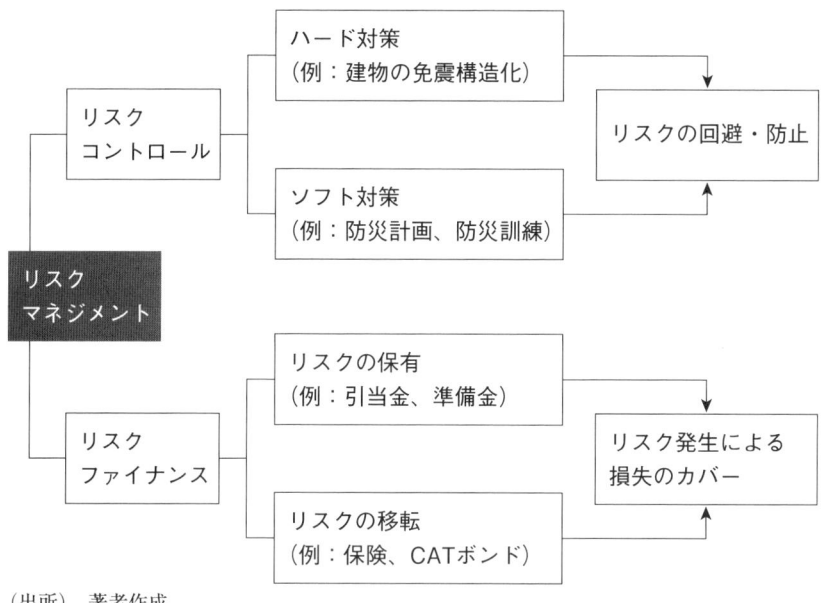

(出所) 著者作成

ナンスのコスト低下がリスクコントロールを行うインセンティブを強めるというかたちでフィードバックされることとなる。

　リスクマネジメントは、こうした損害の予防的緩和施策であるリスクコントロールと損害のカバーを行うリスクファイナンスを、それぞれの企業のリスク・エキスポージャーや、企業を取り巻く環境等を勘案のうえ、的確に組み合わせて、効率的に行う必要がある。

・リスクコントロール

　リスクコントロールは、企業自身の努力により、リスク自体を回避、防止、軽減するリスクマネジメントの手法である。すなわち、リスクコントロールは、リスクを予測して、それが実際に発生する前に損害を小さくする予防策を講じることを指す。このように、リスクコントロールの本質は「事前措置」であり、リスクマネジメントの最も基本となる要素である。

　自然災害のリスクコントロールは、リスク自体の生起確率を抑制すること

は事実上困難なことから、事前的に脆弱性の水準を極小化して、損失イベントが業務に悪影響するおそれを削減することがポイントとなる。

　こうしたリスクコントロールは、ハードとソフトの対策に分けることができる。まず、ハード面では、工場や営業所施設を免震構造にするとか耐火構造にするというように、災害に脆弱な施設を補強する対策がある。このように建物の構造を強化することは、リスクコントロールの最も有効な手段の一つである。ちなみに、米国の実証研究では、構造上の安全のために建物の価値の1％に相当する金額の投資をすると、発生する可能性のある最大損失を33％まで削減することができるといったデータや、商業用施設に鉄骨の構造を組み込むというような構造強化のために建物の価値の3％弱に相当する金額の投資をすると、カテゴリー3のハリケーンによる最大損失を50％まで削減することができるといったデータがある[12]。また、アジア開発銀行では、防災投資1ドル当りで、先行きの災害復旧費にかかるコストを少なくとも4ドル節減できると推計している[13]。

　こうしたハード対策としては、さらにスプリンクラーの設置等防火設備の拡充、ITのバックアップセンターの設置等のほかに、災害発生リスクの高い地域へのプラントの建設を避ける等の策が考えられる。

　一方、ソフト面の対策としては、カタストロフィ・リスクに関する教育、情報宣伝活動（情宣）が重要な要素としてあげられる。こうした教育、情宣の効果は決して過小評価されるべきではなく、特に想定外のイベントと考えられていたことが現実に発生した情報をリスクマネジメントの観点から正確に提供することが重要である。

　また、カタストロフィ・リスクの発生に備えて従業員のために安全確保のマニュアルを作成して、これに沿って定期的に防災訓練を行うことがソフト面において欠かせない方策となる。この点、2012年度に策定された中央防災会議の総合防災訓練大綱では、防災計画等の脆弱点や課題の発見に重点を置

12　Banks, E. (2005) *Catastrophe Risk* John Wiley & Sons, Ltd. p74
13　Asia Development Bank (2012) *Asia-Pacific's vulnerability to climate change* Asia Development Bank2012.11

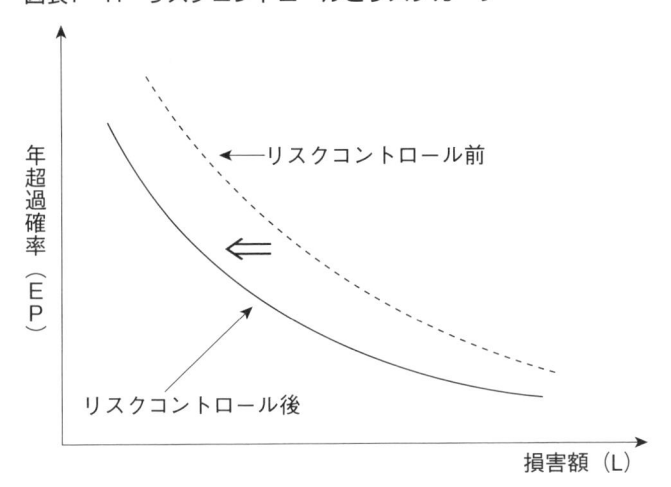

図表1-11　リスクコントロールとリスクカーブ

年超過確率（EP） ←――リスクコントロール前

←

リスクコントロール後

損害額（L）

（出所）　遠藤昭彦・吉川弘道『地震リスクマネージメントの考え方』をもとに著者作成

いた訓練の推進や、状況付与に基づいて参加者自身に判断を行わせる図上訓練の実施、組織を超えた防災対策の推進のために多数の主体が参加・連携する訓練の実施等を通じて、より実践的・効果的な訓練を指向することが必要であるとしている[14]。

　以上のように、各種のリスクコントロールによって、リスクの軽減を図ることが可能であるが、この効果は、前述のリスクカーブの形状の変化で示すことができる（図表1-11）。すなわち、リスクコントロールによりリスクの軽減効果が発現すると、リスクカーブは左下にシフトすることになる。そして、この結果残存したリスクは、リスクファイナンスにより対応することとなる。

・リスクファイナンス
　前述のリスクコントロールに万全を期しても回避できないリスクが残存する。特に、大規模なカタストロフィ・リスクのような低頻度・高損害のカテ

---

[14] 内閣府（2012）『総合防災訓練大綱─平成24年度』

ゴリーに属するリスクに対しては、リスクコントロールでは十分ヘッジができず、この結果、残余リスクを抱えざるをえなくなる。

リスクファイナンスは、こうした残余リスクが顕現化した場合に、それによる損失をファイナンスする手法をいう。すなわち、リスクファイナンスは、文字どおり、リスク発生時において資金を使ってこれに対応するファイナンス手段の総称である。

このように、リスクファイナンスの本質は、「事後措置」である。そして、カタストロフィ・イベントに対するリスクマネジメントにおいては、リスクコントロールに加えて、特にリスクファイナンスが重要な役割を担うことになる。

リスクファイナンスは、カタストロフィ・リスクが発生して実際に損失を被った後にはじめて手掛ける事後的リスクファイナンス（post-loss risk finance）と、損失発生を想定してカタストロフィ・リスクが発生する前にあらかじめ準備しておく事前的リスクファイナンス（pre-loss risk finance）とに大別される。

このうち、損失発生後に行う事後的リスクファイナンスには、借入れや債券発行、株式発行がある。

一方、損失発生前に行う事前的リスクファイナンスには、伝統的な保険のほか、コンティンジェント・キャピタル、CATボンドと呼ばれる災害債券、天候デリバティブ等がある。

一般的に、カタストロフィ・リスクが発生して企業が甚大な損失を被ると、当該企業の信用リスクは、以前に比べると格段に大きくなる。そして、この結果、損失発生後に行うリスクファイナンスにかかるコストは、損失発生前に行うリスクファイナンスにかかるコストよりも高くなるケースが多い。こうしたことを勘案すると、的確なリスクファイナンスは、リスク発生前にあらかじめファイナンス手段を準備しておくことが望ましい。

したがって、以下では、損失発生前に行う事前的リスクファイナンスを中心に述べることとする。すなわち、本書では主としてカタストロフィ・イベントの発生により被害が発生する事態を想定して、そのために必要となる資

金の手当を前もって予約ないし準備しておく手法としてのリスクファイナンスを検討することとしたい。

・**直接損失と間接損失**

カタストロフィ・リスクの長期的な影響については、直接損失のみならず、間接損失を考慮することがきわめて重要となる。ここで、具体的に直接損失とは資産への損害を、また、間接損失とは業務中断による損害を指す。

すなわち、カタストロフィ・リスクマネジメントを検討するにあたっては、地震で建物や機器類が損傷するといった直接損失のほかに、物流の遮断による生産面への影響や交通の遮断による顧客数の減少といった間接損失を勘案する必要がある。たとえば、後述（第5章9(3)①）のとおり、組織的なリスクマネジメントを実施しているオリエンタルランドでは、ディズニーリゾートの各施設の防災に万全を期するリスクコントロール対策に注力するとともに、巨大地震発生の際に予想される来場者数の減少に伴う営業収入面へのリスクをヘッジするリスクファイナンス対策を講じている。また、JR東日本でも、首都圏で直下型地震が発生した場合、乗客の減少等が財務面に及ぼす悪影響が懸念されることから、これを軽減するためのリスクファイナンスを実施している。なお、オリエンタルランドとJR東日本のケースは、あらためて後述（第5章9(3)①、③）することとしたい。

さらに、たとえば台風が襲来するおそれがある場所に工場をもつ企業の場合には、カタストロフィ・リスクによる直接損失を明確に認識することが可能であるが、電力を大量に使用する工場をもつ企業が、工場立地地域の電力会社から電力を購入している場合で、かつその電力会社の発電所がカタストロフィ・リスクにさらされているようなケースでは、当該企業は停電による工場操業停止という間接損失のリスクをもっていることに留意する必要がある。

・**リスクの保有とリスクの移転**

リスクファイナンスは、リスクの保有とリスクの移転に分かれる。

このうちリスクの保有には、意図せざるリスクの保有と意図したリスクの保有がある。このうち「意図せざるリスクの保有」は、企業のリスクマネジ

メントの失敗から過大なリスク・エキスポージャーをもつことにより、結果としてパッシブなかたちでリスクを自社内に保有する事態に陥ることをいう。これに対して「意図したリスクの保有」は、企業がリスクをあえて他の主体に転嫁することはせず、自社内で保有することをいう。こうした意図したリスクの保有は、企業が的確なリスクマネジメントのなかで一定量のリスクをアクティブに保有することを意味し、自家保険とか自己保険ともいう。

意図したリスクの保有には、企業のリスクコントロールが十分行われていて、たとえリスクが発生しても損害の度合いがさして大きくなく、自社の財務力でこれを吸収することができる場合や、リスクの移転をしようとしても、それにかかるコストがあまりにも大きいケースとか、さらには保険を掛けようと思っても保険会社が引受けを拒否するといったケースがある。

リスクの保有の方法としては、たとえば、リスク発生に備える引当金や準備金といった内部留保での対応がある。このように引当金等で対応する場合には、リスク発生のタイミングと損害規模を的確に予想することが、特に重要となる。

リスクの保有のメリットとしては、まずもって、リスクの移転に比べるとコストが低いことがあげられる。もっとも、リスクの保有といっても、決して無コストというわけではなく、資本コストを要することに留意しなければならない。

また、リスクの移転による場合には、リスクの引受け手となるカウンターパーティからさまざまな条件がつけられることが少なくないが、リスクの保有は、自社内での対応となり、自社の方針に沿うかたちでリスクマネジメントを弾力的、機動的に実施することが可能となる。

さらに、リスクを自社内で保有することにより、社員の間でリスクコントロールの重要性についての意識が強まり、ひいてはリスクカルチャーの醸成につながるといった副次的な効果も期待できる。

リスクの保有は、頻度は高いものの、損害額そのものは相対的に小さく、かつリスクの発生が相当の確度で予測できるケースで採用されることが多い。これに対して、カタストロフィ・リスクは、不規則に発生することから

統計的に予測が困難であり、また実際に発生した場合の損害額が甚大なものとなる。したがって、カタストロフィ・リスクは、一般的にリスクの保有の対象として適当ではないと考えられるものの、カタストロフィ・リスクの特性として発生頻度がきわめて低いことから、リスクの移転に要する高いコストの負担を回避するために、あえてリスクの保有を選択する企業も少なくない。しかしながら、経験的にみると、大きな災害があった後には、リスクの保有が減少してリスクの移転が増加する傾向が強まるとの結果になっている[15]。

　一方、自社内で保有する限界をオーバーしたリスクは、リスク引受け能力のある他の主体に移転することになる。すなわち、リスクの移転は、リスクテイカーとしてリスクを進んで引き受ける主体にリスクを転嫁することをいう。たとえば、工場の火災に備えて火災保険を掛けるといった対策は、リスクを損保会社へ移転する伝統的なリスクファイナンスである。また、新しい手法としては、カタストロフィ・リスクを証券化して投資家に移転するCATボンドを活用する手法がある。このように、リスク移転の方法には、伝統的な保険のほか、コンティンジェント・キャピタル、保険リンク証券（Insurance-Linked Securities；ILS）、デリバティブ等がある。次章以下では、こうした手法を中心に詳しく検討することとしたい。

　リスクの移転のメリットとしては、原則としてカタストロフィ・リスクにより被った損失額がてん補されることにある。

　また、自己資金をバックにしてリスクの保有を行う場合には、損失発生のカバーにより自社のキャッシュフローが大きく変動することになるが、リスクの移転の場合には、相対的にキャッシュフローが安定するといった点も企業経営の円滑化に資するメリットとなる。

・リスク保有とリスク移転の振分け

　リスクファイナンスを行うにあたってリスク保有とリスク移転をいかに適切に配分するかの検討に際しては、まずもって、リスクの発生頻度やリスク

---

[15] Culp, C. L.（2002）*The Art of Risk Management.* John Wiley & Sons, Ltd. p380

が表面化した場合の損失額の予想を的確に行う必要がある。すなわち、リスクが高頻度・低損害であり、また、企業がコアビジネスを通じてそのリスクの特質を熟知しているのであれば、まずリスクの保有という選択肢が考えられる。

しかし、自然災害に関連するカタストロフィ・リスクのように、低頻度・高損害で、かつ企業にとってリスクの特質を把握することが困難な場合には、一般的にリスクの移転を選択するほうが適切となる。

もっとも、この判断基準は絶対的なものではなく、企業の体力や企業が置かれた環境、それに各選択肢のコスト・ベネフィット分析結果等を総合的に勘案して決定する必要がある。この点では、特に両者のリスクファイナンスに要するコストを比較考量することが重要となる。すなわち、リスクの保有において、カタストロフィ・イベント発生に備えて資金流動性を補強する場合には資金調達コストを、また自己資本を拡充する場合には資本コストを考慮する必要がある。一方、リスクの移転においては、保険や保険リンク証券、デリバティブ等のリスクプレミアムを考慮する必要がある。

・リスクマネジメントのベストミックス

前述（本章3(3)②）のリスク発生の頻度と損害の度合いという2パラメータを基準とするカテゴリーで、リスクコントロールとリスクファイナンスの組合せをみると、低頻度・低損害は、リスク保有、高頻度・低損害はリスクコントロールとリスク保有の組合せ、低頻度・高損害、高頻度・高損害はリスクコントロールとリスク移転の組合せ、で行うというごく大まかなメドをつけることができよう。

しかしながら、リスクマネジメントには、およそすべての企業に共通した最適のソリューションなどというものは存在しない。最終的には、各企業がもつリスク・エキスポージャーとリスクマネジメントの基本目標とするところ、企業の財務状況とビジネス環境、リスクマネジメントで活用可能な各種ツールのプライシングをもとにした費用対効果分析、さらにはリスクマネジメントに対するステークホルダーの期待等を総合勘案したうえで、いわば企業の手づくりによるリスクマネジメントのベストミックスを構築することが

必要となる。

④ リスクマネジメント実行後のモニター

　企業が抱えるリスクをいかにマネージするかの決定をしてその実行に移したら、それでもってリスクマネジメントが完結したというわけではない。

　リスクは静的なものではなく、ダイナミックに変化する。また、企業のビジネスの内容や規模も、その企業を取り巻く環境も、時間の経過とともに大きく変化する。したがって、各企業は、その対象とするリスク状況の変化とリスクマネジメントの実効性を綿密にモニターする必要がある。

　そして、リスクマネジメントを策定した当初の状況から企業自体のビジネスに変化があるとか、リスク環境に変化がある場合には、それを織り込んだうえでモニタリングの結果を分析、検討して、必要があれば既往のリスクマネジメントを機動的、弾力的に調整して常に最適の状態を維持することが、特に重要となる。

　さらに、このモニタリングの結果とそれに対応して企業がとった各種施策を経営陣や取締役会といった企業の内部のみならず、株主をはじめとするステークホルダーや規制当局等、外部の関係者にも幅広くディスクローズすることが重要である。こうした積極的なディスクロージャーにより、客観的な視点からリスクマネジメントの的確性が評価されることとなり、そのフィードバックによりリスクマネジメントのさらなる向上を目指すインセンティブが強まる効果を期待することもできる。

(4) 統合的リスクマネジメント

　前述（本章3(3)③）のとおり、リスクコントロールは、企業自身で対応可能なリスクを対象とする一方、リスクファイナンスは、企業自身でコントロールすることが困難なリスクを対象とする。

　しかし、リスクコントロールとリスクファイナンスは決して二者択一のものではなく、この両者を組み合わせて実行することにより、企業が抱えるリスクを効果的にマネージすることが可能となる。

ここでは、ちょうど、金融ビジネスにおいて統合的リスクマネジメントの重要性が強調されているように、カタストロフィ・リスクへの対応にも、自社の経営ポリシーにマッチした統合的リスクマネジメントのアプローチが重要となる。すなわち、企業の金融リスクマネジメントでは、部門ごと、またはリスクの種類ごとに実施する縦割り的なサイロアプローチから、全社一体として横断的に検討、実施する統合的リスクマネジメントへと大きな舵切りが行われている。

　そして、定量的に把握されたリスクを、リスクコントロールにより回避、予防、軽減し、また、リスクファイナンスにより損害発生による資金手当を準備するといった手法を活用した統合的リスクマネジメントが実施されている。

　カタストロフィ・リスクマネジメントにおいても、このように、リスクコントロールとリスクファイナンスの効率的な組合せによる統合的なリスクマネジメントスキームを構築することがきわめて重要となる。

① 企業のリスク管理（ERM）

　およそ企業である以上、たとえカタストロフィ・リスクが発生しても、ステークホルダーのために企業価値を維持できるようにリスクマネジメントのベストプラクティスを実行することが、強く求められている。

　2004年、米国のトレッドウェイ委員会組織委員会（The Committee of Sponsoring Organizations of the Treadway Commission；COSO）は、事業リスクマネジメントとの統合的な枠組みに関する新たな基準を「エンタープライズ・リスクマネジメント（Enterprise Risk Management；ERM）—統合的枠組み」として提案している[16]。これは、一般的に「COSO ERMフレームワーク」と呼ばれているもので、経営戦略の観点からリスクを個別に管理するのではなく、ポートフォリオの視点からの統合リスク管理の重要性を強く訴えている。

16　COSO (2004) *Committee of Sponsoring Organizations of the Treadway Commission* 2004.9

このCOSO ERMフレームワークは、企業のリスクマネジメントの骨格を次のようにまとめている。すなわち、企業のビジネスがもつリスクを的確に把握したうえで、そのリスクを回避、削減、移転、保有するといった選択を行う。その際には、企業経営にサプライズがあるような損失を惹起しないように、特にリスク自体の認識とその発生確率を正確に予測することが肝要である。また、いかなる企業も複数の種類のリスクを抱えており、かつこうしたリスクが複雑に錯綜しながら多くの部門に影響を及ぼす。マネジメントはこれを十分認識して、的確にそれに対応しなければならない。さらに、リスクマネジメントについての情報を積極的に収集して、それを資本の効率的な使用と配分に活用することが必要である。

　そして、COSO ERMフレームワークでは、企業のリスクマネジメントにおいて、リスクを個別のサイロとして管理するのではなく、企業が抱えているリスクを統合的に管理するアプローチの重要性を、特に強調している。

② **事業継続プラン（BCP）**

　カタストロフィ・リスクのような巨大リスクが発生すると、さまざまなリスクが束になって、それもリスク間の相関性を高めて増幅しながら直接、間接に一気に企業に襲いかかってくる。したがって、統合的リスク管理は、特にカタストロフィ・リスクが現実化したときに、いかにビジネスを中断することなく継続することができるかといったBCP（Business Continuity Plan；事業継続計画）を策定していく観点からきわめて重要となる。

　企業活動は、多くの企業間のネットワーク上に構築されている。すなわち、企業間の原材料や製品、サービスの取引関係のなかから、最終需要先に製品やサービスの提供が行われている。したがって、こうした過程でサプライチェーンのどこかが寸断されるようなリスクが発生すれば、それがドミノ的に多くの企業のビジネスに影響を及ぼすこととなり、ひいては経済全体の安定性を脅かす事態に至るシステミックリスクにまで深刻化するおそれがある。これは、特に地震や津波、台風、洪水といったカタストロフィ・イベントの顕現化により、われわれがすでに経験したところである。

こうしたことから、たとえカタストロフィ・リスクが発生しても、少なくともコアビジネスが継続できるような体制をあらかじめ準備しておくことが、強く求められる。具体的には、事業継続マネジメント（Business continuity Management；BCM）に基づき、BCPを構築して、たとえ、カタストロフィ・リスクが発生しても、ビジネスをすみやかに復旧、継続させることが重要である。

　これまでの防災対策は、生命の安全や施設の保全に重点が置かれていたが、このようにBCPでは事業の継続自体が、リスクマネジメントの目的となっている。すなわち、BCPは、企業がカタストロフィ・リスク等、甚大な損害を被った場合に、たとえ一時的に事業は停止しても少なくともコアビジネスの復旧を可及的すみやかに行って、事業の中断による収入減、企業価値の減少を抑制することを目的として、あらかじめ緊急事態における対応を取り決めておく戦略をいう。企業が事業を中断することによる損失リスクは、製造業においては原材料、部品の仕入れや製品の販売のプロセスとなるサプライチェーンが断絶するリスクであり、非製造業においては、売上高や収益の動向を大きく左右する顧客を失うリスクである。

　BCPの策定にあたっては、カタストロフィ・イベント発生の際に、まず、必要最小限、どのような事業を継続していくべきかを明確にする。次に、そのためには何が必要となるのかといったことを社内で検討して、計画を固めていくことになる。その過程では、部門別ではなく、社内に各部門のメンバーから構成されるワーキンググループ等を立ち上げて、横断的な検討を行うことが重要である。

　BCPの具体的な内容としては、たとえばバックアップの構築、要員の確保等が考えられるが、特に資金面での備えが重要となる。すなわち、リスクファイナンスは災害発生時にも企業がビジネスを継続するためのBCMに不可欠の要素となる。

　また、定期的な災害訓練等によりBCPが実際の緊急時に稼働するかどうかを点検して、必要とあれば修正を行うことによって、機動的な対応ができるようにする必要がある。その際、BCPが計画をつくるというかたちだけのも

のとならず、真に実効性のあるものとするためには、単に企画部門だけではなく、現場の声を吸い上げて事業停止の影響度合いを検討、分析することが重要となる。

さらに、BCPが事業の継続といったフローを重視する以上、こうした対応策は、個別、縦割りの対応ではなく、関連会社や取引先全体を取り込んで総合的に講じる必要がある。このようなかたちでBCMが確実に実行されることで、サプライチェーンの寸断による不測の事業中断といったリスクを削減することが可能となる。

ちなみに、2001年に発生した米国の同時多発テロの際には、以前よりこうしたBCPを周到に策定して万全の態勢を整えてきた企業の事業回復が、驚くべき迅速さで行われたことが大きな注目の的となった。

深刻な被害を及ぼすカタストロフィ・イベントが加速度的な増加を示す状況にあって、企業の間では、短期的な収益指向というよりも、長期的な視点から防災対策を考える機運が高まっている。また、多くの企業では法規制に従って受け身のスタンスで防災対策を行うというよりも、カタストロフィ発生時においても企業活動を継続して実行可能なように、BCPを軸とする防災への取組みを自主的、積極的に本格化させている。

実際のところ、環境報告書やCSR（Corporate Social Responsibility；企業の社会的責任）報告書で防災策を開示している企業が増加する傾向にあり、また、格付機関や金融機関がこうした企業の防災対策への取組みを格付や融資審査に反映させる動きもみられる状況にある。

第 2 章

リスクファイナンスと保険・再保険

1　保険業界のコアビジネス

　保険会社の主要な業務は、保険契約の締結と保険料の収受、保険金の支払い、受取保険料の運用、および保険リスクポートフォリオのマネジメントである。すなわち、まず、顧客からの保険の申込みに対してこれを引き受けるかどうか、リスクの種類や規模、それに保険会社が保有する既存のリスクポートフォリオに照らして、審査する。

　そして、保険の申込みに対してこれを引き受けることにした場合には、保険数理によって的確な保険料（プレミアム）を設定、収受する。その後、顧客がリスク発生によって損害を受けた場合には、査定のうえ、実損てん補をベースとする保険金を支払う。また、受け取ったプレミアムの資金運用として株式や債券等に投資する。

　一方、保険契約により引き受けたリスクをプールしたポートフォリオのマネジメントとして、再保険やデリバティブ等を活用する。この点に関連して、保険会社は、後述（第3章2）のART（Alternative Risk Transfer）マーケット（代替的リスク移転市場）において、きわめて重要な役割を果たしている。

　こうした保険ビジネスには、次の3原則がある。すなわち、事象を多く集めれば、そのリスクの発生確率は一定の範囲内に収まるとする「大数（たいすう）の原則」、保険料の受取りと保険金の支払いとの収支バランスを図るとする「収支相等（しゅうしそうとう）の原則」、それに、保険料はリスクに応じた水準に設定され、これにより保険を掛けた主体はリスクに応じた保険金を受け取ることができるとする「公平の原則」である。

　以下では、このうち第一の大数の原則を中心にそのコンセプトをみることにしたい。

(1)　保険と統計原則

　保険は、伝統的かつ主要なリスク移転のツールである。企業は顧客として保険を掛けることにより、リスクの発生後、保険会社から受け取る保険金に

より収益の安定、資金の流動性、さらにはソルベンシー（企業の存続）を確保することができる。

こうした保険を通じるリスク移転のメカニズムがスムーズに稼働する背景には、保険会社が、相互に独立しかつ同質のリスクを多くの件数引き受け、それをプールすることによって成立する大数の法則が存在する。

・大数の法則

大数の法則は、統計的に相関のない独立したイベントが多くの件数、存在する場合には損失額は予測可能であり、実際に観察される損失額が予想から大きく乖離する確率はきわめて小さいとする統計上の法則である。

そして、こうした特性をもつリスクが、まさしく保険の対象に適したリスクカテゴリーとなり、その集合体が保険市場を形成することとなる。すなわち、保険会社は、同じ種類のリスクを多くの件数保有することにより、たとえ1件ごとにみたリスクは不安定であっても、総体としては、安定したリスクから構成される保険ポートフォリオを構築することが可能となる。

そして、大量の同種リスクを束ねることにより、リスク発生による損害を大数のなかに分散することができる。このように、保険会社は同質のリスク・エキスポージャーをもつ顧客のリスクをプーリングすることにより、リスクの発生の生起確率を一定の範囲で評価することが可能となる。

この結果、保険契約の件数が多いほど、損失の推計確度が高まることとなり、したがって、保険料の設定も的確なものとなる。

この適例が、自動車事故に掛ける保険である。大数の法則が典型的に働く自動車事故保険では、自動車事故が発生する確率は、統計的に推計することができる。具体的には、自動車事故保険は、同質のリスクの大きな母集団のなかで、相互に独立したかたちで保険金の支払いの原因となるイベントがランダムに発生することとなり、その頻度や損害額を定量的に推測することができる。

また、自動車事故は、ある時点で、ある地域において集中的に発生するというよりも、時間的にも地域的にも分散して発生する特性がある。このように、保険の対象となる自動車事故が分散して発生することにより、リスクの

時間的、地理的分散効果が得られて、自動車事故保険を扱う保険会社は、ビジネスとしてこれが成り立つことになる。

このように、保険市場は、ランダムに発生するリスクによる損失が一定の確度で推計可能であり、リスクを被る対象に相関性がないときに最も効率的に機能する。そして、こうした場合には、損失は多数の保険契約者の間で効率的に散りばめられて、元受保険会社が保険金の支払不履行に陥るリスクは極小化される。

(2) カタストロフィ・リスクと保険

リスクのカテゴリーのなかには、さまざまな種類があるが、そのなかでも特に高頻度・低損害のリスクと、低頻度・高損害のリスクといった対照的なリスクに着目する必要がある。このうち、たとえば交通事故等の高頻度・低損害のリスクは、相互に独立しており、したがって大数の法則を適用することができる。そして、この大数の法則により、リスクの平均はかなりの程度、正確に推計することが可能となる。保険会社は、こうしたリスクをプールすることにより、平均的な損失と諸費用、それにリスク引受料を合計したものを顧客から保険料として徴求することになる。また、仮に現実の損失が予想した損失よりも大きくなるかたちで乖離したとしても、基本的に保険会社の資本でカバーすることが可能となる。

伝統的な災害リスクマネジメントは、小規模な災害が多数、独立して起こるリスクを想定して考えられてきたが、大規模な自然災害であるカタストロフィ・リスクは、これまで述べてきたように発生頻度はごくまれであるが、一度発生すると甚大な損害を及ぼすリスク特性をもつ。このように、同時性と巨大性とを併せ持つカタストロフィ・リスクは、伝統的なリスクマネジメントによるアプローチでは十分カバーできないこととなる。

すなわち、大数の法則は、プールされたリスクが相互に独立であることを前提に成り立っているが、カタストロフィ・リスクは一つの地域で発生することから、時間的、地理的な分散がない。したがって、カタストロフィ・リスクが発生した場合には、多くの件数の保険金の請求が同時に保険会社に押

し寄せることとなる。

　カタストロフィ・リスクの発生といった低頻度・高損害のリスクは、過去のデータからイベントの発生確率や被害金額の推計を行うことは、きわめてむずかしい。また、およそカタストロフィ・リスクと一口でいっても、さまざまな事象のリスクがあって均質ではない。さらに、実際にリスクが発生した際の保険金額の支払いにも大きなばらつきがあり、保険契約件数も、たとえば自動車事故保険のように多数存在するわけではない。

　この結果、保険金の支払いが一時的に集中して膨大なものとなり、保険業界に深刻なダメージを与えるおそれがあり、ひいては保険会社の資本の毀損が過大になり、保険会社の経営危機を招来するおそれがある。

　このように、カタストロフィ・リスクは、高頻度・低損害のリスクにフィットする大数の法則が適用できないという問題がある。

① **カタストロフィ・リスクと再保険マーケット**

　前述（本章1(1)）のとおり、保険会社は、一般的に大数の法則が適用できるようなリスクを引き受けることを原則とする。したがって、保険会社が特定の地域に同時に大規模な損害を引き起こすカタストロフィ・リスクを一手に引き受けて、それを自己の保険ポートフォリオに保有することは、保険会社自身のリスクマネジメントの観点から消極的にならざるをえない。

　この結果、保険会社がカタストロフィ・リスクに対応する場合には、再保険や、ART（代替的リスク移転）を活用することになる。

　このうち、ARTは後述（第3章2）することにして、ここでは再保険についてみることとしたい。

・元受保険会社と再保険会社

　元受保険会社が一時に巨額な保険金の支払いにつながるおそれのあるカタストロフィ・リスクを引き受ける場合には、それに再保険を掛けるケースが多い。すなわち、元受保険会社は、自社が引き受けたリスクの顕現化により経営基盤に大きな影響を及ぼすおそれがあると判断した場合には、引き受けたリスクを自己の保険ポートフォリオにそのまま保有するのではなく、再保

図表 2 − 1　保険、再保険、再々保険市場

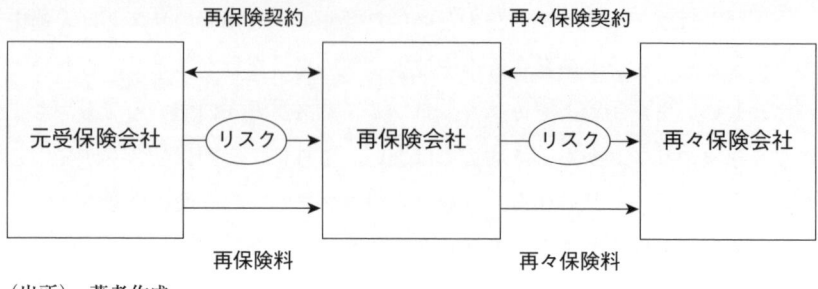

```
                    再保険契約                再々保険契約
 ┌─────────┐  ←──────→  ┌─────────┐  ←──────→  ┌─────────┐
 │         │ ─(リスク)→ │         │ ─(リスク)→ │         │
 │元受保険会社│            │ 再保険会社│            │再々保険会社│
 │         │            │         │            │         │
 └─────────┘ ─────────→ └─────────┘ ─────────→ └─────────┘
                    再保険料                  再々保険料
```

（出所）　著者作成

険会社に保険の保険ともいうべき再保険を掛ける（図表 2 − 1）。

　これにより、元受保険会社は保有リスクを平準化することによって最適リスクポートフォリオを構築して、元受保険会社の段階で大数の法則が適用できるようなかたちにすることが可能となる。

　一方、再保険会社は、一般のリスクとカタストロフィ・リスクとをリスクの種類や時間、地域等を勘案のうえ、組み合わせて適切に分散化したポートフォリオを構築する。なお、元受保険会社が再保険を掛けることを「出再（しゅっさい）」といい、これを再保険会社が受けることを「受再（うけさい）」という。また、こうした再保険契約の当事者となる元受保険会社を出再保険会社、再保険会社を受再保険会社と呼んでいる。再保険は、再保険ブローカーが仲介して元受保険会社と再保険会社との間で相対取引のかたちで行われる。さらに、再保険会社が他の再保険会社にリスクを移転する取引も活発に行われており、これを再々保険と呼んでいる。

　なお、顧客と元受保険会社間の元受契約と、元受保険会社と再保険会社間の再保険契約は、二つの独立した契約である。したがって、仮に元受保険会社が経営難から顧客への保険金支払いの不履行に陥ったとしても、顧客は再保険会社に直接保険金の支払請求をすることはできない。

　保険会社には、元受専門の保険会社と再保険専門の保険会社、それに双方を行う保険会社がある。世界的に有名な再保険会社には、ミュンヘン再保険会社やスイス再保険会社、ハノーバー再保険会社、バークシャー・ハサウェ

イ、ロイズ等がある。また、日本には、東京海上日動や、NKSJホールディングス（損害保険ジャパンと日本興亜損害保険等の持株会社）、トーア再保険、三井住友海上等がある（図表2-2）。

② **再保険マーケットのフレームワークと機能**

　元受保険会社は、引き受けたリスクの一部を再保険会社に出再する。そして、再保険会社は、グローバルな規模で構築されている保険ネットワークを活用して、元受保険会社から受再したリスクの一部または全部をさらに再々保険に出して、他の再保険会社とリスクシェアリングすることになる。ちなみに、米国では元受保険会社が引き受けたリスクの約50％が1年間の間に再保険会社に移転され、そのうちの20％近くが再々保険会社に移転される状況にある[1]。

　こうした再保険、再々保険によってカタストロフィ・リスクはグローバルベースで分散されることになる。すなわち、再保険マーケットは、再保険ブローカーが介在して、国際ネットワークを通してリスクの取引が行われるグローバルマーケットである。したがって、時間的、地理的に、一時点、一カ所で発生してその地域に大きな損害をもたらすこととなるカタストロフィ・リスクであっても、再保険マーケットを活用することにより、リスクの時間的、地理的な分散を実現することが可能となる。

　このように、再保険マーケットは、元受保険会社が低確率・高損害のカタストロフィ・リスクを引き受けても、ポートフォリオのリスク分散ないしリスク移転の受け皿となり、この結果、元受保険会社にとって新たな保険引受けのキャパシティが補強、拡大されることにつながるという重要な役割を担っている。

1　Banks, E. (2005) *Catastrophe Risk*. John Wiley & Sons, Ltd. p92

図表2－2　受再保険料上位30社　　　　　　　　　　　　（単位：百万米ドル）

順位	グループ名	国	2010年	2009年
1	Munich Reinsurance Co.	Germany	29,269.1	29,387.4
2	Swiss Reinsurance Co.	Switzerland	19,433.0	21,757.0
3	Berkshire Hathaway Re	U.S.	14,669.0	12,362.0
4	Hannover Rueckversicherung AG	Germany	13,652.2	13,639.0
5	Lloyd's	U.K.	9,762.1	9,733.5
6	SCOR SE	France	8,141.3	8,314.7
7	Reinsurance Group of America, Inc.	U.S.	6,659.7	5,725.2
8	PartnerRe Ltd.	Bermuda	4,705.1	3,948.7
9	Everest Reinsurance Co.	Bermuda	3,945.6	3,929.8
10	Translantic Holdings Inc.	U.S.	3,881.7	3,986.1
11	Korean Reinsurance Co.	Korea	2,757.4	2,493.8
12	Tokio Marine Group	Japan	2,617.2	2,242.6
13	NKSJ Holdings	Japan	2,526.1	NA
14	General Ins. Corp. of India	India	2,361.3	1,955.0
15	QBE Insurance Group Ltd.	Australia	2,184.0	1,721.0
16	Mapfre Re	Spain	2,125.2	2,006.8
17	Transamerica Re（AEGON）	U.S.	2,037.8	2,013.7
18	XL Re Ltd.	Bermuda	1,920.5	2,003.2
19	Odyssey Re	U.S.	1,853.8	1,893.8
20	AXIS Capital Holdings Ltd.	Bermuda	1,815.3	1,791.4
21	Toa Re Co. Ltd.	Japan	1,798.7	1,560.9
22	Validus Holdings Ltd.	Bermuda	1,761.1	1,388.4
23	Caisse Centrale de Reassurance	France	1,759.9	1,715.5
24	ACE Tempest Reinsurance Ltd.	Bermuda	1,431.8	1,403.0
25	Allied World Assurance Co. Holdings Ltd.	Switzerland	1,392.5	1,321.1
26	R+V Versicherung AG	Germany	1,387.1	1,214.5
27	White Mountains Re Group Ltd.	Bermuda	1,301.4	1,445.5
28	Maiden Re	U.S.	1,227.8	1,030.4
29	Catlin Group Ltd.	Bermuda	1,141.9	992.7
30	Aspen Insurance Holdings Ltd.	Bermuda	1,118.5	1,116.7

（注）　受再保険料とは、再保険を引き受けることにより受領する再保険料（本図表では、再保険契約による再保険料支払いを差し引いたネットベース）。
（出所）　小林篤「再保険の進化と最近の再保険市場」損保ジャパン総研レポート vol.61 p32
原典：Standard & Poor's Ratings Services, "*Global Reinsurance Highlights 2011 Edition*", 2011.

2 日本の地震保険

 ここで、政府が再々保険の受け皿となっている日本の家計地震保険について概観しておきたい。

 日本の地震保険は、制度上、住宅を対象とする一般家庭向け地震保険と、事業所や工場等を対象とする企業向け地震保険に分類されている。

 このうち、一般家庭向け地震保険は、1966年に制定された「地震保険に関する法律」により、政府が再々保険を引き受けるかたちとなっている。

 一方、企業向け地震保険については、いかなる保険金額であっても保険会社が100％負担することになる。そして、こうした地震リスクの引受けには保険会社のキャパシティに限界があることから、再保険や代替的リスク移転（ART）を活用してリスクの移転が行われている状況にある。

(1) 一般家庭向け地震保険と政府の役割

 一般家庭向け地震保険は、保険会社のリスクを政府が一部引き受けることで保険会社のリスクを軽減している。

 すなわち、地震保険は、損害規模が保険会社のリスク引受けのキャパシティを大幅に上回る巨額なものとなるおそれがあり、また、災害の発生時期、頻度の予測がきわめて困難なことから大数の法則が適合できない等の理由により、政府が再々保険のかたちで損害保険会社をバックアップしている。

 具体的には、元受保険会社は、一般家庭から引き受けた地震保険を、地震保険を専門に扱うために設立された日本地震再保険株式会社に出再する。そして、日本地震再保険株式会社は、その一部を政府に再々保険として出再し、残りを元受保険会社に出再する（図表2－3）。

 地震保険は、1回の地震等による総支払限度額が、2012年4月以降、6.2兆円とされている。この限度額は、関東大地震級の巨大地震が発生した場合にも保険金の支払いに支障がないように定められている。そして、民間保険

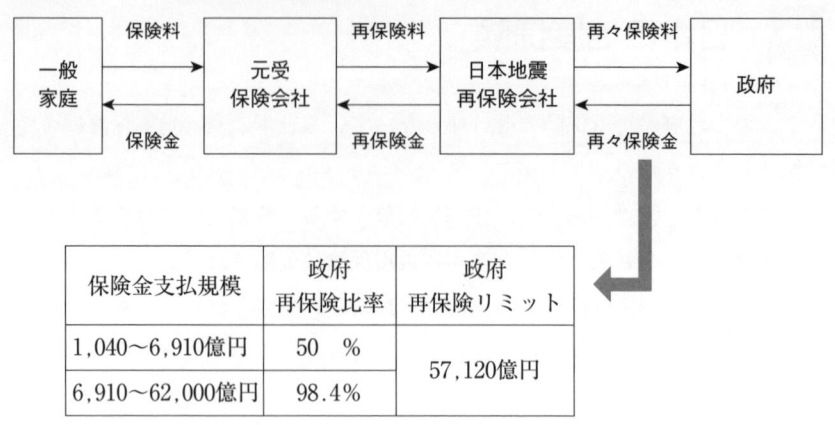

図表2－3　一般家庭向け地震保険のフレームワーク

```
          保険料         再保険料           再々保険料
一般  →   元受      →   日本地震      →   政府
家庭  ←   保険会社  ←   再保険会社    ←
          保険金         再保険金           再々保険金
```

保険金支払規模	政府 再保険比率	政府 再保険リミット
1,040～6,910億円	50％	57,120億円
6,910～62,000億円	98.4％	

（出所）　損害保険料率算出機構『日本の地震保険　平成24年4月版』をもとに著者作成

　会社と政府との負担割合については、一災害による支払額が1,040億円以下の場合には民間保険会社が100％負担し、それをオーバーした場合には、1,040億円超～6,910億円以下の部分は民間保険会社と政府が各50％負担し、6,910億円超～6兆2,000億円以下の部分は民間保険会社が約1.6％、政府が約98.4％負担するとの内容となっている。これにより、一災害による総支払限度額は、民間保険会社が4,880億円、政府が5兆7,120億円で、合計6.2兆円が限度となる[2]（図表2－4）。

(2)　地震保険の補償内容等

　一般家庭向け地震保険は、地震の被災者の生活安定に寄与することを目的としており、保険の対象は、専用住宅、併用住宅、家財に限定されている。また、地震保険は、火災保険とセットで契約することになっている。そして、地震保険の契約金額は火災保険の契約金額の30～50％の範囲内で決められ、また建物は5,000万円、家財は1,000万円が限度とされている。
　火災保険では、火災被害のほか、風害、雪害、雹害を補償している。ま

---

[2]　損害保険料算出機構（2012）『日本の地震保険　平成24年4月版』損害保険料算出機構

図表 2 － 4　地震保険再保険スキーム

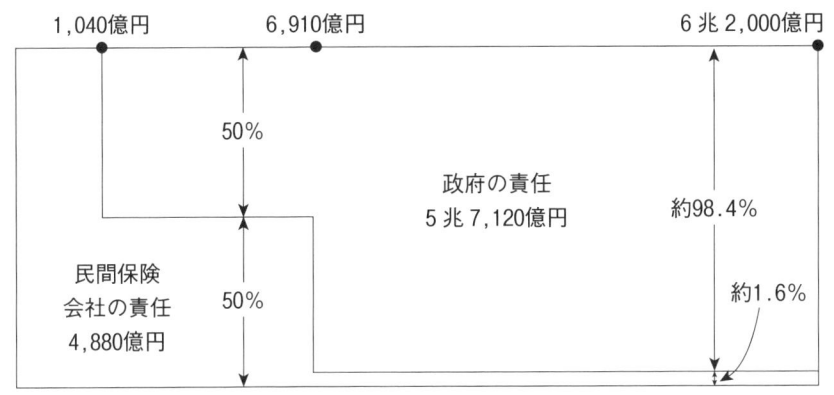

```
       1,040億円          6,910億円                      6兆2,000億円
                   50%
                                   政府の責任
                                   5兆7,120億円           約98.4%
         民間保険
         会社の責任      50%                              約1.6%
         4,880億円
```

（出所）　損害保険料率算出機構『日本の地震保険　平成24年 4 月版』をもとに著者作成

た、地震保険では、地震・噴火・津波を直接または間接の原因とする火災・損壊・埋没・流失による損害が補償される。

3　再保険の種類

　再保険には、さまざまな種類があるが、大別すると、再保険の契約形態により任意再保険と特約再保険に、また、再保険のリスク負担によりプロポーショナル再保険とノンプロポーショナル再保険に、分類することができる（図表 2 － 5 ）。

(1)　契約形態による分類

①　任意再保険

　任意再保険（Facultative reinsurance）は、出再保険会社と受再保険会社との間でケースバイケースで契約内容を決めるテイラーメード型の再保険である。出再保険会社は、任意再保険により自己の保険ポートフォリオを分析したうえで、そのなかから個別のリスクを取り出して出再する。

　任意再保険では、出再する保険会社は、受再する再保険会社に対して再保険に出すリスクについての詳細な情報を提供する必要がある。そして、受再

図表2-5　再保険の種類

再保険の契約形態	任意再保険	・元受保険会社が引き受けたリスクの出再の申出に対して、再保険会社はそれを1件ごとに精査のうえ、受再するか否かを判断する。 ・カタストロフィ・リスクの再保険に使われることが多い。
	特約再保険	元受保険会社と再保険会社との間であらかじめ定めた条件にマッチしたリスクは、再保険会社が引き受ける義務がある。
再保険のリスク負担	プロポーショナル再保険	出再保険会社と受再保険会社の責任が、保険金額をベースに決められる。
	ノンプロポーショナル再保険	出再保険会社と受再保険会社の責任分担が保険金按分ではなく、両社が別に定めた条件に従って、受再保険会社が責任を負う。

(出所)　著者作成

　保険会社はこの情報をもとに厳格な審査（デューデリジェンス）のもとにリスク分析を行って、これに応じるか否かを決定することになる。すなわち、再保険会社が元受保険会社の出再要請に対して受再するか否かはまったく任意であり、任意再保険の名称もここからつけられたものである。

　任意再保険は、特定のリスクを対象とするが、それによりカバーされるリスクカテゴリーは、カタストロフィ・リスクに代表されるように、通常、発生頻度が低く大規模の損害を引き起こすようなリスクである。

　任意再保険は、テイラーメードであることから、その内容は期間を含めて弾力的できわめてカスタマイズされたものとなる。したがって、対象となるリスク分析に多大のエネルギーと時間を要することとなり、以下でみる特約再保険に比べると、コスト高となる。

② **特約再保険**

　特約再保険（Treaty reinsurance）は、元受保険会社と再保険会社のと間であらかじめ再保険のガイドラインを設定しておいて、この条件に合致する保

険を再保険にするというものである。なお、このガイドラインの内容については、1年に1回程度の頻度で見直しのための交渉が行われることが多い。

特約再保険では、保険会社が再保険会社に提示した保険の内容が両者間であらかじめ同意されたガイドラインにマッチしている限り、再保険会社は受再に応じる義務がある。こうしたことから、特約再保険を義務的再保険（Obligatory reinsurance）と呼ぶこともある。このガイドラインは、幅広い内容となっており、保険会社は特約再保険を自動車保険や火災保険等のように大量の件数にのぼる同質のリスクを対象とする高頻度・低損害の保険商品に活用している状況にある。

このように、特約再保険では、多くの件数の保険が再保険の対象となることから、元受保険会社と再保険会社との間でのリスクシェアリングがさまざまなタイプで行われている。

上述のとおり、特約再保険では、再保険会社は、リスクごとの再保険ではなくガイドラインに沿ったすべてのリスクを個々のリスクを点検することなく限度一杯まで引き受ける必要がある。したがって、そのプロセスは任意再保険のように多大のエネルギーと時間を要することなく効率的に行われる。

また、元受保険会社にとっては、再保険会社の裁量に左右されず、リスクカバーが必要なときには必ず再保険でカバーできるメリットがある。一方、再保険会社からみれば、特約再保険により引き受けた再保険のなかには、必ずしも利益を生まないものも混在するおそれがあるが、それでも同意されたガイドラインにマッチしている以上、引き受ける義務がある。しかしながら、再保険会社としては元受保険会社との間の継続的な関係から、長期的にみれば利益を得ることが期待できる。したがって、特約再保険は、元受保険会社と再保険会社との間で長期にわたる厚い信頼関係が構築されていることが前提となる。

(2) リスク負担による分類

① プロポーショナル再保険

任意再保険と特約再保険は、責任分担の方法により、各々、プロポーショ

ナル再保険(比例的再保険)とノンプロポーショナル再保険(非比例的再保険)に分類される[3]。このうち、プロポーショナル再保険は、出再保険会社と受再保険会社の責任が、保険金額をベースとして決められる再保険である。すなわち、プロポーショナル再保険では、再保険料も再保険金も、出再保険会社の保有額と受再保険会社の引受額に応じて按分(プロポーション)される。

② ノンプロポーショナル再保険

　一方、ノンプロポーショナル再保険は、出再保険会社と受再保険会社の責任分担が保険金額按分ではなく、両社が別に定めた条件に従って、受再保険会社が責任を負う再保険である。ノンプロポーショナル再保険の代表例としては、超過損失再保険がある。

・超過損失再保険

　超過損失再保険(Excess of loss cover、または Excess of loss reinsurance)は、損失額があらかじめ決めておいた一定額よりも少ない場合には元受保険会社の自己負担となるが、それが一定額をオーバーすると、再保険会社の保険金支払義務が発生することとなる再保険である。超過損失再保険は、ELCとかXOLと略称される。

　再保険会社に保険金支払義務が発生することとなる一定額は、アタッチメント・ポイント(attachment point)とかエクセスポイント(excess point)と呼ばれている。したがって、アタッチメント・ポイント以下の損失額は再保険会社にとっての免責額となる。

　元受保険会社は、損失額が巨額となるカタストロフィ・リスクにかかわる保険引受けキャパシティを拡大させるために超過損失再保険を活用している。具体的には、元受保険会社は、引き受けた保険リスクを、複数のレイヤー(階層)に切り分けたうえで、再保険会社との間で超過損失契約を締結することが一般的である。これにより保険会社は、最適のレイヤーの組合せによるリスクポートフォリオを構築することができる。

---

[3] 大谷光彦監修、トーア再保険株式会社編(2011)『再保険―その理論と実務―改訂版』日経BPコンサルティングp5

その際、高頻度・低損害のリスクは低レイヤー（下層）、カタストロフィ・リスクのような低頻度・高損害のリスクは高レイヤー（上層）とされる。また、レイヤーには上限と下限が設けられ、レイヤーの上限設定により再保険支払いの限度が決まる。こうしたレイヤーの再保険支払限度額は、イグゾーションポイント（exhaustion point）と呼ばれている。

そして、超過損失再保険は、こうして切り分けたレイヤーごとに再保険を契約することになる。たとえば、1,000億円までのレイヤーは元受保険会社が自家保有して、1,000億〜2,000億円のレイヤーはある再保険会社と、また、2,000億〜3,000億円のレイヤーは別の再保険会社と、超過損失再保険を契約するといった具合である。

・**再保険とオプション**

以上から、超過損失再保険がもつ特性は、オプションによるヘッジと類似していることが明らかである[4]。たとえば、伝統的な再保険のレイヤーで元受保険会社が3,000万ドルを超える損失で1,000万ドルまでのカバーを求めるケースをみよう。この伝統的な超過損失再保険は、元受保険会社が行使価格3,000万ドルのコールを買うと同時に4,000万ドルのコールを売る取引とまったく同じペイオフとなる。このうち、行使価格3,000万ドルのロングコール（コールの買持ち）は、3,000万ドルを超える損失が出たときにその超過分を受け取ることができ、行使価格4,000万ドルのショートコール（コールの売持ち）は、受け取ることができる金額が1,000万ドルを上限とするキャップの機能を果たす。こうしたある行使価格のコールの買いとそれよりも高い行使価格のコールの売りの組合せのオプション戦略は、ブルコールスプレッドと呼ばれる（図表2－6）。

このような再保険とコールスプレッドの類似性は、いみじくも保険リスクを後述の取引所取引のオプションやCATボンドへ転換させることができることを示唆するものである。

超過損失再保険では、逆選別やモラルハザードの発生を回避するために、

---

[4] Canabarro, E., Finkemeier, M., Anderson, R. R., and Bendimerad, F. (1998) Analyzing Insurance-Linked Securities. *Goldman Sachs*.

図表2-6　超過損失再保険とブルコールスプレッド

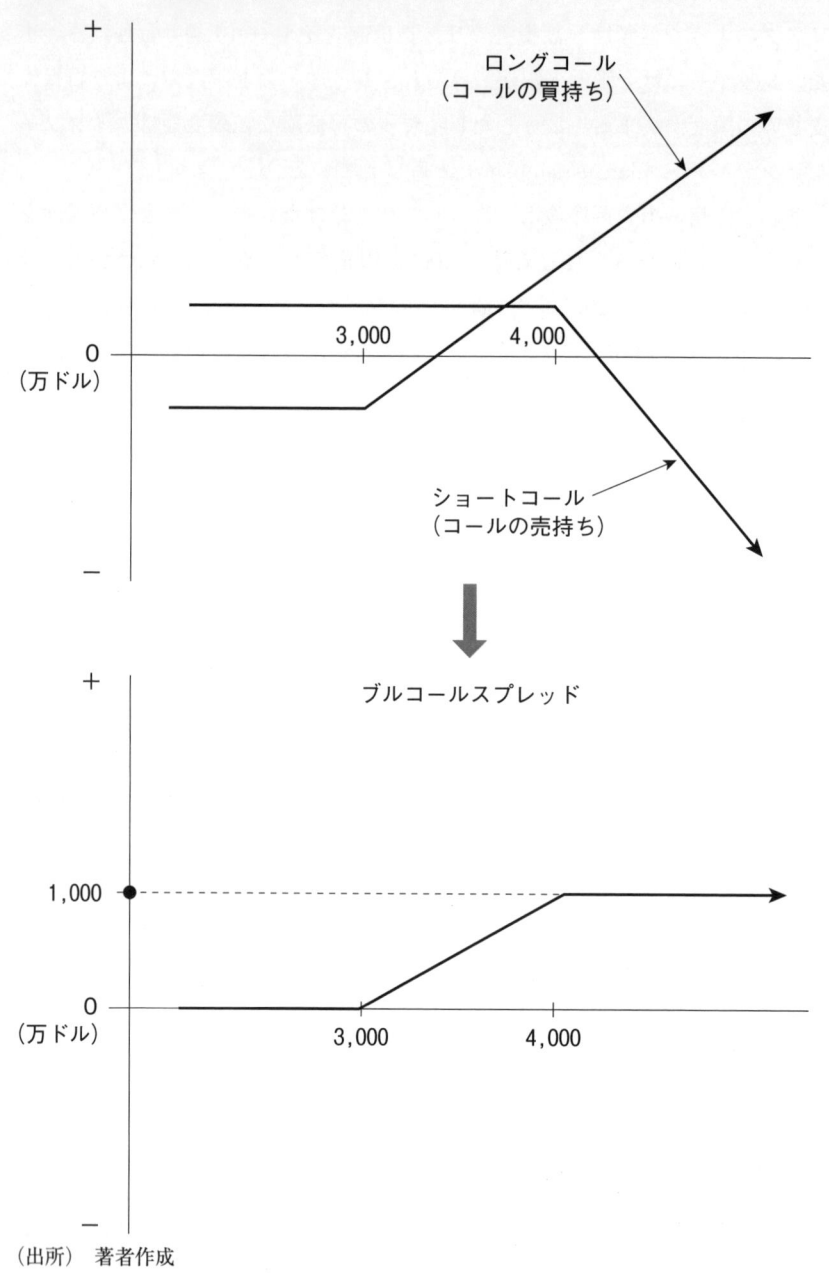

（万ドル）

ロングコール
（コールの買持ち）

3,000　　4,000

ショートコール
（コールの売持ち）

↓

ブルコールスプレッド

1,000

0
（万ドル）　　　3,000　　4,000

（出所）著者作成

再保険会社が引き受けることとなるリスクについて保険会社に対して詳細なデータを求めることはもちろんのこと、元受保険会社もレイヤーの一定割合の損失リスクを引き受けることにより、元受保険会社と再保険会社との共同保険の形態をとることが少なくない。この場合には、レイヤーのすべての損失が超過損失再保険によりカバーされることにはならない。

　ここで、このような共同保険が織り込まれた超過損失再保険の具体例をみよう[5]。図表2－7は、超過損失再保険の構造を示したものである。この例では、再保険会社は、プレミアムを受け取る対価として、アタッチメント・ポイントの1億ドルを超える5,000万ドルに対するプロテクションを元受保険会社の10%の共同参加を条件として与える内容となっている。

　これによると、1億ドルまでの損失額は元受保険会社が自家保有することになり、したがって、再保険会社は1億ドルまでは免責される。そして、損失額が1億ドルを超えると、再保険会社に支払義務が発生する。すなわち、損失がアタッチメント・ポイントの1億ドルからイグゾーションポイントの1.5億ドルの範囲であれば、再保険会社は、1億ドルを超えた額の90%を支払うことになり、損失がイグゾーションポイントを超えたら、その超過額がいかになろうとも5,000万ドル×90%＝4,500万ドルを支払うことになる。

　このように、再保険会社の保険金支払額にはキャップがつけられて、保険会社の補償額の上限が設定されることが一般的である。したがって、キャップの水準を低く設定すれば、それだけ元受保険会社のリスクの自己保有が増加することになる。

　超過損失再保険は、ある特定のリスク発生の場合に限定するタイプと、ある種のリスクでそれと同質のリスク発生のすべてをカバーするタイプがある。超過損失再保険は、さまざまなカタストロフィ・リスクを対象にすることが可能であるが、そのなかでも多くみられるケースは、米国の地震やハリケーン、日本の地震、欧州の暴風、ニューマドリード地震帯（New Madrid Seismic Zone；米国中部・ミシシッピー渓谷地帯の地震帯）の地震等を対象とす

5　Ibid.

図表2－7　超過損失再保険の具体例

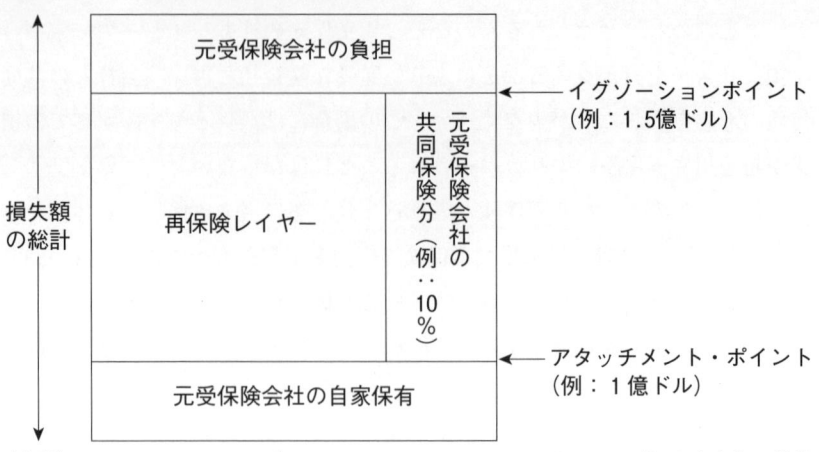

```
         ┌─────────────────────────┐
         │    元受保険会社の負担      │
         ├──────────────────┬──────┤  ← イグゾーションポイント
         │                  │元受保 │    （例：1.5億ドル）
  損失額  │                  │険会社 │
  の総計  │   再保険レイヤー   │の共同│
    ↕    │                  │保険分│
         │                  │（例：│
         │                  │10％）│
         ├──────────────────┴──────┤  ← アタッチメント・ポイント
         │   元受保険会社の自家保有   │    （例：1億ドル）
         └─────────────────────────┘
```

（出所）　Canabarro, E., et al. "Analyzing Insurance-Linked Securities" p2 をもとに著者作成

る超過損失再保険である。

　なお、超過損失再保険に似たものに超過損失総額再保険がある。超過損失総額再保険は、元受保険会社の保険リスクポートフォリオの累計損失額があらかじめ決めておいた一定額をオーバーした場合に、超過分を再保険会社が支払うという契約である。この超過損失総額再保険は、主として元受保険会社が多数の件数にのぼる同種類の保険契約で年間に発生した損失額をカバーするために活用されている。

第3章

リスクファイナンスと代替的リスク移転（ART）

1　カタストロフィ・リスクと再保険市場の限界

　カタストロフィ・リスクは、発生確率は低いが、いざ発生すると甚大な損害を及ぼす特徴をもつことから、一般の保険のように多くの件数の保険を引き受けることによるリスク分散を図ることができない。すなわち、カタストロフィ・リスクでは大数の法則が働かないことから、元受保険会社は、カタストロフィ・リスクを引き受けると、そのうち自己のポートフォリオに保有する分を除いて再保険に出再することになる。

　この結果、元受保険会社は、自己のポートフォリオが保有するリスクが減少して、それだけ新規に保険契約を締結する余裕が生まれることになる。このように、再保険は、保険リスクの効率的マネジメントと保険リスクの引受けキャパシティを創造する中心的役割を担っている。

　ここでは、再保険市場にこうしたカタストロフィ・リスクを受再するキャパシティが十分に存在するか否かが最大のポイントとなる。

(1)　再保険市場の受再キャパシティ

　米国において、1989年のヒューゴ、1992年のアンドリュー、アニキといった巨大ハリケーンの襲来、さらには1994年にノーリッジ地震が発生して、保険金の支払額は莫大なものとなり、これによって損害保険会社が次々と経営破綻をきたす事態となった[1]。

　さらにその後、2005年には、夏から秋にかけて3カ月連続で大型ハリケーンが襲来、この結果、米国は記録的な被害を受けることとなった。すなわち、まず8月末に、ルイジアナ州を中心とする米国南東部が大型ハリケーン・カトリーナにより大災害に見舞われた。また、その翌月の9月下旬には、フロリダ州やテキサス州、ルイジアナ州がハリケーン・リタに襲われた。そして、10月にはハリケーン・ウィルマがフロリダ半島に上陸して猛威

1　Banks, E. (2005) *Catastrophe Risk*. John Wiley & Sons, Ltd. p98

を振るった。こうした3件の大型ハリケーン（カトリーナ、リタ、ウィルマの頭文字をとって「KRW」と略称される）の相次ぐ襲来で、ハリケーンが通過した地域の被害はもちろんのこと、それに伴う米国経済への直接、間接の影響は甚大なものとなり、また、保険金の支払負担の増嵩から保険業界は深刻な資本不足に見舞われた。

この結果、保険会社はこぞってプレミアムの引上げに走り、これが米国のみならず全世界のカタストロフィ・リスクマーケットに大きな影響を及ぼすことになった。また、多くの保険会社がカタストロフィ・リスクの大きな地域の保険の引受けに消極的スタンスをとった。たとえば、いくつかの保険会社は、フロリダをはじめとする海岸地帯の住宅保険の新規契約を停止した。

こうした事態はとりもなおさず、再保険市場の保険引受けキャパシティが、続発するカタストロフィ・リスクによる再保険金の支払累増に対応できるほど大きくはないことを象徴するものである。

(2) 再保険のマーケットサイクル

保険業界では、保険に対する需要超過から保険引受けキャパシティの不足が顕現化し、この結果、保険料が高騰する状況を「ハードマーケット」と呼んでいる。そして、こうしたハードマーケットが続き、しばらくカタストロフィ・イベントがなく再保険金の支払いも安定裡に推移すると、今度は高いプレミアムからのリターンの獲得をねらってリスクキャピタルが保険マーケットに流入してリスク引受けキャパシティが拡大する。そしてこの結果、再保険料が安くなる状況を「ソフトマーケット」と呼んでいる。

このように、大規模なカタストロフィが発生した後には、再保険市場のリスク引受けの余力が減少して、プレミアムが大幅上昇を示すというマーケットのハード化がみられた後、しばらくすると再びプレミアムが下落するというマーケットのソフト化がみられるというマーケットの循環的な動きが再保険市場の特徴となっている（図表3－1）。

なお、こうしたハードマーケットとソフトマーケットの保険サイクルは、再保険市場だけではなく元受保険市場の段階でも保険の需給により同様に発

図表3−1　再保険マーケット・サイクル

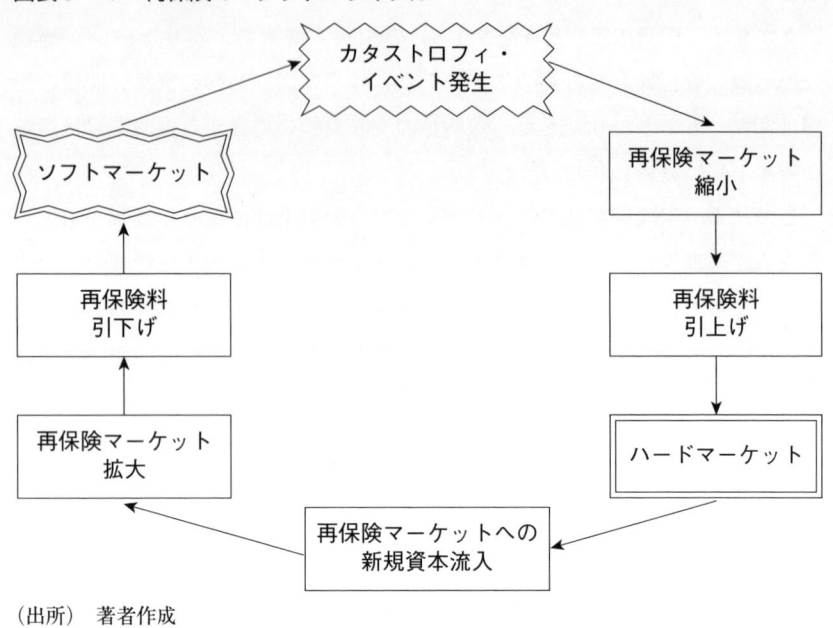

```
                    カタストロフィ・
                    イベント発生
         ┌──────────┘        └──────────┐
    ソフトマーケット                    再保険マーケット
                                          縮小
         ↑                                  ↓
    再保険料                            再保険料
    引下げ                              引上げ
         ↑                                  ↓
    再保険マーケット                    ハードマーケット
    拡大
         ↑                                  ↓
              再保険マーケットへの
              新規資本流入
```

（出所）著者作成

生する。たとえば、1990年にはフロリダ地区の住宅保険のプレミアムは0.4%で推移していたが、1992年にハリケーン・アンドリューがフロリダを襲った後にはこれが急上昇、1994年には1.3%となった。しかし、その後に保険業界による増資や借入れというかたちでキャパシティが回復して、3年後の1997年にはプレミアムが0.8%まで下落している[2]。

このところ、相次いで発生をみているカタストロフィ・リスクによる被害額が大規模化していることにかんがみると、こうした再保険市場のキャパシティ不足は、一段と深刻な問題を提起しているということができる。

---

[2] Pollner, J. D., (1999) Using capital markets to develop private catastrophe insurance *The World Bank Group* 1999.10

2　金融資本市場の活用とART

(1)　再保険とART

　伝統的な再保険市場では、カタストロフィ・リスクを引き受けるキャパシティ不足の問題を抱えていることに加えて、再保険金の支払いには、元受保険会社の保険金支払いにかかわる精査が必要となる。そうなると、実際の再保険金の支払いまで時間がかかり、保険会社は保険金の支払いと再保険金の受取りとのギャップを埋める資金繰りのためのファイナンスが必要となる。しかし、こうしたカタストロフィ・リスクが発生した後の資金調達コストは概して上昇するおそれがある。

　そこで、カタストロフィ・リスクを限られた再保険会社のみが引き受けるのではなく、それとは比べものにならないほどの大きなリスク引受けキャパシティをもつ金融資本市場の機能を活用するART（Alternative Risk Transfer；代替的リスク移転）と呼ばれるツールが開発された。ARTにより、カタストロフィ・リスクを大きな器のなかに入れることにより、リスク引受けキャパシティを拡大させ、再保険市場の機能を補完することが可能となる。そして、カタストロフィ・リスクを分析、推測するモデルの開発と、これまで培ってきた金融資本市場の技術が相まって、ARTに関するさまざまな商品が続々と開発されることとなった。

　このARTには、厳格な定義があるわけではないが、狭義のARTは、元受保険会社の保険引受けや元受保険会社から再保険会社へのリスク移転といった伝統的な保険・再保険のツールを代替するリスク移転手法を意味し、ARTのネーミングもここから来ている。しかしながら、伝統的な保険・再保険は依然としてリスクマネジメントにおいて圧倒的に重要な役割を演じており、したがって、代替というよりも補完といったほうがより的確であると考えられる。狭義のARTの代表的なものには、リスクの移転が保険・再保険業界という保険市場の枠内にとどまらず、グローバルな規模での資本市場

図表3-2　ARTの種類

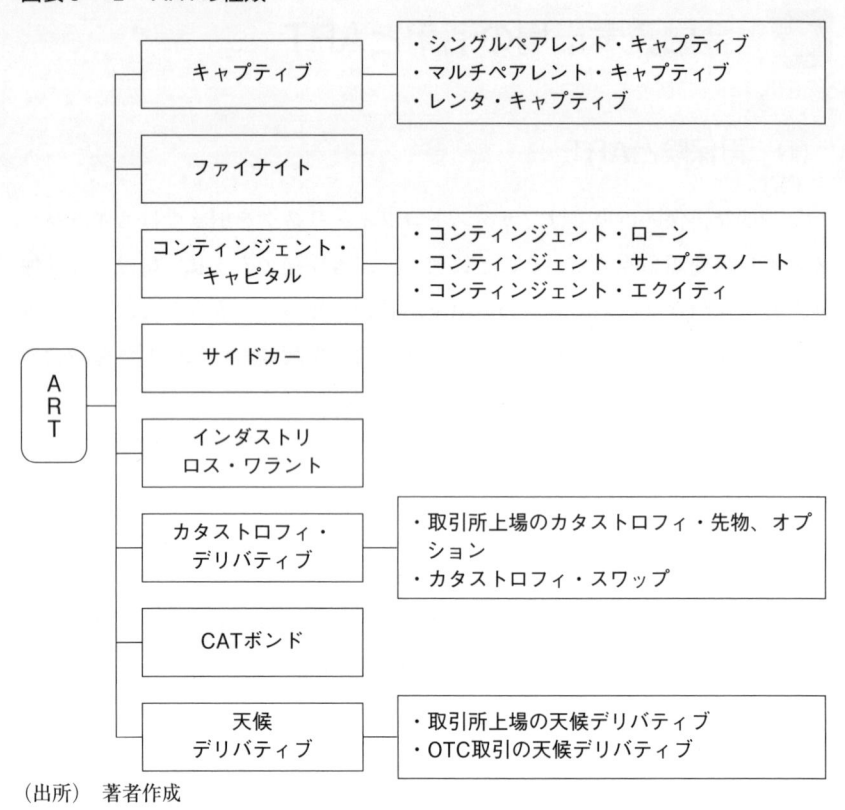

ART		
	キャプティブ	・シングルペアレント・キャプティブ ・マルチペアレント・キャプティブ ・レンタ・キャプティブ
	ファイナイト	
	コンティンジェント・キャピタル	・コンティンジェント・ローン ・コンティンジェント・サープラスノート ・コンティンジェント・エクイティ
	サイドカー	
	インダストリロス・ワラント	
	カタストロフィ・デリバティブ	・取引所上場のカタストロフィ・先物、オプション ・カタストロフィ・スワップ
	CATボンド	
	天候デリバティブ	・取引所上場の天候デリバティブ ・OTC取引の天候デリバティブ

(出所)　著者作成

を通じて行われるCATボンド（Catastrophe Bond；災害債券）等の保険リンク証券（Insurance-linked Securities；ILS）や天候デリバティブがある。

　また、広義のARTは、伝統的な保険手法に対して新たな手法を用いたリスクマネジメント手法の総称であり、キャプティブやファイナイト、コンティンジェント・キャピタル等が含まれる（図表3-2）。

　このうち、CATボンドと天候デリバティブについては別章（第5章、第6章）に譲り、本章ではそれ以外のさまざまな種類のARTについて概観する。

(2) 金融と保険の融合

カタストロフィ・リスクを対象とするARTの各種商品は、保険・再保険会社に新たなヘッジツールを提供するだけではなく、金融資本市場に参加する投資家にとっても新たな投資機会を提供する。この結果、カタストロフィ・リスクは多くの投資家の間に分散され、カタストロフィ・リスクが元受保険市場や再保険市場に与えるインパクトを軽減する効果が発揮されることとなる。そして、こうしたART商品の活用により、金融資本市場と保険市場が直接結ばれるかたちで融合して、金融資本市場はリスク引受けのキャパシティを保険市場に提供することになる。

保険リスクが金融資本市場へ移転されるかたちとなるARTでは、最終的なリスクの引受け手は保険・再保険会社ではなく、さまざまな投資家が参加する金融資本市場の投資家となる。具体的には、狭義のARTでは、顧客と保険会社、または保険会社と再保険会社との相対取引ではなく、不特定多数の投資家が参加する市場取引となることから、カタストロフィ・リスクは広く投資家の間に分散されることになり、リスクの引受けキャパシティは格段に大きくなる。ちなみに、米国では金融資本市場のリスクテイクのキャパシティは、再保険市場の保険引受けキャパシティの約100倍に達するといわれている[3]。

また、金融資本市場全体の価値のデイリーベースの変動は、巨大自然災害による損害の規模に匹敵するとされている。このことも、金融資本市場には、カタストロフィ・リスクの引受けキャパシティが十二分にあることを示している[4]。

① 再保険市場の補完的機能としてのART

金融資本市場を活用するART商品は、カタストロフィ保険・再保険を代

---

[3] Yago, G., and Reiter, P. (2008) Financial Innovations for Catastrophic Risk: Cat Bonds and Beyond. *Milken Institute*. p9
[4] Pollner, J. D. (2001) Catastrophe risk management using alternative risk financing. *World Bank Group*. 2001.2.26

替するというより、それと協調するかたちで補完的機能を果たしている。すなわち、ARTは、その名称こそ代替的リスク移転ではあるが、再保険市場の補完的な役割を果たすことを本質的機能とするリスクファイナンスのツールである。

かつて金融資本市場と保険市場は、各々固有の機能をもち、この二つのマーケットの間には厚い壁が存在して分離された状態にあった。しかし、金融資本市場の自由化によって、各種のイノベーティブな商品が生み出されるなかで、その代表的ツールというべきARTが二つのマーケットを融合し、一体化する機能を発揮することになった。

こうした金融資本市場と保険市場の融合により、保険のエンドユーザーは、リスクマネジメントの効率性向上が可能となるという大きなメリットを享受することができる。すなわち、伝統的な保険を補完するソリューションが存在すれば、とりわけ大災害により生じる保険・再保険市場のキャパシティの制約から来るプレミアムのボラティリティを抑制することができ、この結果、保険ユーザーは安定的なリスクマネジメントに取り組むことが可能となる。

また、保険会社や再保険会社も、自己が保有する保険ポートフォリオにカタストロフィ・リスクを組み入れることにより、最適ポートフォリオを構築するという目標を達成するために、CATボンドをはじめとする保険リスク証券を対象にして活発に投資を行っている。このように、金融資本市場と保険・再保険市場は、相互のセクターが相互のビジネスにかかわりを深めるかたちで融合しつつある。

こうした金融と保険との融合は、単に金融資本市場が保険市場にリスク引受けのキャパシティを提供するというにとどまらず、金融資本市場が営々と培ってきたイノベーションを保険市場に提供し、また、保険市場が営々と培ってきたリスクマネジメントのノウハウを金融資本市場に提供するというように、マーケット間の緊密度が高まるなかで相互に切磋琢磨しながら、その機能が統合されるかたちで進行している。

そして、企業も、保険・再保険会社等の金融機関も、この二つのマーケッ

トを活用するツールの組合せからリスクマネジメントのベストソリューションを選択することが可能となる。こうしたカタストロフィ・リスクマネジメントの策定にあたっては、金融資本市場と保険市場の二つのマーケットを結びつけるARTにかかわる商品や取引内容を検討、分析することが必要であり、本章ではこの点に焦点をあてるかたちで話を進めることとしたい。

② ARTの市場参加者

　前述のとおり、狭義のARTの文字どおりの意味は、代替的リスク移転であるが、これは保険に取って代わるというのではなく、保険機能を補完するツールであるとみるべきである。

　そして、このARTの活用によって金融資本市場と保険市場をリンクさせたハイブリッドなリスクマネジメントが可能となる。このことは、CATボンド等のART商品の主要なユーザーに保険会社や再保険会社が名を連ねていることに如実に表れている。

　ここで、ARTの主要な市場参加者をみると、まずリスクヘッジを指向する企業等のエンドユーザーがあげられる。現に、多くの企業が伝統的な保険を利用するとともに、さまざまなかたちでARTを活用している。

　そして、こうしたエンドユーザーのリスクの引受け手となる元受保険会社や再保険会社もARTの利用を活発化させている。すなわち、現状、保険・再保険会社は、保険の引受けや保険金の支払いといったコアビジネスのほかに、ARTマーケットにおいてきわめて重要な役割を果たしている。具体的には、保険・再保険会社は、ART商品を設計してこれをマーケットに提供するほか、自己の保険リスクポートフォリオ・マネジメントを目的として、ART商品の取引を活発に行っている。保険・再保険会社がこのようにARTマーケットで取引することにより、伝統的な保険の引受けといったコア業務によるリターンのほかに、ART取引によるリターンの獲得を通じた収益多様化を指向することが可能となり、ひいては保険・再保険市場に特有のハードマーケット、ソフトマーケットのサイクルから発生する収益のボラティリティを緩和することも期待できる。

一方、投資家は進んでリスクを引き受けて、そのリスクに見合ったリターンを求めることになる。すなわち、ARTは、保険会社に新たなヘッジツールを提供するだけではなく、投資家に対しても新たな投資機会を提供する。そして、こうした投資家が存在してはじめてリスクの移転によるヘッジが可能となり、ARTマーケットの機能が発揮されることになる。

　ARTマーケットに参加する投資家は、ポートフォリオにART商品という新たなアセットクラスを組み込んで分散投資効果の向上をねらう投資ファンド、年金基金、ヘッジファンド、銀行、それに保険・再保険会社等の大手の機関投資家である[5]。なお、ポートフォリオの分散効果についてはあらためて後述したい（第5章8(2)②）。このように、ARTの主要な市場参加者は、ARTの需要者となるリスクヘッジャーとARTの供給者となるリスクテイカーから構成される。

　また、企業と投資家との間を仲介する金融機関等のブローカーは、企業のニーズと投資家のニーズをマッチさせるような商品や取引戦略を構築、策定して、企業と投資家との取引の成立に持ち込み、その結果、仲介手数料を得ることになる。

③　ARTとマーケット情報

　カタストロフィ・リスクの受け皿に金融資本市場を活用することは、それによってリスク引受けのキャパシティを大幅に拡大させて、再保険マーケットを補完するという大きなメリットがあるが、そのほかにもリスクの移転により、リスクに関するマーケット情報を効率的に入手できるメリットがある。

　すなわち、リスクに関する情報を集めるには、それだけのエネルギーとコストを要するが、リスクを金融資本市場に移転する場合には、当然のことながらマーケットのリスク情報をふまえた取引になる。特にキャピタルマーケットへのリスク移転では、多くの市場参加者と向き合うことになり、その

---

[5] Banks, E. (2004) *Alternative Risk Transfer*. John Wiley & Sons, Ltd. p57

時々のリスクにかかわる需給動向とプライシングを中心とした情報を機動的に入手できるメリットがある。そして、こうしてマーケットから入手した情報を企業内にフィードバックすることによって、企業のリスクカルチャーの醸成につなげることも期待できる。

3 キャプティブ

(1) キャプティブとリスクの自家保有

　キャプティブは、一つの企業、または複数の企業が出資して設立する保険会社である。こうしたキャプティブの設立目的は、基本的に出資企業やそのグループ企業からの保険契約を一手に引き受けることにある。このように、キャプティブは出資企業に専属（captive）して保険事業を営む企業であり、キャプティブの名称もここからつけられたものである。

　キャプティブは、自家保険の一種であり、したがって、キャプティブが取り扱うのは、統計的に予測可能で、事前にある程度の確度をもって損失額が推定できる高頻度・低損害のリスクであることが一般的である。しかしながら、外部の保険を掛けようとしてもできないような低頻度・高損害リスクをカバーするために、こうしたキャプティブを活用するケースもみられる。

　また、キャプティブが引き受けたリスクについては、キャプティブがリスクを保有する場合と、キャプティブがいったん引き受けたリスクを出再する場合や、金融資本市場に移転する場合がある。すなわち、キャプティブはリスクの種類や規模、それに保険市場の状況によって、リスクを保有するか、出再等にするかの選択をすることになる（図表3－3）。

(2) キャプティブの発展経緯

　キャプティブは、資本基盤が強固な米国の大企業が、多額にのぼる保険料支払いの節減と国内の保険に関する厳しい規制の回避を目的として、海外のタックスヘイブンに自社出資の保険会社を設立したことを嚆矢とする。

図表3-3 キャプティブ活用の保険形態

通常の保険形態

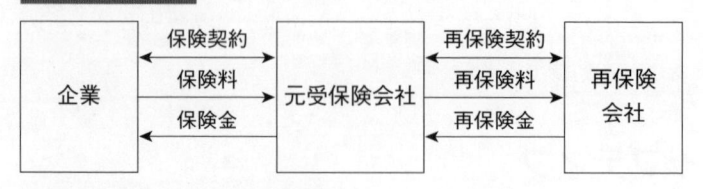

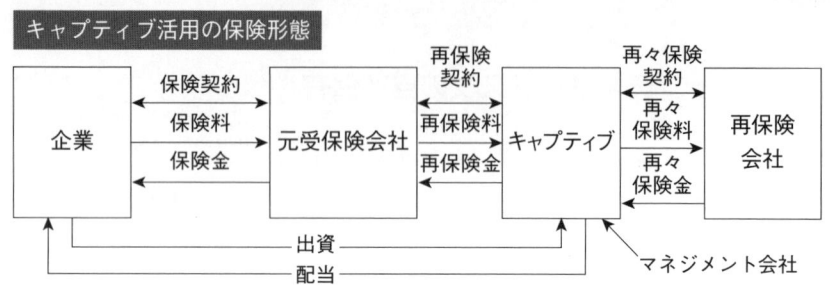

企業 ⇄ (保険契約／保険料／保険金) ⇄ 元受保険会社 ⇄ (再保険契約／再保険料／再保険金) ⇄ 再保険会社

キャプティブ活用の保険形態

企業 ⇄ (保険契約／保険料／保険金) ⇄ 元受保険会社 ⇄ (再保険契約／再保険料／再保険金) ⇄ キャプティブ ⇄ (再々保険契約／再々保険料／再々保険金) ⇄ 再保険会社

出資／配当（企業 ⇄ キャプティブ）
マネジメント会社

(注1) シングルペアレント・キャプティブのケース
(注2) 元受保険会社を介在させるケース
(出所) 著者作成

　すなわち、米国では1970年代の後半に、製造物にかかわる賠償責任や医療過誤による賠償責任が問題となるケースが著しい増加を示したことから、保険業界ではこうした予測が困難で、多額の保険金支払いにつながるおそれのあるリスクを対象とする保険の引受けに難色を示すようになった[6]。この結果、損害保険マーケットの規模は縮小し、保険料が大幅に上昇するという典型的なハードマーケット化の様相を呈した。米国の大企業では、こうした状況に対応するために、企業自身のリスクのみを引き受けるキャプティブを設立する構想を検討し、これを実行に移した。そして、このことがきっかけとなり、その後、各企業が競ってこれに追随したことから、キャプティブが急増することとなった。
　このように、キャプティブが飛躍的に発展した背景には、企業と保険会社

---

[6] Banks, E. (2004) *Alternative Risk Transfer*. John Wiley & Sons, Ltd. pp90-91

との間に存在する情報の非対称性の問題も影響している。すなわち、企業がリスクの予防、回避、軽減策を講じてリスクコントロールに大きなエネルギーを費やしているにもかかわらず、いざ企業が保険を掛けると、企業が属する業界全体の平均的なリスクに応じた保険料を課されるといったケースが少なくなかった。この結果、当該企業にとっては、せっかくリスクコントロールの努力を行ったにもかかわらず、それが保険料に反映されず、不当に割高な保険料を課せられることとなった。

現在では、各保険会社とも、個々の企業のリスク・エキスポージャーに応じた保険料を課すように審査内容を精緻化、拡充しているが、かつてみられたように業界全体の平均的なリスクに見合った保険料を課された場合には、リスクコントロールが充実している企業は高い保険料を支払うことによって、実質的に競合する同業他社を援助することになってしまう[7]。

また、米国では企業が保険会社に保険を掛けるよりも、自前のキャプティブに保険を掛けるほうが、税金面で有利であったことも、キャプティブの発展を後押しする要因として働いた。もっとも、現在ではキャプティブに対する税務措置の変更、強化から、こうした税金面からのメリットは大きく縮小している状況にある。

1980年代に入ると、米国の保険市場はソフト化して、企業は再び伝統的な保険市場のほうに目を向け、この結果、キャプティブは下火になった[8]。ところが、1990年代に保険市場がハード化して、ここでキャプティブは拡大基調を示し、それが大きな潮流となり今日に至っている。

現在では、各国に拠点をもちグローバルな規模でビジネスを展開する企業が、従来は自社の拠点に所在する各国の保険会社と個別契約していた保険を、自社設立のキャプティブにすべて出再することによって、全社的にリスクの統合管理を行う目的でキャプティブを活用するケースが数多くみられる。このように、今日では、キャプティブは、統合的リスク管理を推進する有効なツールとなっている。

7　Lane, M., (ed.) (2002) *Alternative Risk Strategies*. Risk Books. p181
8　Banks, op.cit., p89

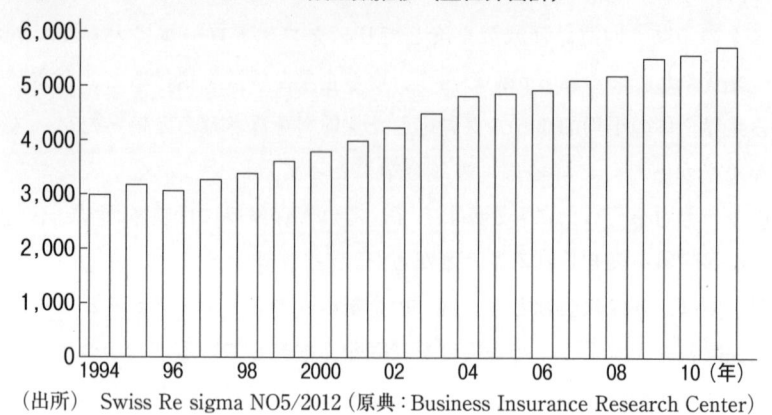

図表 3 － 4　キャプティブの設立数推移（全世界合計）

（出所）　Swiss Re sigma NO5/2012（原典：Business Insurance Research Center）

　2007年の推計では、米国の大企業のキャプティブによる保険は575億ドルと、世界のリスク移転の14％を占めている[9]。

　また、全世界のキャプティブ設立数は、1950年代に約100であったが、1960年代後半から米国中心に漸増して、1970年代後半には約1,000、1980年代後半には約2,000となり、2011年には5,745と30年間弱で6倍近くの増加となった[10]。そして、このうち80％が欧米企業の子会社となっている[11]（図表3－4）。

(3)　キャプティブの機能

　キャプティブがもつ主要な機能をみると、次のように整理することができる。

①　統合的リスクマネジメント

　キャプティブを所有する親会社は、キャプティブを通じて企業グループ全

---

[9]　Weber, C.（2011）*Insurance Linked Securities.*　Gabler Verlag. p66
[10]　Business Insurance（2012）*Market Insights: Captive Domiciles* Business Insurance
[11]　リスクファイナンス研究会（2006）『リスクファイナンス研究会報告書〜リスクファイナンスの普及に向けて〜』経済産業省2006年3月p71

体のリスクを横断的に管理することにより、統合的リスクマネジメントの向上を図ることが可能となる。すなわち、親会社およびそのグループ企業のリスク管理は、各々組織ごとに個別に行う縦割りの弊害に陥りやすいが、キャプティブには、リスク管理にかかわる情報を企業グループ一体として横断的に把握したうえで、これを統合的に管理することができるといった大きなメリットがある。

また、キャプティブは、実質的に保険リスクの自家保有であり、これにより企業グループ全体にリスクカルチャーの浸透を図ることが期待できる[12]。そして、これによりグループ各社のリスクコントロールが拡充されることとなれば、それはすなわち、キャプティブの支払保険金の減少となり、キャプティブの利益向上、ひいてはグループ全体の利益向上をもたらす。このように、グループ各社のリスクコントロールの向上がグループ全体の利益向上に反映される図式となり、各社がリスクコントロールを一段と拡充させるインセンティブが働く効果がある。

さらに、こうしたキャプティブがもつ効果から、対外的にも、企業内における効率的なリスクマネジメントをデモンストレートすることとなり、この結果、企業に対するマーケットの評価向上に資することも期待できる。

② **情報の非対称性の解消**

キャプティブは、保険会社と企業との間に存在する情報の非対称性を完全に解消する機能をもっている。すなわち、一般の保険の場合でも、保険会社のリスク分析能力の向上によって情報の非対称性の問題は大きく改善されてきてはいるが、それでも企業が抱えるリスクの特性とその規模を保険会社が悉皆（しっかい）的に把握することは困難であり、また、企業サイドも高度に機密に属する情報は保険会社への開示に消極的となる可能性がある。

したがって、保険会社はリスクの不透明性が強い場合には、保険契約を締結することを拒否するか、そうでなければ高額の保険料（プレミアム）を要

---

12 同上p69

求することになる。

しかし、企業がキャプティブを利用する場合には、自社や傘下会社のビジネスを熟知していることから、企業グループが抱えるリスクの把握や分析を正確に行うことができる。すなわち、企業とキャプティブは事実上一体であり、したがって、保険会社と企業との間に存在する情報の非対称性は完全に解消されることとなり、それにより保険の対象となるリスクの範囲も拡大することが可能となる。また、企業は、特に業務上のリスクマネジメントが平均よりも優れているにもかかわらず、それが保険・再保険マーケットにおいて正当に評価されないといったケースにおいても、キャプティブを設立することによって、そうした問題を回避することができる。

③ 費用の節減

企業は、キャプティブを活用することによって、保険会社に対して手数料や人件費、それに利益が加算されたプレミアムを支払うよりも、コストが安い自己保険を掛けることができる。また、個別に保険を掛けるのではなく、保険契約を一つに束ねることでスケールメリットも期待できる。

さらに、キャプティブは保険会社に支払っていたプレミアムや、プレミアムの投資収益を企業グループのなかで保有することから、企業グループ全体のキャッシュフローの改善に資することとなる。また、キャプティブが計上した利益を企業に対して配当のかたちで支払うことも可能である。

もっとも、キャプティブは保険会社である以上、その設立には資本が必要となる。したがって、キャプティブ設立により、企業には機会費用がかかることに加えて、キャプティブ設立とその運営にはそれ相応のコストを要することとなる。

また、キャプティブはリスクの自家保有となることから、企業グループのなかでリスク分散が十分になされない可能性もある。したがって、キャプティブでどこまでリスクを自家保有して、どこまで再保険市場に出再するかの判断がきわめて重要となる。

そして、キャプティブで残る問題は、企業がキャプティブに対して支払う

保険料の損金処理の是非をめぐる税務上の扱いである。こうしたキャプティブにかかわる税務上の扱いを明確化している国も存在するが、まだグレーゾーンが存在している国が多く、これがキャプティブの発展を妨げている面が少なくない状況にある[13]。

④ 保険マーケットの情報収集

キャプティブは、引き受けた保険をすべて保有せず、さらなるリスク引受けキャパシティの拡大のために、この一部を再保険に出再することが少なくない。これにより、親会社およびそのグループ企業は、キャプティブを通じて実質的に世界の主要な保険市場に直接アクセスすることが可能となる。そして、キャプティブが世界の保険市場におけるプレミアムの動向等を迅速、的確に把握して、それを企業にフィードバックすることにより、企業グループ全体の保険ポリシーの適切な運営に資することが期待できる。

(4) キャプティブの種類とフレームワーク

① ダイレクト方式とフロンティア方式

キャプティブが保険を引き受ける場合に、企業が直接キャプティブを設立して、そのキャプティブが企業から直接リスクを引き受ける「ダイレクト方式」と、いったん、企業と元受保険会社とが保険契約を締結し、それを受けて元受保険会社が当該企業が設立したキャプティブに出再する「フロンティア方式」がある（図表3-5）。そして、ダイレクト方式により設立されたキャプティブを元受キャプティブという。一方、フロンティア方式により設立されたキャプティブは再保険会社であり、これを再保険キャプティブという。また、フロンティア方式で元受けとなる保険会社をフロンティング保険会社と呼んでいる。

キャプティブは保険会社である以上、その拠点の法規制に従って運営される。規制の内容はさまざまであるが、基本的には報告義務や、資本・剰余金

---

[13] Banks, op.cit., p197

図表3-5　キャプティブのダイレクト方式とフロンティア方式

ダイレクト方式

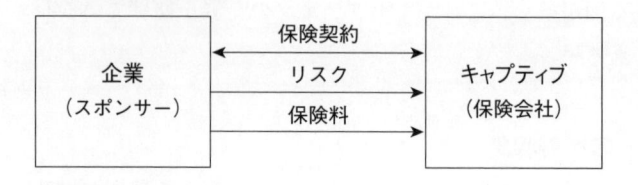

企業（スポンサー） ←保険契約→ キャプティブ（保険会社）
　　　　　　　　　　リスク→
　　　　　　　　　　←保険料

フロンティア方式

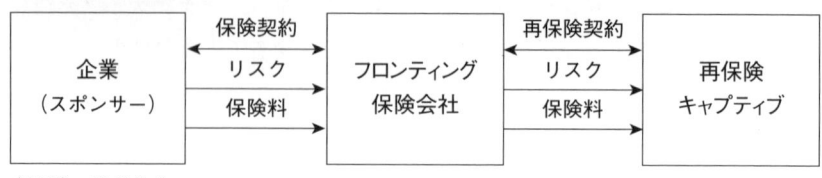

企業（スポンサー） ←保険契約→ フロンティング保険会社 ←再保険契約→ 再保険キャプティブ
　　　　　　　　　　リスク→　　　　　　　　　　　　　　　リスク→
　　　　　　　　　　←保険料　　　　　　　　　　　　　　　←保険料

（出所）　著者作成

の水準、投資規制等が共通する。また、その運営には、的確なリスク評価とプライシング、保険金請求に対する審査等の専門性が求められる。

　こうしたことから、キャプティブは、フロンティア方式により元受保険業務ほど規制が厳しくない再保険業務として行われることが大半であり、この結果、多くのキャプティブは再保険会社として設立されている。

　キャプティブは、キャプティブを設置する企業（これをペアレントとか、スポンサー企業と呼んでいる）の数によりシングルペアレント・キャプティブとマルチペアレント・キャプティブの２種類があり、また、キャプティブがどこまでリスクを引き受けるかにより、さらにいくつかの種類に分類される（図表3-6）。

② シングルペアレント・キャプティブ

　最も典型的なキャプティブは、単一会社が再保険会社としてキャプティブを設立するタイプである。このように、単独の企業の出資により設立されるキャプティブをシングルペアレント・キャプティブとか、シングル・キャプ

図表3－6　シングルペアレント・キャプティブとマルチペアレント・キャプティブ（ダイレクト方式のケース）

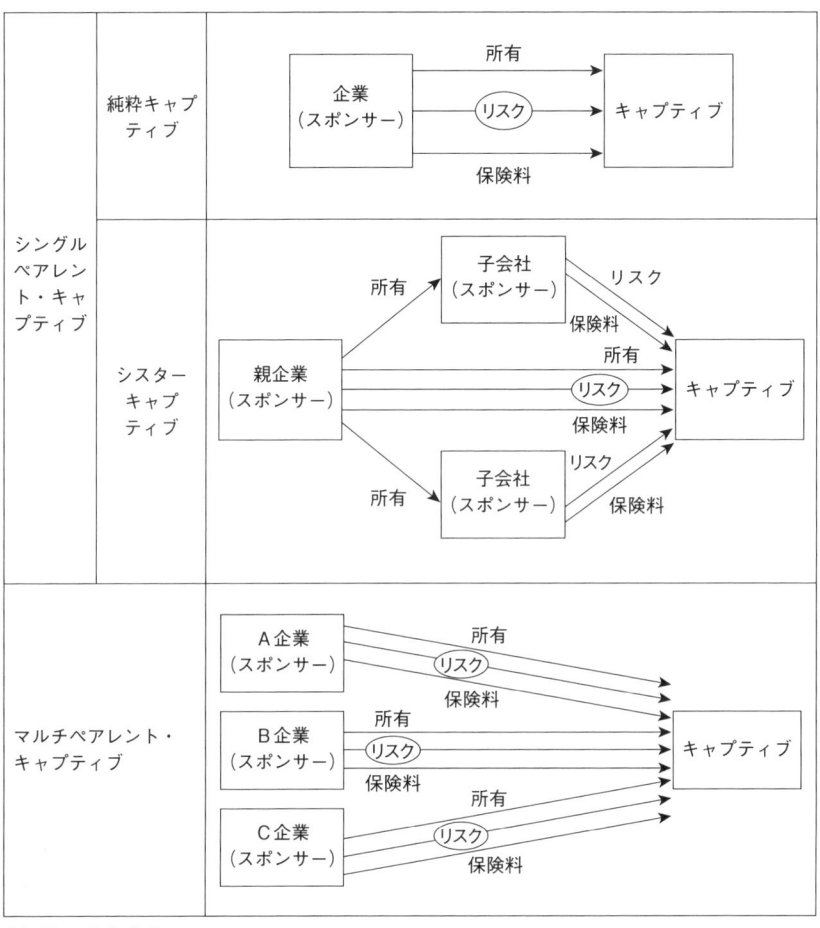

シングルペアレント・キャプティブ	純粋キャプティブ	企業（スポンサー） —所有/リスク/保険料→ キャプティブ
	シスターキャプティブ	親企業（スポンサー）が子会社（スポンサー）を所有し、親企業からリスク・保険料がキャプティブへ、子会社からもリスク・保険料がキャプティブへ流れる
マルチペアレント・キャプティブ		A企業（スポンサー）、B企業（スポンサー）、C企業（スポンサー）がそれぞれ所有・リスク・保険料をキャプティブへ

（出所）著者作成

ティブとかいう。シングルペアレント・キャプティブでは、単一のスポンサーがキャプティブをコントロールして、キャプティブの保険引受方針や保険金支払基準、さらには投資方針についての決定権限をもつことになる。親企業のリスクを引き受けるシングルペアレント・キャプティブが全体の7割

を占めている[14]。

　シングルペアレント・キャプティブは、スポンサーとなる企業、または企業のグループ会社全体のリスクを担うことになる。このうち、スポンサー1社のリスクのみを引き受けるキャプティブを純粋キャプティブ、自社グループ企業全体のリスクをまとめて引き受けるキャプティブをシスターキャプティブと呼んでいる。

　また、当初はシングルペアレント・キャプティブとして設立されたキャプティブが、その後、第三者の保険も引き受けるように業務範囲を拡大させることもあり、これをシニアキャプティブという。

　スポンサー企業は、出資金のほかに、キャプティブがリスクを引き受けることに対するプレミアムを支払う。キャプティブはそのプレミアムを、損失をカバーするための準備金として保有する。そして、実際にリスクが発生して親企業が損失を被った場合には、キャプティブは保有する準備金を取り崩して親企業に対して保険金を支払うことになる。

③　マルチペアレント・キャプティブ

　マルチペアレント・キャプティブは、複数の企業の共同出資により設立され、それらの企業のリスクを引き受けるキャプティブで、グループ・キャプティブとか共同キャプティブと呼ばれることもある。

　マルチペアレント・キャプティブは、企業が単独でキャプティブを設立するにはコストがかかりすぎるために、経費節約のために設立されることが多い。マルチペアレント・キャプティブにおける損失負担は、一般的に各企業が支払ったプレミアムの金額に比例して負担することになる。

　マルチペアレント・キャプティブは、業界で組成している協会がその会員のために設立するケースが少なくない。こうしたキャプティブは、組合キャプティブ（association captive）と呼ばれる。組合キャプティブに対して共同出資する複数の企業は、たとえば、病院や弁護士、建設業といった同じ種類

14　Weber, op.cit., p66

のリスクを保有する同業者である。組合キャプティブは、医者、病院、弁護士等が職業上のリスクを個別に付保した場合には保険料が割高になることから、共同でリスクをカバーする目的で利用されており、たとえば医療過誤による損害補償をカバーするといったケースに活用されている[15]。

また、マルチペアレント・キャプティブには、スポンサーが多くの業種にわたっているケースもあり、さらに、スポンサー以外の第三者の保険を引き受けるケースもみられる。

④ レンタ・キャプティブ

企業が直接キャプティブを設立するのではなく、第三者が所有するキャプティブを借りて、それに保険を出す形態があり、こうしたキャプティブをレンタ・キャプティブと呼んでいる（図表3-7）。

企業は、レンタ・キャプティブを利用することにより、基本的にリスク移転の対価としてのプレミアムとキャプティブ運営にかかわるコストの支払いだけで、キャプティブの設立や管理にかかわるコストや手間を節約できるという大きなメリットを享受することができる。

すなわち、レンタ・キャプティブは自己保険でキャプティブを使いたいものの、キャプティブを設立するコストとエネルギーを費やすことを避けたいとする企業や、自前のキャプティブを設立するまでには保険の規模が大きくない中小企業、さらには、いきなり本格的なキャプティブを設立するのではなく、試験的に導入してその効果を見極めてから自社グループで独自のキャプティブを設立することを検討したいとする大企業に活用されている。

レンタ・キャプティブは、一般的に第三者がキャプティブ設立のために資本を提供し、保険・再保険会社や保険ブローカーによって管理、運営されるかたちをとる。そして、資本提供者は、レンタ・キャプティブからリターンを得ることとなる。

---

15 Ibid.

図表3－7　レンタ・キャプティブと保護セルキャプティブ（フロンティア方式のケース）

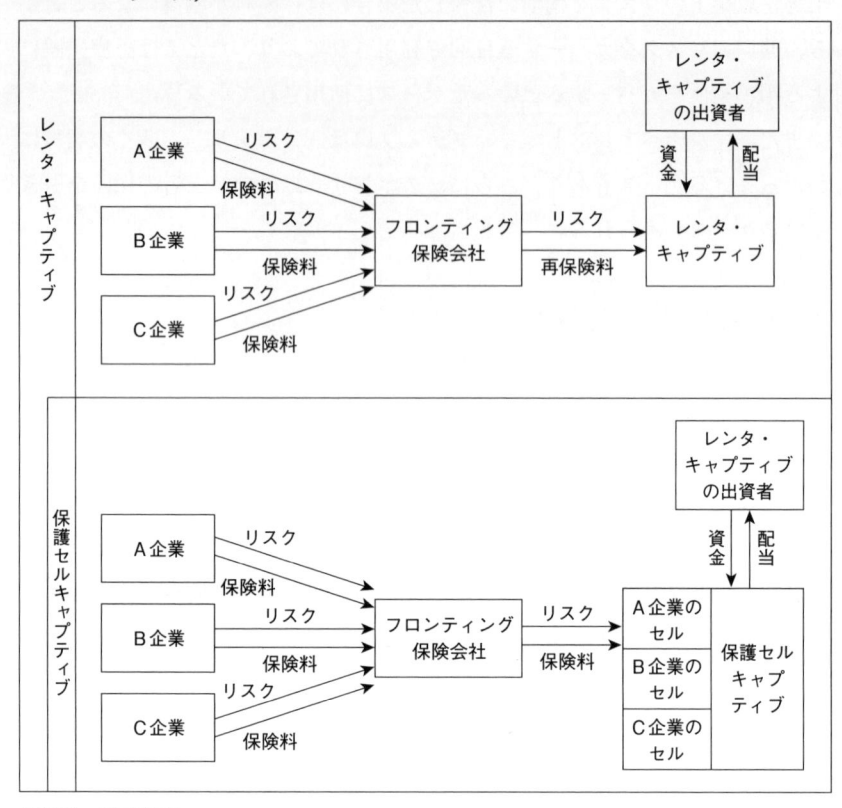

```
┌─────────────────────────────────────────────────────────────┐
│レ  ┌────┐ リスク                              ┌─レンタ・──┐ │
│ン  │A企業│────→                              │キャプティブ│ │
│タ  └────┘ 保険料 ──→                          │の出資者    │ │
│・  ┌────┐ リスク      ┌─────────┐ リスク    └────┬──┬──┘ │
│キ  │B企業│────→      │フロンティング│────→    資金│  │配当│
│ャ  └────┘ 保険料 ──→│保険会社      │          ↓  ↑    │
│プ  ┌────┐ リスク      └─────────┘ 再保険料  ┌─レンタ・──┐│
│テ  │C企業│────→                              │キャプティブ│ │
│ィブ└────┘ 保険料 ──→                          └────────┘ │
└─────────────────────────────────────────────────────────────┘
┌─────────────────────────────────────────────────────────────┐
│保  ┌────┐ リスク                              ┌─レンタ・──┐│
│護  │A企業│────→                              │キャプティブ│ │
│セ  └────┘ 保険料 ──→                          │の出資者    │ │
│ル  ┌────┐ リスク      ┌─────────┐ リスク    └────┬──┬──┘ │
│キ  │B企業│────→      │フロンティング│────→    資金│  │配当│
│ャ  └────┘ 保険料 ──→│保険会社      │保険料    ↓  ↑    │
│プ  ┌────┐ リスク      └─────────┘          ┌A企業のセル┐│
│テ  │C企業│────→                             │B企業のセル│保護セル│
│ィブ└────┘ 保険料 ──→                        │C企業のセル│キャプティブ│
└─────────────────────────────────────────────────────────────┘
```

（出所）　著者作成

・レンタ・キャプティブのフレームワーク

　レンタ・キャプティブは、通常、いくつかの企業がそのユーザーとなることから、そうした複数の企業がもつリスクの寄合所帯となる。したがって、企業はキャプティブの使用料の支払いに加えて、キャプティブの保険引受けリスクをプロテクトするためになんらかの担保を差し入れることが必要となる。

　ところで、キャプティブの本来の目的は、企業が自社グループのリスクを一括して管理することにあり、したがって、レンタ・キャプティブの利用に

よって他の企業のリスクと混同するようなことは避けなければならない。しかし、これまでのレンタ・キャプティブは、キャプティブのなかで個々の企業が法的に独立としたものとして分離されていなかったために、レンタ・キャプティブのなかのある企業が抱えるリスクが表面化して、大規模の損失が発生すると、他の企業にもその累が及ぶおそれがあった。

　これを具体的にみると、通常、一つのレンタ・キャプティブは多くの参加企業の勘定を保有している。そして、そのなかのある参加企業が巨額の損失を被り、その参加企業の勘定の残高が払底して、それでも損失額が補てんできず赤残になるようなことがあれば、他の参加企業の残高でそれを補てんしなければならない。

　これは、レンタ・キャプティブはあくまでも一つの法的な組織であり、レンタ・キャプティブが引き受けたすべてのリスクに対してレンタ・キャプティブ自身が責任を負っていることによる。この結果、レンタ・キャプティブが保有するすべての資産は、引き受けたリスクのどれが顕現化しようとも、その債務の支払いに使用される可能性があり、したがって、レンタ・キャプティブの参加企業は、自分の勘定にある資金を失うリスクがある。

　こうしたことから、レンタ・キャプティブには高い格付が要求され、また、新たにレンタ・キャプティブに加入する企業に対してリスクマネジメントが的確に行われているか等の信用状況が詳細にわたって審査されることとなる。しかし、こうした措置をいかに厳格に実施しても、従来のシステムのレンタ・キャプティブでは、参加企業が、他の参加企業の損失を被る可能性を完全に払拭することはできない。

　そこで、米国ではレンタ・キャプティブにリスクを移転した企業間でリスクが混在することのないように、レンタ・キャプティブのなかに、セル（cell）と呼ばれる仕切られた区画を設けて、そのセルごとに一つの企業グループのリスクが管理される分別勘定方式が開発、導入されている。そして、こうした仕組みをもったキャプティブを保護セルキャプティブ（Protected cell captive；PCC）と呼んでいる[16]。

　保護セルキャプティブでは、キャプティブを利用する参加企業は、キャプ

ティブ発行の無議決権・優先株をもつ。そして、キャプティブが保険の引受けにより得た利益は、キャプティブを利用する企業に配当として支払われるか、各企業のセルに責任準備金として積み立てられることとなる[17]。

保護セルキャプティブは、法的に単一の組織で、コアとなるセルと多くのセルから構成される。そして、セルとセルの間は法的に分離される。したがって、あるセルの資産、負債は他のセルから分離されるというかたちで保護され、ある勘定に対する支払請求は他の勘定から分離される。

なお、この保護セルキャプティブは、いまだ法的に完全に確立されたコンセプトではなく、各国で法的に有効であるかどうかが明確ではないという問題が存在することに留意する必要がある[18]。

(5) キャプティブの設立拠点と運営

キャプティブの設立については、その拠点をどこにするかがきわめて重要となる。キャプティブの設立場所は、商業的な自由が保証され、かつ税金が安いという理由から、従来、オフショアを選択するケースが大半であった。その結果、バミューダが代表的な設置場所となり、それに続いてケイマン、シンガポール、アイルランド等となった。しかし、米国ではその後、オフショアを拠点とする場合の課税上の扱いが明確ではないといった税法上の理由や、キャプティブの運営上、効率的ではないといった実務的な理由から、タックスヘイブンにキャプティブを設立するメリットが薄れたことにより、オンショアでの設置が増加している[19]。

すなわち、米国では、企業がタックスヘイブンを利用しても、キャプティブ利用は実質的にリスクの自己保有であって外部移転にはならないとして、キャプティブに対して支払う保険料の損金計上が否認されたり、キャプティブが計上する利益を親会社の利益と合算して課税する等の措置を講じる州が増加した。また、スポンサー企業としても、自社が所在する拠点に近い場所

16　Lane, op.cit., p194
17　リスクファイナンス研究会報告書、前掲注11、p68
18　Lane, op.cit., p194
19　Banks, op.cit., pp90−91

にキャプティブを設置したほうが効率的に管理できるとの実務的な理由もあって、オフショアでの設立からオンショアでの設立にシフトする動きが目立っている。

　こうしたことから、1991年にはオフショア設立のキャプティブが全体の8割強を占めていたが、2011年にはオンショア設立のシェアとオフショア設立のシェアが拮抗するまでとなっている。

　この結果、2011年には2,000を超えるキャプティブが米国27州に拠点を構えているが、そのなかでも、バーモント州が590と突出して多く、これに続いてユタ州が239、ハワイが172となっている[20]。一方、欧州を拠点にして約1,000のキャプティブが設立されているが、この約半分が英領ガーンジーやマン島、ジブラルタル等のオフショアに設立されており、オンショアに設立された残りの半分は、ダブリン等に集中している。そして、アジア太平洋に拠点を置くキャプティブは、全体のわずか2％の140となっている。

　また、こうしたキャプティブのオンショアへのシフトのなかで注目されているのが、保険、銀行、代替的リスク移転（ART）のサービスが充実しているスイスの金融サービスである[21]。

　一般的に、キャプティブの設立場所を検討する場合のポイントは、次の諸点に集約される。すなわち、第一に、設置拠点が法的、経済的、社会的に安定している必要がある。第二に、設置拠点における法規制がビジネスの信頼性を高め、ビジネスをサポートするような内容である必要がある。第三に、税金面の扱いが明確化されている必要がある。第四に、保険、銀行、投資といった業務サービスのほか、法務、税務、会計サービスといったインフラが整備されていることが必要である。第五に、スポンサーとなる企業の拠点から地理的に大きく離れていないことが必要である。すなわち、キャプティブの運営に対するガバナンスを有効に機能させるためには、スポンサー企業の幹部がキャプティブの取締役会等へ出席することが必要となり、そのためにはキャプティブがスポンサー企業から地理的に近いところに位置しているこ

20　Swiss Re Sigma（2012）*Insuring ever-evolving Commercial risks* No.5
21　Culp, C. L.（2002）*The Art of Risk Management.* John Wiley & Sons, Ltd. p368

とが重要となる。

キャプティブは、保険会社といってもあくまでもビークル（器）であり、ペーパーカンパニーとして設立されることから、それを運営するスタッフが必要となる。そして、実際の運営は、スポンサー企業か、キャプティブ運営会社によって行われるが、多くの場合には、キャプティブ所在国の運営会社にその運営を委託することになる。こうしたキャプティブ運営会社には、

図表3－8　日本企業により設立されたキャプティブ数と設立拠点（1968～2003年）

設立拠点	設立数
＊バミューダ	33
＊シンガポール	23
＊アイルランド	16
ハワイ	9
＊ルクセンブルク	8
＊ガーンジー	7
＊ケイマン諸島	4
＊香港	3
＊スイス	3
バーモント	3
＊マン島	2
アリゾナ	1
チャネル諸島	1
アイオワ	1
合計	114

（注1）　設立数には閉鎖分を含む。
（注2）　＊はタックスヘイブン税制国。
（出所）　リスクファイナンス研究会（2006）『リスクファイナンス研究会報告書～リスクファイナンスの普及に向けて～』　経済産業省2006年3月p41をもとに著者作成

チューリッヒ・インシュアランス等の再保険会社や、Aon、Marsh、Wills等の大手保険ブローカー等がある。

(6) 日本企業のキャプティブ

日本の現行保険業法では、国内で設立されるキャプティブには、通常の保険会社と同一の基準が適用されることから、資本金やソルベンシーマージンの基準等、保険業法で課せられている諸規制をクリアする必要がある[22]。このため、企業にとってのコスト負担が大きくなることから、大手のメーカーや商社は、海外にキャプティブを設立している。したがって、海外がキャプティブの設置拠点となるが、保険業法によって、海外の企業が賠償責任保険を元受けすることは禁止されていることから、日本の企業がキャプティブを活用するためには、フロンティア方式をとる必要がある。

現状、日本の企業は、大手メーカーや総合商社を中心に、約100社が海外にキャプティブを設立している（図表3-8）。こうしたなかで、契約締結や設立後の管理上の不便さ等から、キャプティブを国内でより容易に設立可能なように制度の改善を求める声が強まっている[23]。

4 ファイナイト

(1) ファイナイト保険の基本コンセプト

ファイナイト保険は、企業が保険会社に対して個別のリスクに応じた保険料を一定期間にわたって定期的に一定金額、積み立てていく保険である。

そして、実際に災害が発生して、企業に対する補償が必要になったときに、企業が毎年積み立ててきた保険料と保険会社のリスク負担分とを合計した金額が、保険金の支払いに充当されることとなる。この場合、保険会社が

---

[22] リスクファイナンス研究会報告書、前掲注11、p22
[23] 経済産業省（2005）『産業構造審議会産業金融部会中間報告の骨子』経済産業省経済産業政策局産業資金課2005年9月

支払う保険金額には上限が設定される。この上限の設定には、契約期間全体での保険金支払限度額のほかに、1年間の支払限度額とか、1件当りの支払限度額等、さまざまな方式がある[24]。

このように、ファイナイト保険は、企業が先行き受け取る保険金を企業自身が毎年積み立てることによって、保険会社が引き受けるリスクが限定 (finite) されたものとなり、ファイナイトの名称もここから来ている。

なお、ファイナイト保険は、リスク移転を金融資本市場ではなく保険市場に対して行うことになり、伝統的な保険会社へのリスク移転にかえて金融資本市場へのリスク移転を行う狭義のARTの範疇には入らない。

伝統的な損害保険では、保険期間が1年間に設定されることが大半であるが、ファイナイト保険では、複数年のリスクをカバーすることが可能であり、実際のケースをみても数年間にわたることが一般的で、なかには10年間以上のケースもみられる。

このように、ファイナイト保険は、中長期にわたる保険契約となり、保険期間中に保険会社が破綻するようなことがあれば期待した補償を受けられないといった信用リスクが、通常の損害保険に比べると大きくなる点に留意する必要がある[25]。

また、ファイナイト保険では期間中にリスクが発生して保険金の支払いがかさんだ場合には追加保険料の支払いが発生することがある半面、保険支払いがまったくなかったり少額にとどまった場合には保険料の一部の払戻しを受けられる。こうした保険料の払戻しを優良戻しと呼んでいる[26]。

(2) ファイナイト保険の特徴とメリット

① ファイナイト保険の特徴

ファイナイト保険は、企業と保険会社との間でリスクシェアリングをするかたちの保険であり、また、企業にとっては自家保険と伝統的な保険の双方

---

24 リスクファイナンス研究会報告書、前掲注11、p62
25 同上。
26 Banks, E. (2004) *Alternative Risk Transfer*. John Wiley & Sons, Ltd. p196

を組み合わせたハイブリッド型のリスクファイナンスである。

　したがって、企業が保険会社に払い込む保険料も、自家保険の保険料と伝統的な保険の保険料をあわせたものとなる。そして、ファイナイト保険ではこの保険料の合計が、保険金の支払限度額のかなりのウェイトを占めるまでの水準に設定されるのが一般的となっている。

　また、企業が払い込んだ保険料は、保険会社に設けられた当該企業のアカウントに入り、保険会社により運用され、その運用益は、優良戻しの原資となる。

　ファイナイト保険の特徴は、リスクを時間的に分散させることによって管理する手法をとるところにあり、これが、ファイナイト保険が伝統的な保険と異なる最大の特徴点となる。

　すなわち、伝統的な保険では、多くの件数にのぼる保険契約により保険会社が背負ったリスクが大数の法則の効果で分散されることが基本となる。これに対して、ファイナイト保険では、多くの件数のリスクを束ねるわけではなく、個々の企業のリスクを1件ごと複数年にわたって分割することから、個別の保険契約から保険会社が背負ったリスクが保険期間の経過のなかで分散されることとなる[27]。

　このように、ファイナイト保険は、リスクの時間分散効果を本質とすることから、特に大数の法則が利かないリスクに活用することができる。具体的には、ファイナイト保険は、企業がカタストロフィ・リスクにより損害を被るとか、環境汚染リスクやリコール等で多額の損害賠償をすることになるリスクを負うというように、企業にとっても保険会社にとっても、発生確率やそれが発生した際の損害額の推定が困難なケースに利用される。

② **ファイナイト保険のメリット**

　ファイナイト保険は、リスクを時間軸上で分散することとなり、この結果、企業は長期にわたって安定したリスクカバーができるとともに、リスク

---

[27] Ibid.

ヘッジのコストの平準化を図ることが可能となる。

　すなわち、ファイナイト保険では、リスクが発生したときに複数年の単位で損失を補てんすることから、企業のキャッシュフローへの影響が複数年にわたるというキャッシュフローの平準化機能をもつ。このように、ファイナイト保険は、企業のキャッシュフローのタイミングを調整して、損失の発生によりバランスシートとキャッシュフローが大きく攪乱されることを防ぐ効果があり、この結果、リスク顕現化による企業の財務基盤の弱体化を回避することができる[28]。

　また、ファイナイト保険は、一般的に長期間にわたる保険となることから、保険市場がハード化して保険料が上昇したり、ソフト化して保険料が下落したりする保険サイクルの影響を回避することができる。特に、ファイナイト保険は、伝統的な保険市場が全般にハード化したようなときに魅力的なツールとなる。これは、リスクをすべて保険会社に移転する一般の保険契約よりも、個別のリスクを移転するファイナイト保険のほうが、合理的なかたちでプレミアムが決まる可能性が高いことによる[29]。また、巨額な損失が発生するおそれのあるカタストロフィ・リスクについて保険会社が引受けを拒むようなケースにおいても、ファイナイト保険では支払保険金に上限が設定されることから、企業は保険会社との契約締結に持ち込むことが期待できる。

　さらに、ファイナイト保険は、企業と保険会社との間でリスクシェアリングを行うこととなり、リスクヘッジを実施する企業とリスクを引き受ける保険会社との間でリスク情報の非対称性が生じる可能性のあるリスクについても、モラルハザードや逆選別の問題を回避することができる[30]。

(3) ファイナイト保険のフレームワークとその活用

　それでは、実際にどのようなかたちでファイナイト保険が設定されるかを

---

[28] Ibid., p70
[29] Ibid., p72
[30] リスクファイナンス研究会報告書p62、前掲注11。

みよう。

　ファイナイト保険では、企業が一定期間内に発生する可能性のあるリスクをヘッジする目的で、一定期間にわたってあらかじめ定めたインターバルで一定金額の保険料を何回かに分けて払い込むことになる。ファイナイト保険の保険期間を何年にするかは、企業と保険会社との間で決定される。

　ファイナイト保険では、実質的に企業が保険会社に保険料を積み立てていくこととなり、保険会社は保険金の支払いが発生するまで受け取った保険料を運用することができる。したがって、企業が払い込む保険料は、保険会社が運用益として受け取ることが見込まれる金額を勘案して設定される[31]。

　そして、企業の損害発生が、想定されたよりも少ない規模にとどまった場合には、企業に保険料の一部が利益分配として返戻され、逆に損失額が大きくなれば企業はプレミアムの追加支払いを要求されることとなる。保険会社の経理上は、プレミアムと投資収益は収入に、保険金の支払いと手数料は費用に計上される。そして、それをネットアウトした金額が保険会社と企業との間であらかじめ決めておいた割合でシェアされる[32]。

　具体例でこれをみると、いま、ある企業がカタストロフィ・リスクへの対策として保険会社との間でファイナイト保険の契約を締結したとする[33]。契約内容は、保険期間が5年、保険会社の5年間の通算支払限度が5億円、企業の保険料の支払いが年間1億円である。そして、仮にリスクが発生した場合にはその翌年からの保険料は1億2,000万円に増額となり、一方、リスクが発生しなかった場合には、企業が支払った保険料の90％が返還される（図表3－9）。

　この設例の内容に従って、企業は1年目に1億円、2年目に1億円の保険料を支払う。そして、2年目の途中でリスクが発生して2億円の損害を被り、保険会社から2億円の保険金を受け取る。企業は、契約内容に従ってリ

31　Banks, op.cit., p196
32　Ibid., p74
33　フォーサイトマネジメント株式会社「ART（代替的リスク移転）」の資料（http://www.foresightmgt.co.jp/service3.html、最終検索日：2013年2月1日）をもとにして設例を作成。

図表3-9　ファイナイト保険のフレームワーク

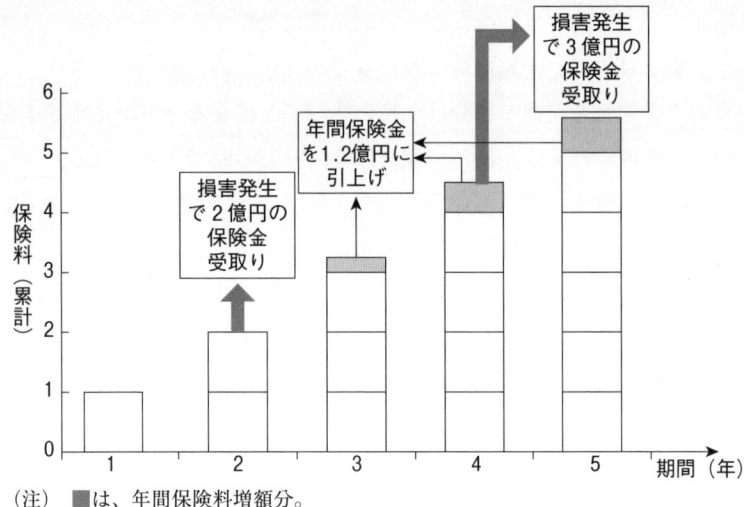

```
保険料（累計）
6
5                                            ┌損害発生┐
                                             │で3億円の│
                              ┌年間保険金┐   │保険金  │
4                             │を1.2億円に│  │受取り  │
        ┌損害発生┐            │引上げ    │  └────┘
3       │で2億円の│           └──────┘
        │保険金  │
2       │受取り  │
        └────┘
1
0    1    2    3    4    5   期間（年）
```

（注）■は、年間保険料増額分。
（出所）フォーサイトマネジメントの資料をもとに著者作成

スク発生の翌年の3年目から1億2,000万円の保険料を支払う。その後、4年目に再びリスクが発生して3億円の損害を被り、企業は保険会社から3億円の保険金を受け取る。ここで、保険会社の保険式支払額は通算支払限度の5億円に達したことから、保険会社はこれ以上の保険金支払義務を負わないが、一方、企業は5年目も1億2,000万円の保険料を支払う義務がある。

これに対して、ファイナイト保険契約期間の5年間になんらのリスクも発生せずに経過した場合には、企業が支払った保険料の90％が返還されることとなる。

(4) ファイナイト保険の課題

ファイナイト保険では、企業が支払う保険料が税務経理上、どのように扱われるかが最大の問題となる。すなわち、通常の保険では、保険料は企業の費用として損金処理することができる。しかし、米国では、ファイナイト保険における保険料は企業が将来のリスク発生に備えて積み立てた資金であり、損金処理できないとする有力説があり、税務上の扱いが必ずしも明確と

なっていない[34]。

　現に、ファイナイト保険は、企業が意図的にキャッシュフローないし損益を平準化させるための財務上の操作手段として用いられているのではないかとの疑念から、厳しい批判を浴びせられることがある。たとえば、米国ではいくつかの保険会社がファイナイトを、租税回避を目的に乱用したとして、SEC（証券取引委員会）の取調べを受けるといった事件が発生している[35]。

　しかし、これは税務会計処理と財務会計のディスクロージャーに関連したものであり、ファイナイト保険の仕組み自体に関連するものではない。ファイナイト保険自体は、保険会社が背負ったリスクが保険期間の経過のなかで分散されるというように、リスクの時間分散効果を本質とする優れたツールであり、企業はこれを健全に活用することによって、大きなメリットを享受することが期待できる。

5　コンティンジェント・キャピタル

(1)　コンティンジェント・キャピタルの基本コンセプト

　企業にとって、現実にカタストロフィ・リスクが発生して被害を受けたときには、いかにコアビジネスを継続するかがきわめて重要な課題となる。それには、緊急の運転資金等を円滑に手当できるように、事前に対策を講じておくことが必要である。

　コンティンジェント・キャピタル（contingent capital）の文字どおりの意味は、緊急資金である。すなわち、コンティンジェント・キャピタルは、カタストロフィ・イベント等により、緊急に資金を必要とする事態が発生したときに、企業が、あらかじめ定めた期間内に、あらかじめ定めた条件で、借入れができたり、債券や株式、仕組商品等を発行できることを、資金供給者との間であらかじめ取り決めておくことをいう。このように、コンティン

---

[34] Banks, op.cit., p196
[35] Ibid.

ジェント・キャピタルでいうキャピタルは、自己資本に加えて他人資本をも含んだ概念である。

なお、銀行が発行するコンティンジェント・キャピタルは、一般にあらかじめ定められたトリガーイベントに抵触するケースが発生した場合に、自動的に（強制的に）普通株式に転換されるか、元本の減額が行われる商品をいう。こうした銀行によるコンティンジェント・キャピタルの発行は、英国のロイズ・バンキンググループやオランダのラボバンクが、自己資本比率が一定の水準を下回ることをトリガーとして発行したCOCOs（Contingent Convertible Bond；ココ・ボンド）がある[36]。

伝統的なファイナンス手段では、大きな災害が発生した場合に、企業が必要とするタイミングや条件で資金調達ができなくなるおそれがあるが、コンティンジェント・キャピタルでは確実にそれが可能となり、企業にとり資金面での安心感が得られるという大きなメリットがある。

すなわち、コンティンジェント・キャピタルにより、リスクの保有主体はカタストロフィ・リスクにより被った損害額を補償されるわけではないが、災害発生により必要となる緊急資金を機動的に調達することが可能となる。このように、コンティンジェント・キャピタルには、一般的に損害てん補といった保険的な要素はなく、資金流動性の確保というファイナンスがその本質である。

こうしたコンティンジェント・キャピタルは、低頻度・高損害のカタストロフィ・リスクへの対応策であり、基本的に高頻度・低損害を対象とする保険との間で補完関係を構築するツールであるということができよう。

コンティンジェント・キャピタルは、資金の借入れや債券の発行によるファイナンスとしての「コンティンジェント・デット」と、株式発行によるファイナンスとしての「コンティンジェント・エクイティ」に大別することができる。

---

[36] Culp, C. L. "Contingent Capital: Integrating Corporate Financing And Risk Management Decisions," *Journal of Applied Corporate Finance*, Volume21 Number4 A Morgan Stanley Publication Fall 2009.

このうち、コンティンジェント・エクイティは、これまでの実績として多くはなく、コンティンジェント・デットのほうが数多く実施されている。コンティンジェント・デットは、金融機関からの借入れのかたちをとるコンティンジェント・ローンと、債券発行のかたちをとるサープラスノートに分類される。

(2) コンティンジェント・キャピタルの機能とメリット

　コンティンジェント・キャピタルは、カタストロフィ・リスク発生時に機動的に資金手当ができる方策である。すなわち、仮にカタストロフィ・リスクが実際に発生してから金融機関との融資交渉を行うことになれば、多大の労力と時間を割くことになり、また、たとえそうしたエネルギーを費やしても、確実に融資が受けられる保証はない。

　さらに、カタストロフィ・リスクの発生により企業が損害を被れば、信用リスクが増大して、借入条件はカタストロフィ・リスク発生前に比べると厳しくなることが予想される。

　また、工場の損傷等を修復する目的で設備投資を行うために資本市場で株式発行によるファイナンスを企図する場合には、カタストロフィ・リスクによる企業価値の減少が株価の下落というかたちで反映され、株式の発行条件が悪化することを覚悟しなければならない。

　こうしたことに加えて、カタストロフィ・リスクが発生した場合には、各企業からの資金需要が金融、証券市場に殺到することも予想される。そうなると、マーケットにおける流動性が乏しくなり、ファイナンスコストは急激に上昇する可能性がある。また、カタストロフィ・リスク発生後に急きょ、銀行に駆け込むとか株式を発行するといった事態となれば、市場参加者の間に企業の信用に不安をもつ見方が強まり、その結果、資金調達コストが上昇するおそれもある[37]。

　しかし、コンティンジェント・キャピタルでは、あらかじめ資金調達をア

---

[37] Banks, E. (2004) *Alternative Risk Transfer.* John Wiley & Sons, Ltd. p138

レンジしていることから、カタストロフィ・リスク発生によるこうした追加的なリスクプレミアムを負う必要はなくなる。

また、コンティンジェント・キャピタルを活用して事前に万全の備えをすることによって、ステークホルダーから企業のリスクマネジメントに対して高い評価が得られることも期待できる。

(3) カタストロフィ・リスクとコンティンジェント・キャピタル

コンティンジェント・キャピタルを設定する企業は、まずどのようなカテゴリーのカタストロフィ・リスクによって外部からの資金調達が必要となるのか、また、どれだけ資金調達が必要となるのかを推測しなければならない。次に、それを負債と資本のどちらでファイナンスすることが適当かを検討し、これに基づいてコンティンジェント・キャピタルを設計することになる。

そして、コンティンジェント・キャピタルのタイプによって、金融機関からの資金借入れのかたちをとる場合には相手方となる金融機関と、また、資本市場からのファイナンスのかたちをとる場合には証券会社等を通じて投資家と交渉することとなる。

なお、コンティンジェント・キャピタルを証券の発行により行う場合には、普通株式、優先株式、社債、新株発行予約権付社債等、企業のニーズや投資家の選好によって、さまざまな種類の証券を考えることができる。

コンティンジェント・キャピタルでは、企業は、資金を提供するサイドに定期的に、または一括前払いでコミットメントフィー（手数料）を支払う。このフィーはカタストロフィ・リスクの発生の有無にかかわらず支払う必要があり、また、たとえカタストロフィ・リスクが発生しなくても、返還されることはない。

その後、カタストロフィ・リスクが発生した場合には、資金の提供者は、カタストロフィ・リスク発生前に設定した条件に従って、ローンを提供するか、新規に発行された株式等を引き受け、これに対して企業は金利や証券引

受料を支払うことになる。

(4) コンティンジェント・キャピタルと保険業界

コンティンジェント・キャピタルは、企業が直接、金融市場や証券市場から資金を調達するといったファイナンスのかたちをとる。しかし、保険・再保険会社においても、巨大なカタストロフィ・リスクによる保険金や再保険金の支払増加に備えて、コンティンジェント・キャピタルを活用する例が数多くみられる。

特に、米国の保険業界においてコンティンジェント・キャピタルは、1990年代にハリケーンや地震等のカタストロフィ・リスクにより被る大損害から、保険・再保険会社の財務基盤を守るための手段として人気を博した。そして、今日においても、保険・再保険会社は、再保険や再々保険を掛けるかわりにコンティンジェント・キャピタルを活用するケースが少なくない。

6 コミットメントラインとコンティンジェント・ローン

(1) コミットメントラインの基本コンセプト

コミットメントラインは、金融機関が企業から融資の請求があった場合に、当該融資申込みに対する個別審査の手続を経ることなく、融資を実行することを、あらかじめ企業に約束(コミット)する融資枠契約であり、クレジットラインとも呼ばれる(図表3-10)。

コミットメントラインの設定に際しては、企業がコミットメントラインに基づいて融資の請求ができる期間と融資の上限額となる融資枠を決める。このうち、融資請求可能期間は、大半のケースが1年以内となっている。

また、企業がコミットメントラインによる融資請求が可能なためには、企業が一定の財務条件を満たさなければならないとの条項が付されるのが一般的である。

図表3-10 コミットメントラインのフレームワーク

コミットメントライン契約締結

企業 ⇔ (コミットメントライン契約締結) / (コミットメントフィー支払い) ⇔ 金融機関

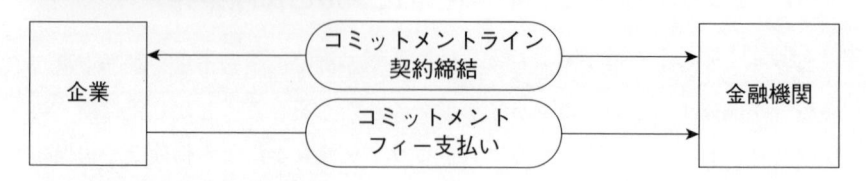

企業に資金需要発生

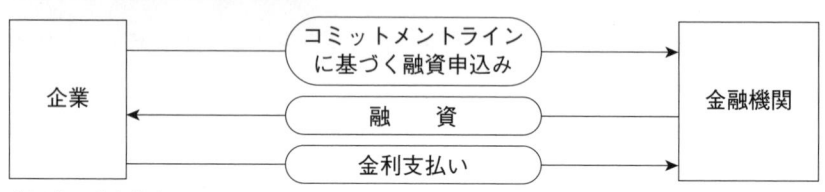

企業 ⇔ (コミットメントラインに基づく融資申込み) / (融資) / (金利支払い) ⇔ 金融機関

(出所) 著者作成

　コミットメントラインを使った借入れは、通常、企業が深刻な資金流動性不足に直面したときに活用される。企業は、こうした資金流動性リスクマネジメントを目的にコミットメントラインを設定する対価として銀行にコミットメントフィーを支払う。この手数料は、企業がコミットメントライン設定の期間中に融資要請をすることがなかった場合にも、支払う義務がある。

(2) コミットメントラインの機能と特徴点

　一般の融資申込みの場合には、たとえ申込みの相手がメインバンクであっても、融資資金の使途や金利、返済条件、担保等々についての個別の交渉と融資審査手続を踏むことが必要となる。

　これに対して、コミットメントラインを設定しておけば、こうした交渉等を要することなく、スピーディな融資を受けることが可能となる。特に、緊急の運転資金を要する場合などには、こうしたコミットメントラインのメリットが発揮されることとなる。

　しかしながら、通常のコミットメントラインでは、災害・事故発生の際

や、借り手企業の信用力が大幅に低下した場合には、企業が融資申込みをしても金融機関の資金貸付義務が免責になるといった条項がつけられることが少なくない。これをフォース・マジュール（Force Majeure；不可抗力）条項とか、MAC（Material Adverse Change；重大な悪化）条項、ないしMAE（Material Adverse Effect；重大な悪影響）条項と呼んでいる。

したがって、カタストロフィ・リスク発生時に、企業が機動的に運転資金等を確保して事業を継続しようとしても、コミットメントラインの活用ができない場合があることに留意する必要がある。

(3) コンティンジェント・ローン

上述のとおり、コミットメントラインでは、大災害における金融機関の免責条項が付されるのが一般的である。しかし、コンティンジェント・ローンは、そうした免責条項が付されず、災害対応型の融資枠予約契約の性格をもっている。こうしたことからコンティンジェント・ローンは、コンティンジェント・コミットラインと呼ばれることもある。

このように、コンティンジェント・ローンは、企業にとって被災等で緊急に資金が必要となったときに、機動的に資金調達が可能であるといった確実性を得ることになり、コミットメントラインよりも強力なリスクファイナンスのツールと位置づけることができる。

コンティンジェント・ローンを設定するためには、いかなるリスク発生がその対象となるかを特定することに加えて、融資上限を設定する融資枠や金利等を決めておくことが必要となる。

したがって、企業がコンティンジェント・ローンを受けることができるリスクは限定されており、またそれが実際に発生する確率も低いことから、コンティンジェント・ローン設定の手数料は、一般のコミットメントラインに比べると低く設定される。一方、コンティンジェント・ローンは、カタストロフィ・リスクの発生による資金需要に備えるという性格から、設定される金額は、一般のコミットメントラインよりも大きな金額となる。

こうしたことから、コンティンジェント・ローンの設定に際しては、一つ

の金融機関だけで大きなコミットメントを行うのを回避するために、シンジケート・ローンのかたちをとって複数の金融機関がリスクをシェアすることが少なくない。

(4) 日本におけるコンティンジェント・ローンの事例

① 三井住友海上、静岡銀行、日本政策投資銀行組成のコンティンジェント・ローン

　三井住友海上と、静岡銀行、日本政策投資銀行は、みずほ証券と協力して、2004年に巴川製紙所に対してコンティンジェント・デット・ファシリティ（地震災害時融資実行予約契約）とシンジケート・ローンを組成した[38]。

　巴川製紙所は、静岡県に主力工場を有するIC部材、液晶用フィルム、トナー、特殊紙等を製造する企業である。巴川製紙所では、東海地震への対策を重点経営課題の一つに掲げて、耐震工事の実施や防災対策体制の整備等、全社をあげて震災リスクの対応策を推進している。また財務面でも、現預金の積増し等を通じて災害発生時への対応を強化してきているが、さらに資金流動性リスクに備えるために、コンティンジェント・ローンの制度を活用することにしたものである。

　巴川製紙所は、コンティンジェント・ローンによって、緊急時の資金調達に対応する効率的なリスクファイナンスのスキームが構築されて、財務の安定性に寄与することになったとしている[39]。

　このコンティンジェント・ローンのスキーム（図表3-11）は、三井住友海上や静岡銀行等からシンジケート・ローンのかたちでSPC（特別目的会社）に事前に融資が実行され、その資金は安全資産で運用される。また、日本政策投資銀行がシンジケート団の最大金額について債務保証を行う。そして、地震発生時にはSPCから巴川製紙所に融資され、巴川製紙所は、この資金を使って事業の継続や施設の復旧対策等を実施することができる仕組みとなっ

---

[38] 日本政策投資銀行プレスリリース（2004）「株式会社巴川製紙所に対して『地震災害時発動型のファイナンス』を組成」2004年11月8日
[39] リスクファイナンス研究会報告書p97、前掲注11。

図表3-11 巴川製紙所に対するコンティンジェント・ローンのフレームワーク

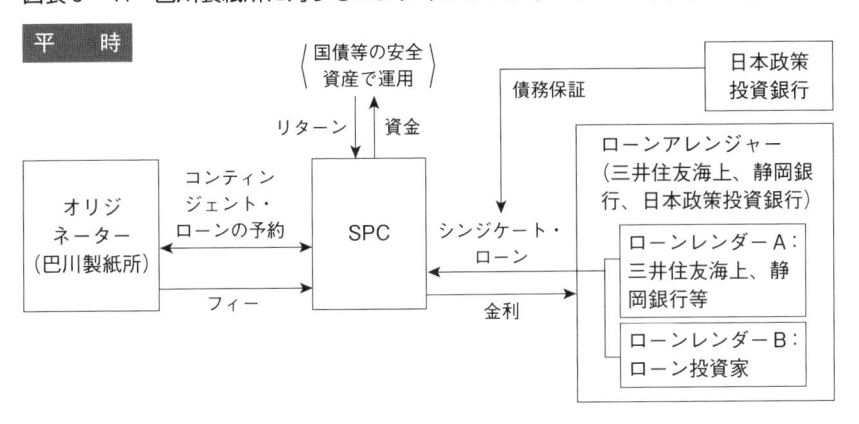

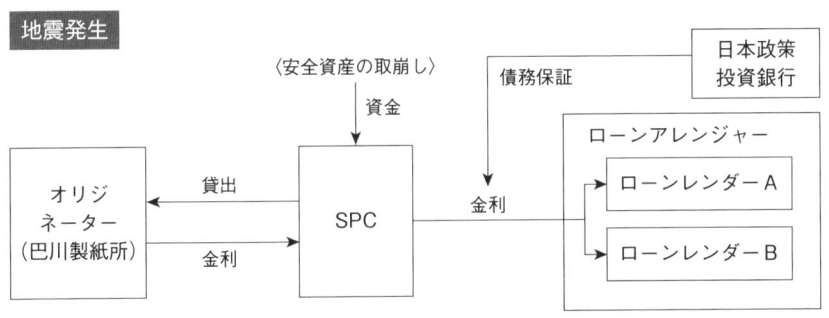

平　時

```
                    〈国債等の安全
                     資産で運用〉
                    ↑↓
            コンティン  リターン 資金              債務保証      日本政策
            ジェント・                                          投資銀行
 オリジ     ローンの予約                                         
 ネーター  ──────→  SPC   シンジケート・  ローンアレンジャー
 (巴川製紙所)                    ローン      (三井住友海上、静岡銀
            ←──────        ←──────   行、日本政策投資銀行)
              フィー            金利         ┌─────────────┐
                                              │ローンレンダーA：  │
                                              │三井住友海上、静  │
                                              │岡銀行等           │
                                              ├─────────────┤
                                              │ローンレンダーB：  │
                                              │ローン投資家       │
                                              └─────────────┘
```

地震発生

```
                    〈安全資産の取崩し〉
                    ↑↓
                      資金                   債務保証      日本政策
                                                          投資銀行
 オリジ      貸出                                         
 ネーター  ←──────  SPC      金利       ローンアレンジャー
 (巴川製紙所) ──────→      ──────→  ┌── ローンレンダーA
              金利                                 │
                                                   └── ローンレンダーB
```

(出所)　日本政策投資銀行資料とリスクファイナンス研究会『リスクファイナンス研究会報告書～リスクファイナンスの普及に向けて～』経済産業省に基づき著者作成

ている。

② 日本政策投資銀行、三菱UFJ信託銀行、日興シティグループ証券（現シティグループ証券）組成のコンティンジェント・ローン

　日本政策投資銀行、三菱UFJ信託銀行、日興シティグループ証券（現シティグループ証券）は、上述の巴川製紙所に対するコンティンジェント・デット・ファシリティを多くの企業が活用できるように、2006年に複数企業に対応できる震災時発動型融資予約スキームを組成した[40]。

---

[40]　日本政策投資銀行プレスリリース（2006）「複数企業に対応できる震災時発動型融資予約スキームを組成」2006年10月18日

図表3-12 震災時発動型融資予約のフレームワーク

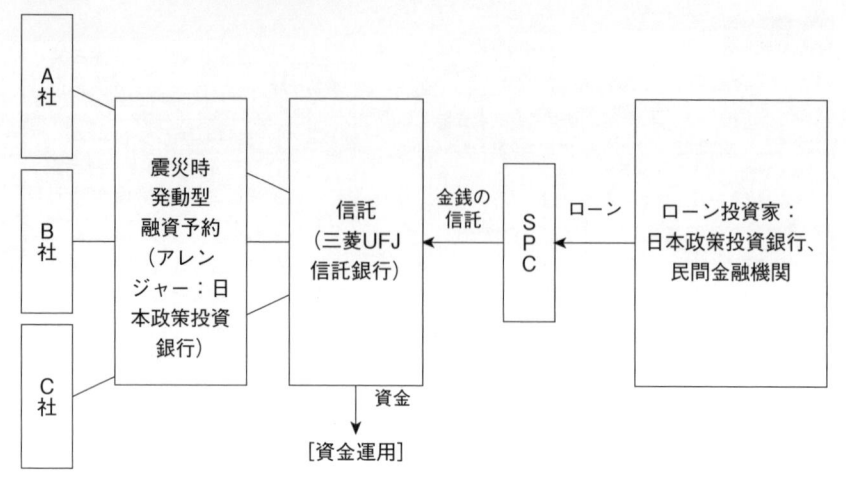

(出所) 日本政策投資銀行資料とリスクファイナンス研究会『リスクファイナンス研究会報告書～リスクファイナンスの普及に向けて～』に基づき著者作成

　この仕組み(図表3-12)の特徴とするところは、①震災時融資の原資となる資金プールに三菱UFJ信託銀行の信託スキームを採用し、資金管理・運用の堅牢性を高めていること、②融資実行のオペレーションの確実性を高めるため、三菱UFJ信託銀行のインフラを活用して複数の借入申込窓口を確保するとともに、三菱UFJ信託銀行が信託財産を利用した流動性補完の機能を担っていること、そして、③一つの信託を利用して複数の企業への対応を可能とし、この仕組みを共有することによりスキーム全体の効率性を高めていること、にある。

③　オリエンタルランドのコンティンジェント・ローン
　東京ディズニーリゾートの運営主体であるオリエンタルランドは、東京ディズニーランドが地震の被害を受け、この結果、来客数の減少から事業収入に甚大な影響を受けるような事態の発生に備えるために、1999年に期間5年の地震債券を発行した。なお、この地震債券についてはCATボンドの章(第5章9(3)①)であらためて述べることとしたい。オリエンタルランドで

は、この地震債券が満期到来となった2004年に、次の地震対策をどのようにするか検討した。この結果、5年前と比べると東京ディズニーシーが軌道に乗り、収益補てんの必要性は低下したが、資金流動性リスクへの対応は一段と重要となっているとの結論に至った[41]。

オリエンタルランドでは、こうした事業環境の変化に伴うリスクファイナンスのニーズをふまえて、資金流動性の確保に重点を置いた二つの地震リスク対応策を講じることとした。

すなわち、その第一は、普通社債を200億円発行して手元流動性を厚くする方策であり、第二は、金融機関との間で100億円のコミットメントラインを設定する方策である。前述のとおり、通常のコミットメントラインは、災害時には金融機関が融資実行を見合わせることができる免責条項が付されているが、オリエンタルランドが設定したコミットメントラインは、こうした免責条項を外した地震対応型コミットメントラインとなっていて、コンティンジェント・ローンとしての性格をもつものである。

また、地震債券では、半径75kmの円内でのマグニチュード6.5以上の地震発生に限定するとのトリガーが設定されたが、普通社債発行とコンティンジェント・ローンでは、こうしたトリガーの設定はないスキームとし、関東以外の地域で発生した地震による来場者数の減少等の間接被害に対しても、資金流動性の確保を可能としている。

その後、オリエンタルランドでは、期限が到来した200億円の普通社債を外銀との地震対応型コミットメントラインに切り替えて、既存のスキームからのコスト節減を図っている。

---

[41] リスクファイナンス研究会報告書p107、前掲注11。

7　コンティンジェント・サープラスノート

(1)　コンティンジェント・サープラスノートの基本コンセプト

　コンティンジェント・デットの一つにコンティンジェント・サープラスノート（contingent surplus note；CSN）がある。サープラスノートは、米国の保険会社が発行する無担保の債務証書である。

　サープラスノートは、財務会計上ではあくまでも債務であるが、米国の規制上では、保険会社は貸借対照表にサープラスノートを債務ではなく、自己資本として計上できることとされている[42]。すなわち、保険会社によるサープラスノートの発行は、負債を増加させることなく資産を増加させ、その結果、ネット資産であるサープラス（自己資本）の増加につながるメリットがあり、サープラスノートの名称もここから来たものである。

　保険会社は、実際に災害が発生して保険金の支払義務が生じてから債務証書を発行して所要資金を調達しようとしても、保険金支払いによる保険会社の財務状況の悪化が予想されると、思うように債務証書の発行ができないおそれがある。

　コンティンジェント・サープラスノートは、災害が発生した場合に、あらかじめ定められた額面の債務証書を、あらかじめ定められた条件で発行することができることを、災害が発生する前に保険会社と投資家との間で約束しておくものである。これにより、保険会社は、たとえ再保険市場がハード化してプレミアムが上昇しても、あらかじめ決めておいた条件によるサープラスノートの発行により資金を調達することが可能となる。

　サープラスノートは、1892年にニューヨーク州で法制化されたことに始まり、その後1990年代からいくつかの保険会社がコンティンジェント・サープ

---

[42]　Weber, C. (2011) *Insurance Linked Securities*. Gabler Verlag. p85

ラスノートの発行を手掛けた。特に、株式会社化していない保険相互会社では、株式の発行による資金調達ができないため、こうしたサープラスノートの発行をファイナンスの有効な手段として活用している。コンティンジェント・サープラスノートの期間は一般的に5～30年であり、保険会社はその発行に際して規制当局の承認を得る必要がある。

このように、サープラスノートは、資本規制上の観点から発行されてきたが、最近では、保険会社のハイブリッドエクイティ（資本と負債の性格を併せ持つ証券）の一つのかたちとして発行されるケースが増加している。

(2) サープラスノートのフレームワーク

保険会社は、コンティンジェント・サープラスノートの発行を確実にするために、それを引き受けることを約束した投資家に対して、金融機関が設置した信託勘定にコンティンジェント・サープラスノートの額面相当額をあらかじめ預入れすることを求めるのが一般的である。

そして、投資家が信託に払い込んだ資金は、コンティンジェント・キャピタルが要求されるまで、財務省証券やレポ（債券現先取引）といった質の高い流動性証券で運用されることとなる（図表3－13）。

サープラスノートの基本的なフレームワークは、保険会社が信託からオプションを買うかたちとなる。このオプションはカタストロフィ・リスクが発生したら、あらかじめ定めておいた条件で直ちにサープラスノートを発行することができる権利である。そして、保険会社が信託に支払う手数料（コミットメントフィー）は、オプションのプレミアムに相当する。

オプションが権利行使されない限り、サープラスノートへの投資家は信託勘定が担保として保有する財務省証券等の金利に加えてコミットメントフィーを掌中にすることができる。逆に、トリガーに抵触するようなカタストロフィ・イベントが発生した場合には、保険会社は信託に対してサープラスノートを発行する。こうしたトリガーは、たとえば保険会社が保有するポートフォリオの損失が一定額を超えて、規制により保険会社に要求されている最低の自己資本が脅かされるといった水準に設定される。そして、保険

図表3-13 コンティンジェント・サープラスノートのフレームワーク

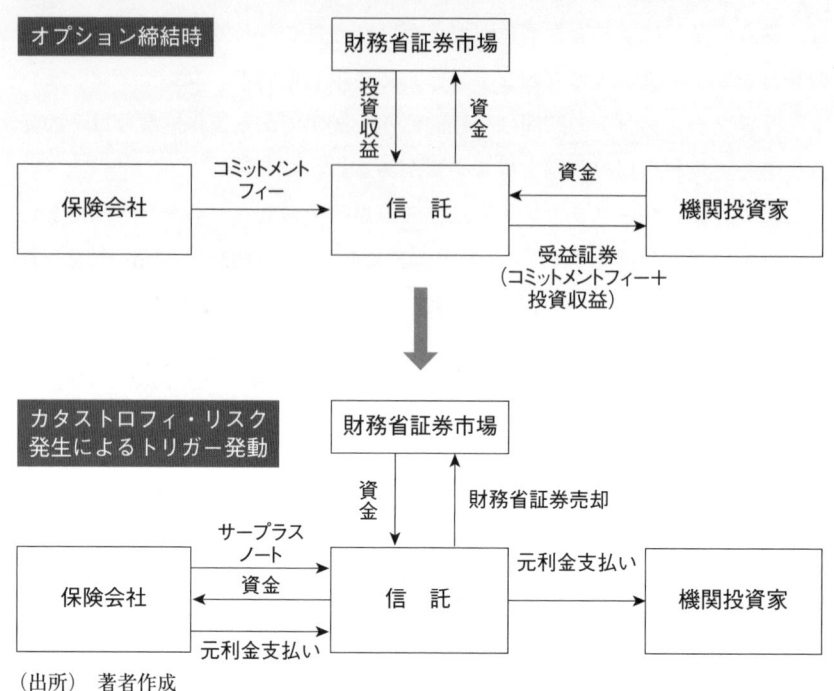

オプション締結時

```
                          財務省証券市場
                            ↑↓
                         投資収益／資金
                            │
保険会社 ──コミットメントフィー──→ 信 託 ←──資金── 機関投資家
                                  ──受益証券──→
                                  （コミットメントフィー＋
                                    投資収益）
```

↓

カタストロフィ・リスク発生によるトリガー発動

```
                          財務省証券市場
                            ↑↓
                         資金／財務省証券売却
                            │
          ──サープラスノート──→
保険会社                    信 託 ──元利金支払い──→ 機関投資家
          ←──資金──
          ──元利金支払い──→
```

（出所）　著者作成

会社は、サープラスノートの発行により規制をクリアできる水準まで自己資本を補強、維持することが可能となる。

　一方、信託は、保険会社が行うオプションの権利行使により、担保として保有する財務省証券等を処分してその代金でサープラスノートを購入する。この時点から投資家に対して支払われる元利金の原資は、新規に発行された信託保有のサープラスノートに対する保険会社の元利金支払いに依存することとなる。

　このように、サープラスノートのフレームワークでは、カタストロフィの発生があった場合にそれが自動的に投資家の元利金の受取りの減少といったかたちで影響するわけではなく、保険会社にサープラスノートの支払能力がある限り、投資家は定期的に金利を受け取り、また満期には元本を受け取ることができる。

したがって、投資家にとっては、サープラスノートが発行されるトリガーとなるカタストロフィ・リスクの発生確率や、実際にサープラスノートが発行された場合の保険会社の元利金支払能力に関する情報が必要となる。そして、こうしたニーズを受けてサープラスノートを発行する保険会社は、投資家や金融機関に対して、自己のポートフォリオがもつリスク関連情報を提供することとなる。

(3) コンティンジェント・サープラスノートの具体例

ここで、コンティンジェント・サープラスノートの発行を設例でみてみよう[43]。

いま、ある保険会社が地震発生によりポートフォリオに2億5,000万ドルを超える損失が発生した場合にトリガーが発動される内容のコンティンジェント・サープラスノートをアレンジしたとする。サープラスノートの期間は5年で、額面は2億5,000万ドルである。アレンジャーとなる銀行は、機関投資家に対してコミットメントフィーに5年物の米国財務省証券（T-Note）への投資収益を加えた利回りという条件で、事前に信託に対して合計2億5,000万ドルの資金を預託することを勧誘する。この結果、信託に預託された2億5,000万ドルの資金は、米国財務省証券に投資される。

ところが、サープラスノートの期間中に大地震が発生して、保険会社のポートフォリオに2億5,000万ドルを上回る損失が発生した。そこで、保険会社は、コンティンジェント・サープラスノートを発行して、信託がそれを引き受けることになる。このため信託は、その資金手当のために米国財務省証券を売却する。この結果、信託はコンティンジェント・サープラスノートを保有し、保険会社は地震発生によるポートフォリオの損失補てんのために2億5,000万ドルの資金を手にすることになる。また、投資家は、引き続きコンティンジェント・サープラスノートからの利回りをリターンとして受け取る。

---

[43] Banks, E. (2005) *Catastrophe Risk*. John Wiley & Sons, Ltd. p128

以上が、コンティンジェント・サープラスノートの標準型であるが、このほかに、保険会社が信託を使うことなく、直接に投資家にノートを発行するパターンもみられる。

8　コンティンジェント・エクイティ

(1)　コンティンジェント・エクイティの基本コンセプト

　企業は、カタストロフィ・リスク発生後の資金調達をコンティンジェント・デットという負債のかたちではなく、普通株または優先株の発行により行うこともある。こうした資金調達方法をコンティンジェント・エクイティという。

　コンティンジェント・エクイティは、企業が被災等で自己資本の補強が必要となったときに、あらかじめ決めておいた価格で増資を行うことができる権利を企業が取得するものである。コンティンジェント・エクイティによって、企業は返済期限のない資金を機動的に獲得できるメリットがある。

　コンティンジェント・エクイティの仕組みは、基本的にコンティンジェント・デットと異なるところはないが、コンティンジェント・デットでは金融機関借入れ、または債務証券の発行となるのに対して、コンティンジェント・エクイティでは、株式の発行となる。

　コンティンジェント・エクイティにより、企業は負債の増加、ないしレバレッジレシオの上昇を回避することができる。しかし、株式の発行となると、株式の希薄化（dilution）が発生するほか、株式の発行のほうが負債の増加よりもコスト高となることが一般的であり、このため、コストの比較考量が重要なポイントとなる。

　コンティンジェント・エクイティは、プットオプションの一種である（図表3-14）。すなわち、カタストロフィ・リスクによる損失をヘッジする主体は、プットオプションの買い手となり、カタストロフィ・リスク発生の場合にオプションを行使して、あらかじめ決めておいた株価で株式を発行する

図表3-14　コンティンジェント・エクイティのフレームワーク

プットオプション締結時

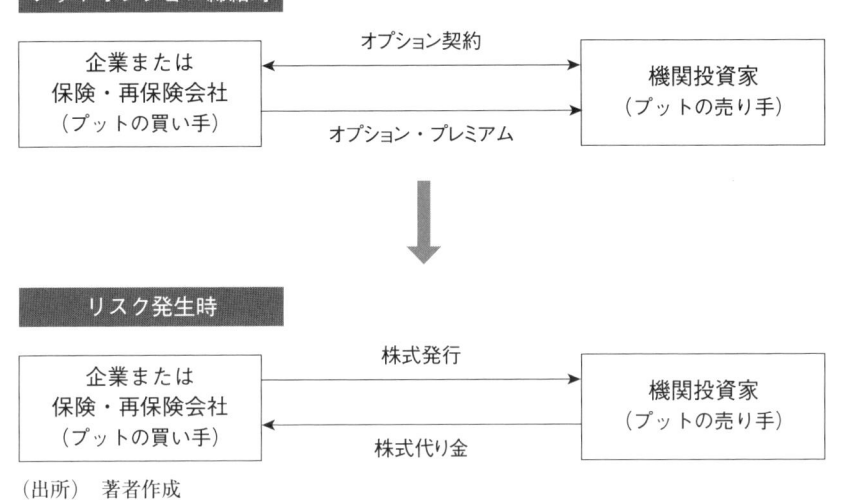

企業または保険・再保険会社（プットの買い手） ←オプション契約→ 機関投資家（プットの売り手）
　　　　　　　　　　　　　　　　　　　　　→オプション・プレミアム→

↓

リスク発生時

企業または保険・再保険会社（プットの買い手） →株式発行→ 機関投資家（プットの売り手）
　　　　　　　　　　　　　　　　　　　　　←株式代り金←

（出所）　著者作成

ことができる。この結果、オプションの買い手はカタストロフィ・リスク発生による損失からまさに資本の補てんが必要となったときに、オプションの権利行使により機動的に増資を行うことが可能となる。

　こうしたことから、コンティンジェント・エクイティは、カタストロフィ・エクイティプットとかロス・エクイティプットとも呼ばれる。

　コンティンジェント・エクイティでは、新規発行の株式の引受け手となる相手方はオプションの買い手からプレミアムを受け取ることができる。しかしながら、実際に災害が発生した後には、企業の株価が下落して、その結果、株式の引受け手は企業が発行する株式を市場価格よりも高い価格で引き受けざるをえないおそれがある。株式の引受け手が受け取るプレミアムは、そうしたリスクを負うことに対する代償となる。

　コンティンジェント・エクイティでは、カタストロフィ・イベントの特定や、株式の種類、権利行使により発行される株式数、オプションの期間、権利行使価格等を、オプションの買い手と売り手との間であらかじめ決めることとなる。

(2) コンティンジェント・エクイティのリスク

① オプションの買い手のリスク

　コンティンジェント・エクイティの締結後にカタストロフィ・イベントが発生した場合に、プットオプションの買い手が権利行使をしても、リスクの引受け手であるオプションの売り手が株式の購入資金に事欠いている場合には、増資をすることはできなくなる。このように、プットの買い手はプットの売り手の信用リスクを負うことになる。したがって、プットの買い手はオプション契約の締結の際、株式の引受け手となる取引の相手方の信用度合いを十分調査する必要がある。また、オプション契約の後に取引の相手方の信用度合いが悪化した場合には、プットの買い手は売り手に対して証拠金の差入れを要求できる条項を、当初の契約に組み込むケースもみられる。

　さらに、プットの買い手となる企業は、オプションの権利行使による増資が実現すると株主構成が変わり、この結果、企業のガバナンス構造が変化する可能性がある。こうした事態を回避するために、コンティンジェント・エクイティで発行される株式は無議決権優先株とする方法がとられることが少なくない[44]。

　また、企業がコンティンジェント・エクイティ契約を締結して、プットの買い手となることをみた投資家が、企業が先行き株価の下落につながるような隠れたリスクを保有しているのではないかとの疑念から株式を売りにかかり、この結果、カタストロフィ・リスクの発生ではない要因で株価が下落するといった可能性もある[45]。

② オプションの売り手のリスク

　コンティンジェント・エクイティプットの売り手となる投資家は、カタストロフィ・リスク発生による損失から、事実上、存続が危ぶまれるような企

---

[44] Meyers, G., and Kollar, J. Catastrophe Risk Securitization Insurer and Investor Perspectives. *Insurance Services Office* p.11
[45] Banks, E. (2005) *Catastrophe Risk.* John Wiley & Sons, Ltd. p129

業の株式を購入せざるをえなくなるおそれがある。こうしたことから、投資家は、プットのショートポジション（売持ち）によりどの程度のリスクを負うのかを知るために、プットの買い手となる企業からその企業がさらされているリスクに関する情報を求めることになる。したがって、企業はそうした情報提供に相当のエネルギーとコストを費やさなければならない。

　また、カタストロフィ・リスクによりプットの買い手となる企業が被る損失があまりに大きく、たとえオプションの権利行使によって資本の補てんを行っても多額の損失が残存するといった場合には、権利行使はできないとする条項をオプションの契約に織り込むケースもみられる。

　さらに、権利行使により、実際に株式が発行されると、株式の希薄化が起きて、既存の株主にマイナスのインパクトを与えることとなる。

　このように、投資家は、カタストロフィ・リスク発生による株価下落と新株発行による希薄化による株価下落という二重のリスクを負う。このため、コンティンジェント・エクイティのプットを売り、リスクを進んで引き受ける投資家を集めるには相当の困難が伴うことになる。こうしたことから、日本においてはコンティンジェント・エクイティを発行したケースはまだみられない[46]。

(3) コンティンジェント・エクイティの具体例

　米国の保険会社RLI社は、従来、顧客との間の地震保険の契約によりポートフォリオにもつ地震リスクの一部を再保険に出再してきた。しかし、1994年に発生したノーリッジ地震とカルフォルニア地震による再保険市場のハード化により、再保険を活用することが困難となった。このような状況をみて、シカゴを拠点とする大手保険ブローカーAonは、再保険を補完するARTとして新たにエクイティプットを開発し、この名称を、カタストロフィ・エクイティプットを略したCatEPutとした[47]。

　このCatEPutのスペックは、基本的にコンティンジェント・エクイティと

---

[46] リスクファイナンス研究会報告書、前掲注11、p56
[47] Culp, C. L. (2006) *Structured Finance & Insurance.* John Wiley & Sons, Ltd. p328

同一であるが、プットオプションの権利行使ができる条件に、オプションの買い手である企業の純資産（自己資本）が、カタストロフィ・イベント発生後でも一定水準以上を維持しているという項目を入れている。この水準は、CatEPutの買い手と売り手との間であらかじめ決めることとなるが、こうした条件をつけることにより、CatEPutの売り手である投資家は、カタストロフィ・イベントにより財務基盤が著しく弱体化した企業の株式を買うリスクを回避することができる。

このCatEPutを対象とした最初の取引は、1996年にRLI社とセンター再保険会社（Center Re）との間で行われた。この取引では、RLI社がセンター再保険会社からプットオプションを買うことになる。これは、カリフォルニアに巨大地震が発生してRLI社が再保険を掛けることのできる枠が一杯になったときに権利行使が可能となるように設計されたオプションである。そして、この権利行使によって、RLI社はセンター・リーに5,000万ドルまでの優先株式を発行することができることとなる。なお、このオプション期間は3年に設定された。

9 サイドカー

(1) サイドカー発展の経緯

2005年に米国は、大型ハリケーンのカトリーナ、リタ、ウィルマ（KRW）に立て続けに襲われ、これによって、米国の保険業界は深刻な資本不足に見舞われた。そして、こうした経営難に対応するために保険会社はこぞってプレミアムの引上げに走り、これが米国のみならず全世界のカタストロフィ保険マーケットのハード化というかたちで、大きな影響を及ぼすことになった。

こうした状況下、保険・再保険業界は、なんとか再保険市場のキャパシティを拡大、安定化させ、また、保険・再保険会社の収益や資本基盤の大幅な変動を回避する方策はないかと模索した。この結果、画期的なリスクファ

イナンスのツールとしてサイドカーが開発、導入されることとなった。

(2) サイドカーの基本コンセプトとフレームワーク

サイドカーは、カタストロフィ・リスク等の引受けキャパシティを補強するために、元受保険会社や再保険会社が保険の引受けリスクを移転させる受け皿ないし器（ビークル）として設置する特別目的再保険ビークル（Special Purpose Reinsurance Vehicle；SPRV）である。したがって、サイドカーのフレームワークの中心となるのは特別目的再保険ビークルであり、これがリスクの引受主体となる。

この特別目的再保険ビークルは、多くの場合、バミューダに設置される[48]。そして、このビークルが保険・再保険会社と再保険契約を締結して再保険のキャパシティを提供することとなる。この結果、サイドカーには、再保険契約によるプレミアムが入る一方、再保険契約による再保険金の支払責任を負う。

なお、サイドカー自体は器（ビークル）であり、スタッフをもつわけではないことから、その運営はすべてスポンサー会社に依存することとなる。したがって、スポンサー会社は、その経費の補てんと手数料を得ることとなる。

サイドカーは、持株会社の傘下に設置され、持株会社、またはサイドカーが株式や債券の発行によって資金を調達する（図表3－15）。

このうち、債券発行の場合には、さまざまな度合いのリスク選好をもつ投資家のニーズに応えるために、ちょうどABS（Asset-backed securities；資産担保証券）のようにリスクの度合いを変えた複数の種類の債券が発行されるケースが少なくない。もっとも、2011年以降のサイドカーの資金調達は、それまでの株式と債券の発行の二本立ての調達方式から、株式発行による調達に絞るケースが増加している状況にある[49]。

---

[48] Barrieu, P., and Albertini, L., (2009) *The Handbook of Insurance-Linked Securities*, John Wiley & Sons, Ltd. p143

図表 3 – 15 サイドカーのフレームワーク

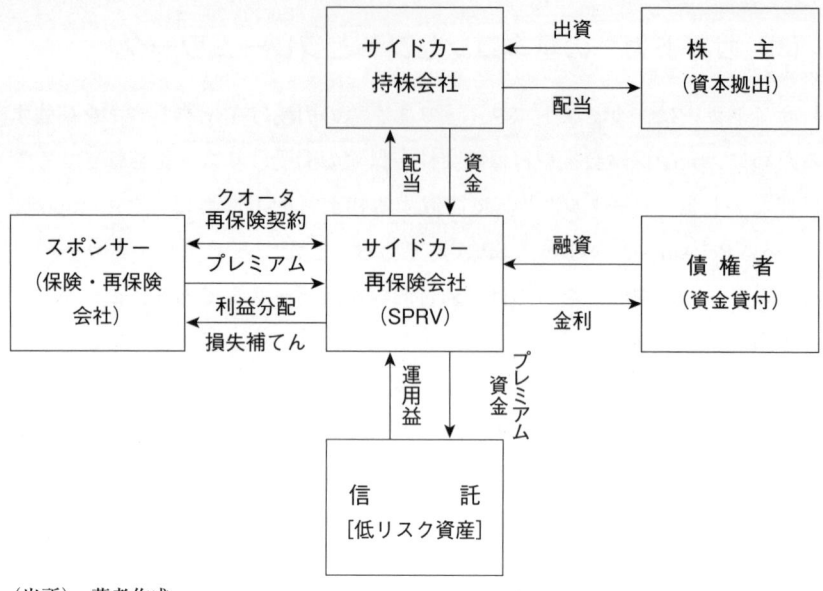

(出所) 著者作成

　そして、このように調達された資金の大半は信託に移されて、サイドカーが再保険契約で背負う保険金の支払原資となる。また、サイドカーが再保険契約により得たプレミアムも担保として信託勘定に預託される。なお、資金の一部は、サイドカーの運営費用や借入金の金利の支払いに充てられる。

　保険・再保険会社からのリスク移転は、特別目的再保険ビークルとの間で通常のクオータ再保険契約により行われる。すなわち、投資家は保険ポートフォリオのリスクのうち、あらかじめ定められた比率（クオータ）を保有することになる。

　サイドカー設置中にトリガーに抵触するようなカタストロフィが発生することなく経過した場合には、サイドカーの期限到来とともに信託勘定にある資金はすべて投資家に配分される。そして、サイドカーと持株会社はここで

49　多田修（2012）「活況を呈し始めた保険リンク証券への期待」『損保ジャパン総研レポート2012.9』p13

解散する。逆に、サイドカー設置中にトリガーに抵触するようなカタストロフィが発生した場合には、再保険契約に従って信託勘定から保険金が支払われることとなる。

(3) サイドカーの特徴とメリット

① サイドカーの特徴

サイドカーは、伝統的な再保険に似ていながら、直接、金融資本市場にアクセスして負債、または資本のかたちでファイナンスするイノベーティブなツールである。

サイドカーは、特定のカタストロフィ・リスクについて、たとえば10年に一度といったように比較的高い確率で発生するリスクの再保険を提供することが一般的である。これは、サイドカーがあまりに頻度の低い確率のカタストロフィ・リスクを対象とすると、多額の資金を調達する必要があり、その組成が困難になるためである[50]。

サイドカーの機能は、保険市場がハード化した一時的なニーズに応えることにあり、したがって、一般的にその存続期間は限られたものとなる。すなわち、サイドカーは、ハードマーケット期に立ち上げられて、ソフトマーケット期になると消え去るケースが大半である。サイドカーがもつこうした短命な特質から、特別目的再保険ビークルを「使い捨て再保険ビークル」と呼ぶこともある[51]。

また、サイドカーは先行きハードマーケットの状況になった場合のことを考えてあらかじめ設置して、実際にそうした事態となったときにはじめて再保険契約を行うことから、サイドカーの設置当初は資金を必要としないことも大きな特徴である。

---

50 Barrieu, P., and Albertini, L., op.cit., p147
51 Cummins, J. D., and Weiss, M. A., (2009) Convergence of Insurance and Financial Markets: Hybrid and Securitized Risk Transfer Solutions *The Journal of Risk and Insurance* 2009.1. p28

② 保険・再保険会社からみたサイドカーのメリット

カタストロフィが発生して保険金の支払いがかさむと、保険会社にとっては流動性リスクを回避するために、まずもって資金を補てんすることが最優先事項となる。そして、こうした対策の一つとしてプレミアムの引上げが行われるが、これが実際に効果を現すまでには時間を要する。また、伝統的な資金の補てんには、増資や借入れがあるが、それには株式の希薄化や借入比率の上昇による財務基盤の弱体化、さらにはそれに伴う格下げのおそれもある。

これに対して、サイドカーのスポンサーとなる保険会社は、再保険市場がハード化したときに機動的にキャパシティを補完して、顧客に対して積極的にカタストロフィ・リスクに対応する保険を提供できるという大きなメリットがある。これは、顧客のニーズに応えることにより、顧客との関係を構築することがビジネスの勘所となる保険会社にとっては、きわめて重要な点である。

③ 投資家からみたサイドカーのメリット

サイドカーへの主要な資金提供者は、ヘッジファンド、プライベートエクイティ、保険・再保険会社である。このなかでも、多くのヘッジファンドがサイドカーを非伝統的な投資対象として重点投資を行っている状況にある。

こうした投資家は、保険会社の株式に投資することにより保険リスクに対するエキスポージャーをもつことも可能であるが、その場合、保険会社が抱えるすべての保険リスクにさらされることとなり、また、株式相場全体の動きにも影響を受けることとなる。これに対して投資家は、サイドカーへの投資により、そのようなさまざまな影響を捨象した特定のカタストロフィ・リスクのみを対象としてリターンをねらうことが可能となる[52]。

ヘッジファンド等の投資家は、保険市場がたとえソフトマーケットの状況にあってもそれがさして長く続くことはないとみて、再びハードマーケット

52　Barrieu, P., and Albertini, L., op.cit., pp149−150

化する前に機動的に投資機会を把握したいとする強いニーズをもっている。サイドカーは、こうした投資家に対して、保険・再保険会社の株式に投資するかわりに、特定のカタストロフィ・リスクに焦点をあてたエキスポージャーをとることによって投資リターンを獲得する機会を提供する。

そして、いざハードマーケットになったときに、保険・再保険会社は、特別目的再保険ビークルと再保険契約を締結して、タイミングを逸することなく投資家に対して資金の拠出を求めるキャピタルコールをかけることとなる。このように、サイドカーに対する資金提供の大きな特徴は、機動的、効率的な資本の活用にある。

サイドカーは、上述のように、投資家に対して、特定のカタストロフィ・リスクに対するエキスポージャーをもつ機会を提供し、かつその投資期間も限定されたものとなる。これは、特定のリスクを取ることによってリターンを獲得することを指向し、それが達成されたらすばやく投下資金を回収する機動的な出口戦略を展開するタイプのヘッジファンドやプライベートエクイティ、機関投資家にとって大きな魅力となる。さらに、投資家にとって、サイドカーへの投資により、ポートフォリオを構成する伝統的な資産クラスと相関性がなく、リターンが高い新たな資産クラスが加わるというオルタナティブ投資（代替投資）がもつメリットを享受することができる。

10 インダストリーロス・ワランティ

(1) インダストリーロス・ワランティの基本コンセプト

再保険のツールの一つとして、インダストリーロス・ワランティ（Industry loss warranty；ILW）がある。

インダストリーロス・ワランティは、カタストロフィ等で保険業界全体が被った損失（インダストリーロス）を実質的な指標として資金の受払いを約束する契約である。このように、保険・再保険会社が属している元（オリジン）となる保険業界全体の損失を基準として資金の受払いが行われることか

ら、インダストリーロス・ワランティは、オリジナルロス・ワランティ（Original loss warranty；OLW）とも呼ばれる。

　すなわち、インダストリーロス・ワランティは、あらかじめ特定されたカタストロフィ・イベントにより保険業界全体の損害（保険金支払総額）が一定の水準を超えた場合には、プロテクションの買い手がプロテクションの売り手から資金を受け取る内容の契約である。たとえば、フロリダのハリケーンによって保険業界の保険金支払総額が200億ドルを超えた場合には、プロテクションの買い手は売り手から1,000万ドルの受取りができるといった内容の契約となる。

　これまで行われたインダストリーロス・ワランティの取引をみると、対象となるリスクには、米国のハリケーンと地震、日本の台風と地震、欧州の暴風等がある。

(2)　インダストリーロス・ワランティの開発と発展経緯

　インダストリーロス・ワランティは、保険・再保険会社がカタストロフィ・リスクにより巨額の保険金支払いを余儀なくされるケースが発生した場合に、それによる損失をカバーするために開発されたものである。1989年以前には、保険金の支払いが巨額にのぼるようなカタストロフィ・イベントは、数えるほどしか発生しなかった。実際のところ、当時は保険業界全体でみた保険金の支払いが50億ドルを超えるようなイベントは、保険・再保険会社にとってまったくの想定外であった[53]。こうしたなかで、1989年にハリケーン・ヒューゴが保険業界に70億ドルを超える記録的な損害を与えた。この結果、1980年代末に、再保険市場、さらには再々保険市場が事実上の機能マヒに陥るなかで、インダストリーロス・ワランティが誕生した。

　インダストリーロス・ワランティの取引は、その後、しばらくの間、低調裡に推移したが、1991年の日本の台風と1992年の米国のハリケーン・アンドリュー発生後に急増をみることとなった。特に、再保険市場のキャパシティ

---

[53] Cummins, J. D., and Weiss, M. A., op.cit., p26

の不足が顕著になるなかで、ヘッジファンド等の機関投資家がプロテクションの売り手として多数参加するようになったことにより、インダストリーロス・ワランティは一躍、再保険市場のキャパシティ不足をカバーする有力なツールとして注目を浴びるようになった。その後、インダストリーロス・ワランティは、ハリケーン・カトリーナ、リタ、ウィルマ（KRW）が相次いで襲来したことから、加速的に増加することとなり、再保険、再々保険を補完する受け皿としてのステータスを確立した。

(3) インダストリーロス・ワランティの特性とフレームワーク

① インダストリーロス・ワランティの特性

保険は実損てん補が原則とされる一方、デリバティブは客観的な指数等を基準として受払いが行われるという基本的な性格の相違がある。

こうしたことから、再保険会社では、インダストリーロス・ワランティをデリバティブではなく保険として会計処理するために商品の設計上、一般的に二つのトリガーを設けて、その二つを満たしたときにはじめて当事者間で資金の受払いが行われることとしている[54]。

すなわち、大半のインダストリーロス・ワランティは、①プロテクションの買い手となる保険・再保険会社が一定の水準以上の損失を被り、かつ②保険業界全体の損失（インダストリーロス）があらかじめ定めておいた水準を上回ったとき、の双方のトリガーが発動になって、はじめてプロテクションの買い手は資金を受け取ることができる仕様となっている。

したがって、インダストリーロス・ワランティの設計にあたっては、この二つのトリガーをどのようにするかがきわめて重要となるが、一般的に、①のプロテクションの買い手となる再保険会社の損失額のトリガーは、単に名目的なものとしてきわめて低い水準に設定して、実質的には、②の保険業界全体の損失額が一定の水準を超えたときに受取りができるように設計されて

---

[54] Lane, M., (ed.) (2002) *Alternative Risk Strategies*. Risk Books. p81

いる。こうしたことから、インダストリーロス・ワランティのプライシング・モデルも、カタストロフィ・リスクを抱える主体が属する業種が被った損害の程度をベースにして構築されている。

このように、二つのトリガーのうち、第一のプロテクションの買い手の損失規模を対象とするトリガーは、会計上、インダストリーロス・ワランティにデリバティブではなく保険に属する商品性をもたせるためのものである。なお、ワランティは損害をカバーする保証を意味し、インダストリーロス・ワランティがあくまでも、実損てん補を基本とする保険であるとするインプリケーションがこのネーミングにも込められている。

しかし、実質的には、プロテクションの買い手の損失ではなく、保険業界全体の損失額という客観的な指標が、インダストリーロス・ワランティの支払いが発生するか否かのカギを握ることになる。こうしたことから、インダストリーロス・ワランティは、資本市場を利用した再保険の一種という位置づけがなされているものの、その本質は、保険ではなくデリバティブとみるべきである。

なお、インダストリーロス・ワランティの受払いが発生する保険業界の損失水準（アタッチメント・ポイント）は、1990年代前半には、100億ドルが最高額であったが、1990年代央に米国においてインダストリーロス・ワランティの発行が増加するとともに、それ以降はアタッチメント・ポイントを500億ドルに設定するケースが目立っている。

② インダストリーロス・ワランティのフレームワーク

インダストリーロス・ワランティは、再保険、再々保険市場のキャパシティを補完する役割を担っており、その設計にあたっての要素も、基本的に再保険と同じとなる。

まず、インダストリーロス・ワランティは、さまざまなリスクをカバーするために利用できるが、そのなかでも圧倒的に多いのはカタストロフィ・リスクである。インダストリーロス・ワランティが対象とするカタストロフィのタイプには、ハリケーン、台風、洪水、竜巻、暴風、冬嵐、地震、津波、

地滑り、地盤沈下、落雷、雪害、氷結、雹、火山の噴火等のさまざまなペリルがある。

また、複数のカタストロフィ・リスクをカバーするとか、ある種のカタストロフィ・リスクを除いたすべてのカタストロフィ・リスクをカバーするタイプもみられる[55]。

なお、カタストロフィの被害地域については、米国の一つの州ということもあれば、米国東南部、または日本とか欧州大陸というケースもある。

一方、インダストリーロス・ワランティがカバーする期間は、1カ月から3年まで各種の期間にわたっているが、大半は1年となっている。

また、トリガーについては前述のとおり、2種類あり、この二つのトリガーを満たすことによって資金の受払いが発生する。このうち、保険業界の損失のトリガーについては、単一の巨大カタストロフィ・リスクによる巨額損失をカバーするトリガーと、たとえば1年間に発生した何件かのカタストロフィによる保険金支払総額をトリガーとするものがあるが、大半は前者のタイプとなっている。これは、インダストリーロス・ワランティの利用目的の多くが、巨大カタストロフィ・リスクによる損失のカバーにあることによる。また、カタストロフィ発生の1件目は対象とせず2件目にはじめてトリガーが発動されて受払いが生じるといったタイプもみられる。

なお、第二のトリガーとなる保険業界の損失を表す指数には一般的にPCS（Property Claims Services）が使用されるが、そのほかにシグマ、NatCatSERVEICE等が使われることもある。なお、PCSについてはあらためて後述（第4章2(1)②）したい。

そして、資金の受払額については、固定金額の受払いが行われるバイナリー・トリガーと、指数がトリガーを上回る幅に応じて受払額が変わるプロラタ・トリガーがあるが、大半のケースはバイナリー・トリガーを採用している。また、インダストリーロス・ワランティには、受払額の上限と下限が設定されることが一般的である。

---

[55] Ibid.

(4)　インダストリーロス・ワランティの具体例

　ここで、1回の巨大カタストロフィ・リスクによる巨額の損失をカバーする目的で契約されるインダストリーロス・ワランティの設例をみよう[56]。

　まず、カタストロフィ・リスクの種類は、すべての自然災害とし、カタストロフィ・リスク発生により被害を受ける地理的な範囲は、米国全土とする。そして、期間は2013年1月からの1年間で、上限は1,000万ドルとする。

　また、第一のトリガー（プロテクションの買い手の損失額）は1万ドルと名目的な金額とする一方、第二のトリガー（保険業界全体の損失額）は200億ドルに設定する。そして、インダストリーロスの指数としては、PCSを用いることにする。

　このインダストリーロス・ワランティは、単一のカタストロフィ・リスクによる米国の保険業界全体の損失額が200億ドル以上となったときに支払いが行われるという内容となっている。そして、リスクをカバーする側のプロテクションの買い手は、保険業界全体の保険金支払総額200億ドル以上となり、かつ自己の損失額が1万ドル以上になるという二つのトリガーが発動されたときに、1,000万ドルの補償を受けることができることとなる。

(5)　インダストリーロス・ワランティのメリットとリスク

　インダストリーロス・ワランティと再保険とを比較すると、再保険に出再する場合には、保険会社は自社の経営戦略の最も重要な要素である保険の引受けスタンスや保険ポートフォリオのリスク情報を再保険会社に提供しなければならない。しかし、インダストリーロス・ワランティでは、プロテクションの売り手は、実質的に保険業界全体の損失額を基準とするリスクを引き受けることとなり、したがってプロテクションの買い手である保険会社は売り手に対して経営の根幹に属するリスク情報を提供する必要がないというメリットがある。

56　Cummins, J. D., and Weiss, M. A., op.cit., p26

また、インダストリーロス・ワランティは、一般の再保険に比べると、そのコストの安さが特徴である。これは、保険会社と再保険会社との間の情報の非対称性に起因するものである。すなわち、再保険会社が受再するにあたって保険会社から情報を収集するといってもおのずから限界があり、このため情報の非対称性から来るリスクの推計誤差に相当するプレミアムを上乗せして再保険料を設定することになる。

　しかしながら、インダストリーロス・ワランティがもつリスクは、実質的に保険業界全体が抱える保険金支払額をベースとする推計となることから、一般の再保険にみられるような情報の非対称性はなく、したがって、そのコストは再保険に比べると安くなる。

　一方、インダストリーロス・ワランティでは、実損てん補のコンセプトで設計されないことから、ベーシスリスクが発生するリスクがある。ここでベーシスリスクとは、リスク移転により得られる補てん額と実際の損害額に差が生じることをいう。具体的には、インダストリーロス・ワランティにより受け取る金額と保険・再保険会社が実際に被った損失額との間に生じる差がベーシスリスクとなる。

> # 第 **4** 章
>
> # リスクファイナンスと
> # デリバティブ

1 カタストロフィ・スワップ

　カタストロフィ・リスクを対象とするデリバティブには、OTC（店頭）取引と取引所取引があるが、以下ではこのうちOTC取引について述べることとして、取引所取引のカタストロフィ先物、オプションについては、次項においてみる。

　店頭取引であるOTCデリバティブは、二当事者間で取引内容につき合意するというカスタマイズされた取引が特徴である。これは、カタストロフィ・リスクを対象とするOTCデリバティブでもまったく同様である。以下では、こうしたOTC取引で代表的なカタストロフィ・スワップを中心に検討する。

(1) カタストロフィ・デリバティブとスワップ

　金融スワップは、二当事者間で将来発生するキャッシュフローを交換する取引である。金融スワップとしては、たとえばプレインバニラ・スワップと呼ばれる将来の固定金利と変動金利とを交換する金利スワップや、円・ドルといった異なる通貨間で発生する将来の元利金を交換する通貨スワップ等が活発に取引されている。

　一方、カタストロフィ・スワップは、保険・再保険会社や企業が二当事者間で、カタストロフィ・リスクを交換するスワップ取引であり、金融スワップの保険版といえるものである。

　カタストロフィ・スワップは、OTCで相対により行われる取引であり、当事者双方のニーズを汲み取ったテイラーメードの商品性が特徴となる。

　グローバル規模でビジネスを展開する保険・再保険会社は、自己が保有する保険リスクを分散して最適ポートフォリオを構築するために、カタストロフィ・スワップを活発に取引している。この結果、カタストロフィ・スワップマーケットでは、保険・再保険会社が圧倒的に大きな取引シェアを占める状況にある。

カタストロフィ・スワップは、カタストロフィ・リスクスワップとカタストロフィ再保険スワップの2種類に大別できる（図表4－1）。

(2) カタストロフィ・リスクスワップ

① カタストロフィ・リスクスワップのスキーム

カタストロフィ・リスクスワップは、カタストロフィ・リスクを回避したいとする二当事者が、各々が抱えるカタストロフィ・リスクを交換する取引である。これは、カタストロフィ・リスクを実質的に直接交換する取引となることから純粋カタストロフィ・スワップ（pure catastrophe swap）と呼ばれることもある。なお、こうしたカタストロフィ・リスクスワップは、再保険ブローカーを通して行われることが多い。

カタストロフィ・リスクスワップでは、交換対象は双方に相関がないカタストロフィ・リスクが選択され、この結果、当事者はこの取引によってポートフォリオのリスク分散効果を向上させることができる。また、通常であれば、当事者が直接アクセスできないようなカタストロフィ・リスクも、このスワップ取引によりポートフォリオに組み入れることが可能となる。

カタストロフィ・リスクは、地理的、時間的に分散して発生するわけではなく、1カ所で1時期に発生して巨額の損失をもたらすことが特徴であるが、このカタストロフィ・リスクスワップを活用して、カタストロフィ・リスクの地理的、時間的な分散を図ることが可能となる。

たとえば、日本の保険会社がもつ地震リスクのポートフォリオの一部をフランスの保険会社がもつ暴風リスクの一部と交換するといったケースが考えられる。また、日本の地震リスクをポートフォリオに抱える日本の再保険会社は、ポートフォリオの一部を北大西洋の地震リスクと交換することによって、同じ地震リスクでも相関性のないポートフォリオの構成に変更することができる。

このような日本のカタストロフィ・リスクにかかわるケースをみると、実際のところ、次のようなカタストロフィ・リスクスワップ取引が保険会社や再保険会社間で行われている。

図表4－1　金融スワップとカタストロフィ・スワップのフレームワーク

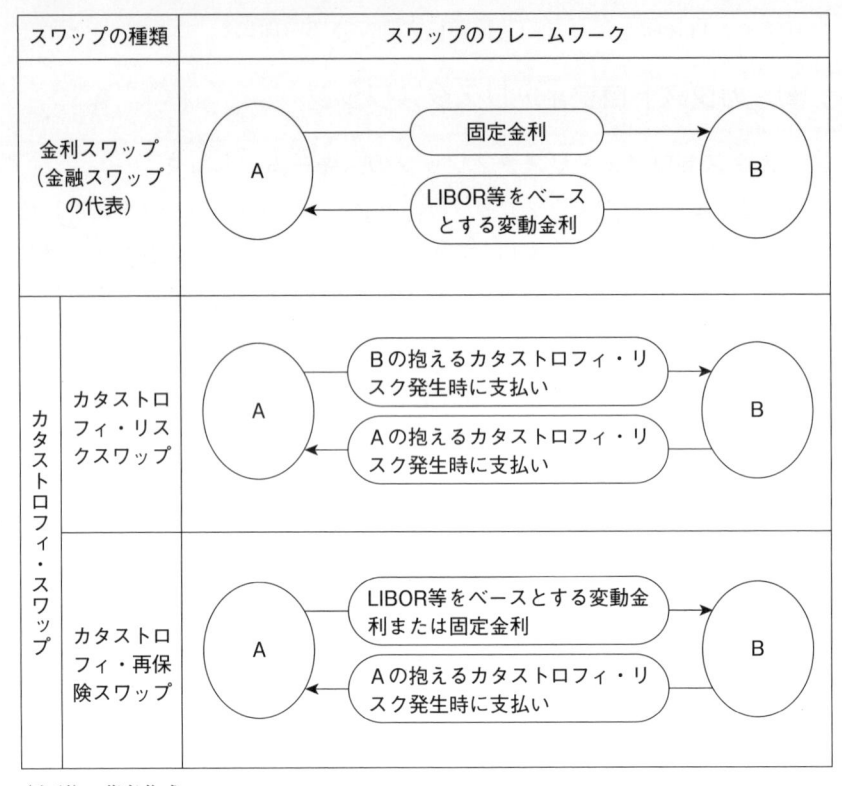

スワップの種類	スワップのフレームワーク
金利スワップ（金融スワップの代表）	A →固定金利→ B／A ←LIBOR等をベースとする変動金利← B
カタストロフィ・スワップ：カタストロフィ・リスクスワップ	A ←Bの抱えるカタストロフィ・リスク発生時に支払い← B／A →Aの抱えるカタストロフィ・リスク発生時に支払い→ B
カタストロフィ・スワップ：カタストロフィ・再保険スワップ	A ←LIBOR等をベースとする変動金利または固定金利← B／A →Aの抱えるカタストロフィ・リスク発生時に支払い→ B

（出所）　著者作成

・南関東の地震リスクとニューマドリッドの地震リスク
・南関東の地震リスクとカリフォルニアの地震リスク
・南関東の地震リスクと欧州の暴風リスク
・日本の台風リスクと欧州の暴風リスク

　また、こうしたカタストロフィ・リスクスワップは、モナコの地震、日本の台風、欧州の暴風の三つのリスクの組合せと、カリフォルニアの地震リスクとを交換するというように、複数のリスクを束にしてそれを単一のリスクと交換するといった取引も行われている。

　このような低頻度・高損害のカタストロフィ・リスクの分析手法は、たと

えリスクの種類が異なってもそれほど大きな変わりはないことから、カタストロフィ・リスクスワップの取引当事者にとって新たにリスク分析手法を開発する必要がなく、取引を効率的に行うことができるメリットがある。

そして、このカタストロフィ・リスクスワップでは、スワップの両当事者間が抱えるポートフォリオから適宜リスクを選択して取り出し、それを計量化して同量のリスクを交換するかたちに組み立てることにより、基本的に両当事者にとってコストゼロの取引に構築することが可能である。

また、交換するカタストロフィ・リスク間にリスク・エキスポージャーの差がある場合には、二当事者間でその差が受払いされることになる。

こうしたカタストロフィ・リスクスワップ取引の結果、当事者間で保険金の支払義務が交換されることとなるが、実際には、たとえば、日本に地震が発生したときには、日本の保険会社が地震保険の契約者に保険金を支払い、それを補てんするかたちで米国の保険会社がカタストロフィ・リスクスワップ契約に従って日本の保険会社に資金を支払うことになる。

カタストロフィ・リスクスワップのプレイヤーは、大規模ポートフォリオのリバランスを必要とする保険・再保険会社が中心であり、その他金融機関や再保険リスクポートフォリオへの投資に特化したヘッジファンド等である。

② **日本の保険会社によるカタストロフィ・リスクスワップの具体例**
・東京海上火災とステートファーム保険会社のカタストロフィ・リスクスワップ

2000年、東京海上火災（現、東京海上日動）とステートファーム保険会社は、両社がもつ地震リスク各2億ドルを交換した[1]。地震リスクの対象となる地域は東京とマドリッドで、期間は5年である。このスワップのトリガーは地震のマグニチュード等で、損害の発生確率が双方にとって同じになるように設計されている。また、地震の大きさによって受払額に差を設けている。

---

1 Lane , M., (ed.) (2002) *Alternative Risk Strategies*. Risk Books. p99

たとえば、東京でマグニチュード7.7以上の地震が発生したときには、東京海上火災は2億ドル全額を受け取ることができるが、7.2～7.6であると受け取る金額はそれを下回ることになる。

以下の二つのケースは、複数のカタストロフィ・リスクを交換するマルチカタストロフィ・リスクスワップとなっている。

・東京海上火災とスイス再保険会社のカタストロフィ・リスクスワップ

2001年、東京海上火災とスイス再保険会社は、期間1年、4.5億ドルのマルチカタストロフィ・リスクスワップ取引を行っている[2]。このスワップ取引は、各々が1億5,000万ドルの三つのトランシェから構成されている。この三つのトランシェは、スイス再保険会社がもつカリフォルニアの地震リスクと東京海上火災がもつ日本の地震リスク、スイス再保険会社がもつフロリダのハリケーンリスクと東京海上火災がもつ日本の台風リスク、スイス再保険会社がもつフランスの暴風と東京海上火災がもつ日本の台風とのスワップを内容としている（図表4－2）。

・三井住友海上とスイス再保険会社のカタストロフィ・リスクスワップ

2003年、三井住友海上とスイス再保険会社は、日本の風水災リスクと海外の風災リスクのスワップ取引を実行した[3]。具体的には、三井住友海上がスイス再保険会社に120億円相当の日本の風水災リスクを出再するのと引き換えに、三井住友海上がスイス再保険会社から合計1億ドル相当の米国および欧州の風災リスクを受再する内容のスワップ取引である。

三井住友海上は、日本国内の自然災害リスク量を適正水準にコントロールするために、従来は、一方的な出再に依存してきたが、信用力の高い再保険会社と長期安定的なリスク・スワップを実行することにより、再保険市場の変動や混乱に中立な事業構造への転換を指向したとしている。

また、三井住友海上が保有するポートフォリオのリスク量は、国内リスク量のほうが海外リスク量よりも圧倒的に残高が大きく、交換するリスク間の

2　Culp, C. L. (2002) *The Art of Risk Management.* John Wiley & Sons, Ltd. p480

3　三井住友海上ニュースリリース「スイス再保険とリスク・スワップを実行」2003年8月4日

図表4－2　東京海上火災とスイス再保険会社のカタストロフィ・リスクスワップ

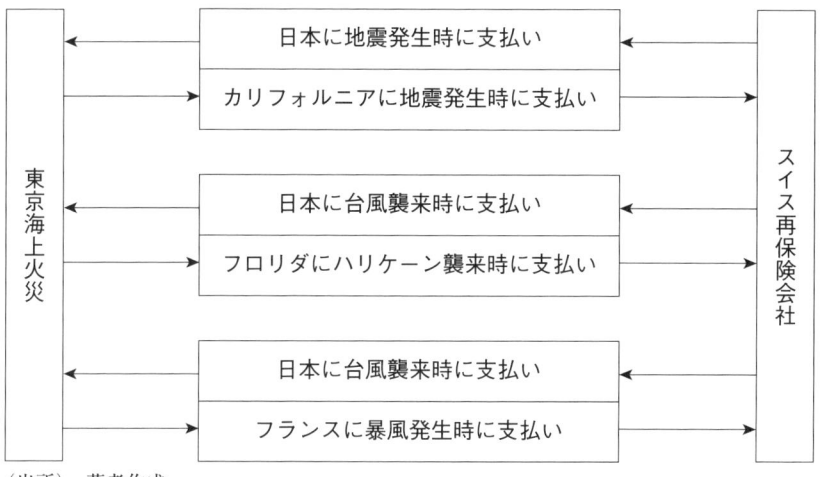

```
                  ┌─────────────────────────────┐
            ←──── │  日本に地震発生時に支払い        │ ←────
東          ────→ │  カリフォルニアに地震発生時に支払い │ ────→   ス
京                └─────────────────────────────┘          イ
海                                                          ス
上          ┌─────────────────────────────┐                再
火    ←──── │  日本に台風襲来時に支払い         │ ←────     保
災    ────→ │  フロリダにハリケーン襲来時に支払い │ ────→   険
            └─────────────────────────────┘                会
                                                            社
            ┌─────────────────────────────┐
      ←──── │  日本に台風襲来時に支払い         │ ←────
      ────→ │  フランスに暴風発生時に支払い      │ ────→
            └─────────────────────────────┘
```

(出所)　著者作成

相関も低いことから、交換額が同額であってもリスク分散効果によりポートフォリオのリスク量は大幅な減少となる。そして、実質的にゼロコストでリスクを削減して、他のリスクの追加引受けのキャパシティが増加することにより、収益向上、資本効率の向上につなげることも可能となるといったメリットがある。

(3)　カタストロフィ・再保険スワップ

①　カタストロフィ・再保険スワップのスキーム

前述（本章1(2)）のとおり、カタストロフィ・リスクスワップは、カタストロフィ・リスク同士を交換するのに対して、カタストロフィ・再保険スワップは、リスクを回避する主体がリスクを引き受ける相手方に対して固定金額のプレミアムを定期的に支払うのと引き換えに、カタストロフィ・リスクが発生した場合には、相手方から被害の補償金として変動金額の支払いを受けるといった内容の取引である。カタストロフィ・再保険スワップは、再保険と類似のスキームと機能をもっていることからこうした名称がつけられている。

このカタストロフィ・再保険スワップ取引によって、保険・再保険会社は、ポートフォリオのリスク分散化や保険引受けキャパシティの拡大等の効果を得ることができる。すなわち、カタストロフィ・再保険スワップは、たとえば、ポートフォリオのなかにある特定のカタストロフィ・リスクの量が過大でありそれを削減するとか、過剰資本をもっていてポートフォリオのなかにカタストロフィ・リスクを追加して組み入れるといった目的で取引される。

しかしながら、ポートフォリオに含まれるカタストロフィ・リスクが小規模である保険会社は、カタストロフィ・再保険スワップを組むよりも、なじみのある標準的な再保険を選択することが多い状況にある。

カタストロフィ・再保険スワップは、後述するCATボンド等の保険リンク証券（ILS）と同様の効果があるが、リスクの証券化のように複雑でコスト高とならないといったメリットがある。

一方、カタストロフィ・再保険スワップは、CATボンドのように資金が信託勘定に入り担保される枠組みとなっていないことから、一般のOTC（店頭）スワップ取引と同様、相手方の信用リスクを負うことになる。

② 日本の保険会社によるカタストロフィ・再保険スワップの具体例
・三井海上火災とスイス再保険会社のカタストロフィ・再保険スワップ

1998年、三井海上火災（現、三井住友海上）は、スイス再保険会社との間でカタストロフィ・再保険スワップを締結した。三井海上火災では再保険にかわる地震保険のリスク移転のツールを模索していたが、スワップ取引は関係者も少なく、またドキュメンテーションも少なくてすむことから、迅速かつコスト効率的にリスクヘッジを行うことが可能であるカタストロフィ・再保険スワップを選択したものである[4]。

このカタストロフィ・再保険スワップの具体的内容は、三井海上火災が3年間、スワップのカウンターパーティであるスイス再保険会社に対して定期

---

[4] Geman, H., (ed.) (1999) *Insurance and Weather derivatives*. Risk Books. p158

図表4－3　三井海上火災とスイス再保険会社のカタストロフィ・再保険スワップ

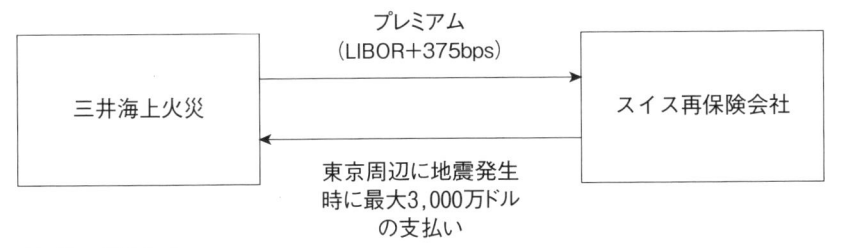

```
                    プレミアム
                  （LIBOR＋375bps）
  ┌─────────┐ ────────────────→ ┌─────────┐
  │三井海上火災│                        │スイス再保険会社│
  └─────────┘ ←──────────────── └─────────┘
                東京周辺に地震発生
                時に最大3,000万ドル
                   の支払い
```

（出所）　著者作成

的にLIBOR＋375bpsを支払うのと引き換えに、スイス再保険会社は、東京周辺にマグニチュード7.1以上の地震が発生した場合に三井海上火災に対して3,000万ドルの補償を行うこととなっている（図表4－3）。

2　カタストロフィ先物、オプション

　取引所取引のデリバティブは、商品仕様が標準化されていて、すべての市場参加者は、同一の商品を対象に取引を行うことになる。一般的にこのように標準化されたマーケットは、多くの市場参加者を呼び込み、その結果、厚い流動性によりビッドアスク・スプレッドが縮小して、フェアプライスで取引できるというマーケットの価格発見機能が発揮されるメリットがある。
　リスク引受けのキャパシティが圧倒的に大きな金融資本市場にカタストロフィ・リスクを移転する目的は、多くの投資家がそのリスクの引受け手になり、たとえカタストロフィ・リスクがマーケットにインプットされても、それが幅広い層にシェアされることにより、大きなマーケットインパクトなく消化されることにある。したがって、リスクの移転が取引所取引というかたちで行われることになれば、マーケットに参加する不特定多数の投資家を誘引することになり、こうした目的が達成されることが期待できる。また、取引所取引では取引当事者の信用リスクは、すべて取引所の清算機構が引き受けることとなり、取引当事者は相手方の信用リスクを懸念することなく取引ができるという大きなメリットがある。

こうしたことから、これまでシカゴ商品取引所（The Chicago Board of Trade；CBOT）をはじめとしていくつかの取引所でカタストロフィ・リスクを対象とした先物、オプションを上場する試みが行われてきた。しかし、リスクの回避主体にとっては、取引所取引では標準品を取引することからベーシスリスクが存在するとの理由から、また、リスクの引受け手となる投資家にとっては、上場商品に織り込まれているカタストロフィ・リスクの特性を把握することが容易ではない等の理由で、大半の商品が取引低調から上場廃止に追い込まれている。

そして、今日、生き残っているのは、事実上、シカゴ商業取引所（The Chicago Mercantile Exchange；CME）のカタストロフィ・デリバティブだけとなっている（図表4－4）。

この結果、取引所取引としてのカタストロフィ・デリバティブは、デリバティブマーケット全体のなかではいまだマイナーな存在にとどまっている現状にある。

(1) シカゴ商品取引所のカタストロフィ先物、オプション

1992年、シカゴ商品取引所は、カタストロフィ・リスク発生による保険損失を対象とするデリバティブ商品を上場した。しかし、取引低調から2000年に上場廃止になっている。

以下では、シカゴ商品取引所の先物、オプションの上場とそれが失敗に終わった経緯についてみていくことにする。なお、シカゴ商品取引所は米国最古の先物取引所であるが、いまでは後発のシカゴ商業取引所に吸収合併されて、シカゴ商業取引所（CME）グループの一員となっている。

① シカゴ商品取引所のISO先物、先物オプション上場と失敗の原因

1992年、シカゴ商品取引所は、カタストロフィ先物（CATs）を上場した。これは、カタストロフィ・リスクによる保険金の支払請求金額を保険業界全体で合計して、それを指数化したものを取引対象とするデリバティブである。カタストロフィのカテゴリーは、ハリケーン、竜巻、地震、洪水等とさ

図表 4 − 4　取引所取引のカタストロフィ・デリバティブ

取引所	上場時期（上場廃止時期）	上場商品	取引対象のカタストロフィ・イベント	受払いの基準となる指標
シカゴ商品取引所（CBOT）	1992（1995）	カタストロフィ先物（CATs）、CAT先物オプション	ハリケーン、竜巻、地震、洪水等	ISO指数
	1995（2000）	PCS CATオプション	同上	PCS指数
シカゴ商業取引所（CME）	2007	CMEハリケーン指数先物、オプション CMEハリケーン指数バイナリーオプション	ハリケーン	CMEハリケーン指数
バミューダ商品取引所（BCE）	1997（1997）	カタストロフィ・オプション	カタストロフィ・リスク	ガイカーペンター・カタストロフィ指数
カタストロフィ・リスク取引所（CATEX）	1994	カタストロフィ・リスクスワップのプラットフォーム提供	カタストロフィ・リスクの交換	―

（出所）　著者作成

れた。

　また、指数はISO（Insurance Services Office）が発表する四半期ごとの損失指数を対象とした。このISO指数は、サンプルとして選択したいくつかの保険会社からの情報をもとにして、保険業界全体の損害保険金支払額を推計して作成される。カタストロフィ先物の対象となる保険損失が発生する期間3カ月間で、限月は、3、6、9、12月の四半期末月の4限月制と設定された。

　しかし、先物の買い手（リスクヘッジャー）にとっては、上場商品の標準化につきもののベーシスリスクが存在することや、値洗いや証拠金等、上場

商品がもつ特有な制度に不慣れなこと等から、必ずしも使い勝手がよいとはいえず、この結果、伝統的な保険・再保険マーケットから、この新しいデリバティブマーケットにシフトする企業や保険・再保険会社は数えるほどしか存在せず、この商品の取引は低調裡に推移した。

　これをみたシカゴ商品取引所は、1993年央にCAT先物に加えて、カタストロフィ先物オプション（CAT先物オプション）を上場した。CAT先物オプションが権利行使された場合には、現金決済ではなく、コールオプションの買い手は先物のロングポジションをもつことになり、プットオプションの買い手は先物のショートポジションをもつことになる。

　CAT先物オプションが上場されてから半年経った1993年11月の全米を対象とするCAT先物オプションの取引高は3,650枚と同月の財務省長期証券（T-ボンド）先物の取引高の40万7,000枚を大きく下回った[5]。そして、CAT先物オプション上場後1周年に当たる1994年6月の取引高はわずか98枚まで下落し、1995年6月にはとうとう取引高はゼロとなってしまった。この結果、全米を対象とするCAT先物オプションの上場来の取引高累計は5,668枚となった。また、累計でみた東部対象のCATオプションは1万2,742枚、中西部は60枚、西部は44枚となった。これでみると、シカゴ商品取引所の代表的な商品である財務省長期証券先物の1日当りの取引高が、CATオプションの上場から廃止までの累計取引高を大きく上回る数字となる。

②　シカゴ商品取引所のPCSオプション

　このように、シカゴ商品取引所のカタストロフィ先物や、それに続いて上場された先物オプションも、ともに多くの市場参加者の関心を集めることができず、結局、上場廃止に追い込まれることになった。

　そこで、シカゴ商品取引所は、なぜこの二つの商品が失敗したかを検討、分析した。この結果、当時は、保険・再保険マーケットのキャパシティに余裕があったことからプレミアムも比較的低い水準にあり、また、保険・再保

---

[5] Culp, C. L. (2006) *Structured Finance & Insurance*. John Wiley & Sons, Ltd. p518

険会社には、既存のカスタマイズされた保険を標準化されたデリバティブマーケットでヘッジすることは困難であるとの先入観が底流にあったことが原因であることが明らかとなった。しかし、この検証の過程で、むしろこの商品が失敗した大きな理由は、取引対象とするISO指数がもつ欠点にあることが浮き彫りとなった。すなわち、ISOが算出する保険業界の損失指数は、あまりにも広い範囲をカバーした指数であり、また指数の発表自体が頻繁に行われないことからヘッジャーのベーシスリスクも大きくなり、先物や先物オプションの原資産とするには適当ではないとの検討結果となった。

実際のところ、多くの市場参加者は、ISO指数は不透明であり、これを対象とする先物や先物オプションには魅力がないとしていた[6]。特に、1995年にカリフォルニアを襲ったノースリッジ地震の際にISOが算出した指数が、保険業界全体の損失額を適切に反映したものではないとの批判が噴出した。また、ロスデベロップメント期間（最終的に保険金支払総額が確定されるまでの期間）が1四半期と短く設定されたことも、この上場商品が不評を買っている一因であることが明らかとなった。

こうした情報をもとに、シカゴ商品取引所は1995年に、CATオプションの原資産となる指数をより透明性があり、広範に活用されているPCS（後述）算出の災害損失指数（Catastrophe Loss Indexes）に切り替えた。

・ISO指数とPCS指数

PCS（Property and Claims Service）は、ISOの一部門で、損害保険に関する各種の情報を提供する機能を担っている。PCSは、1984年の創設以来、カタストロフィにより損害保険業界全体が被る損失額の推計値を公表している。PCSが推計対象とするカタストロフィは、合計2,500万ドル以上の損失をもたらすイベントをいう。この損失には、保険対象となっている建物、建物のなかにある機器類、営業中断による損失、自動車、ボート等が含まれる。

PCSは、カタストロフィ・ロスを計測するために、カタストロフィで被害

6　Lane, M., op.cit., p23

を受けるおそれのある70の参加者に対して毎日、調査を実施する。また、必要とあれば、PCS自身がカタストロフィ発生後に損害状況の実地調査を行うこともある。

そして、PCSが行った推計結果は、被害を受けた各州の被害推計額として公表される。具体的には、PCSから九つの指数が発表される。すなわち、一つは全米の指数、五つは地域ごと（東部地域、北東部地域、南東部地域、中西部地域、西部地域）の指数、それにリスクの高い地方（カリフォルニア、フロリダ、テキサス）の三つの指数である。こうした指数は、米国のカタストロフィ・リスクマーケットの約80％をカバーする。

また、各指数は、計算期間のスタート時点ではゼロで、期間中に保険対象資産の損害が１億ドル発生するごとに１ポイント増加する。

そして、期間が過ぎてもロスデベロップメント期間が６カ月間か１年間、設けられている。こうしたロスデベロップメント期間は、特に大規模なカタストロフィが発生したような場合には、損害額をタイムリー、かつ正確に推計することが困難なことからどうしても必要となる。この期間中、PCSは追加的な情報を織り込んで損害額の見直しを行う。この結果、損害額の推計に正確を期すことができ、ヘッジの効果が十分発揮できることになる。

なお、PCSが推計した業界損失額は、取引所取引の先物、オプションのみならず、CATボンドやカタストロフィ・スワップ、インダストリーロス・ワラント（ILW）等、多くのカタストロフィ・リスクにリンクした金融商品のトリガーに使用され、保険業界関連のきわめて重要な指標として活用されている。

・シカゴ商品取引所のPCS CATオプション

シカゴ商品取引所は、それまでのカタストロフィ先物と先物オプションを上場廃止とし、そのかわりにPCS指数を対象とするオプションをPCS CATオプションの名称で上場した。

PCS CATオプションは、ワシントンDCを含むすべての州、カリフォルニア、フロリダ、テキサスの三つの州、東部地域、北東部地域、南東部地域、中西部地域、西部地域の９地域を対象とした九つの商品から構成されてい

る。

　PCS CATオプションの原資産となる指数は、PCSの損失推計値を1億ドルで割った数値とし、指数1は200ドルに相当するとした。また、PCSオプションは、CAT先物オプションと異なり、権利行使により現金決済となる。

　シカゴ商品取引所は、二つの種類のPCS CATオプションを上場した。その一つは、200億〜500億ドルの損失をカバーするラージCATオプションであり、もう一つは、200億ドル未満の損失をカバーするスモールCATオプションである。また、ISO指数を原資産とするオプションは、1四半期における損失を対象としていたが、3カ月では短すぎるとの市場参加者の声に応えて、PCS CATオプションでは、2四半期（半年）と4四半期（1年間）の2種類を選択することができるようなメニューが提供された。

　PCS CATオプションでは、一般のオプションとまったく同様に、リスクヘッジを行うサイドがオプションの買い手となって、リスクテイカーとなるオプションの売り手に対してプレミアムを支払うこととなる。

　そして、オプションの期間中に災害が発生してPCS指数があらかじめ決めておいた水準を超えた場合には、オプションの売り手から買い手に対して支払いが行われる。

　また、オプションの期間中にPCS算出指数が一定の水準を超えるような災害が発生することなく終わった場合には、オプションの売り手は、買い手から受け取ったプレミアムをそのまま掌中にすることができる。

・**オプションスプレッド**

　PCS CATオプションを使った取引は、その大半がコールスプレッドのオプションストラテジーで実行された。これは、取引当事者が、ある水準の権利行使価格のコールを買うと同時に、それと同一のオプション期間で、それよりも高い水準の権利行使価格のコールを売る戦略である。

　保険・再保険会社は、このオプション戦略をとることにより超過損失再保険と同様のペイオフを形成することができる。実際のところ、シカゴ商品取引所は、PCS CATオプションを活用してオプションスプレッド戦略を実行すれば、超過損失再保険を効率的に模倣できることを強力に情宣して、再保

険の需要の吸上げに注力した[7]。

これを簡単な具体例でみると、ある保険会社が、行使価格20ポイントのコールを1単位買うと同時に、行使価格30ポイントのコールを1単位売るPCS CATオプション戦略を実行する。これにより、この保険会社は、業界の保険金請求が20億ドル未満の場合には受取りがゼロとなり、20億ドル以上30億ドル未満の場合には　20ポイントを超えるポイント数に応じて1ポイント200ドルを受け取ることができる。また、30億ドル以上の場合には2,000ドル（200×10ポイント）を受け取ることになる。なお、保険会社は、オプションの取引単位数をふやすことにより受取額を多くすることができる。

③　シカゴ商品取引所のPCS CATオプション失敗の原因

シカゴ商品取引所では、ISO指数対象の商品設計よりも優れた特性をもったPCS CATオプションに大きな期待を寄せ、その取引活発化のために取引所は全力をあげた。しかし、そうしたシカゴ商品取引所の懸命の努力にもかかわらず、PCS CATオプションでも取引活況を呼ぶまでには至らず、その先輩となるISOをベースとする商品と同じ運命をたどることとなり、結局、2000年に上場廃止となった。

一般の上場先物、オプション商品は、OTCで活発に取引を行っているプレーヤーがそれによって抱えたリスクを、取引所を使ってヘッジするニーズを汲み上げるかたちで上場されることが少なくない。この結果、OTC取引と取引所取引との間に相互補完的な関係が構築されて、両者が足並みをそろえて活発化することとなる。

こうしたことから、カタストロフィ・リスクを対象とする上場先物、オプションについても、OTCで取引されたカタストロフィ・リスクをヘッジするツールとして活用されることが考えられる。実際のところ、シカゴ商品取引所もCATオプションが、主として保険会社が顧客との取引で引き受けたカタストロフィ・リスクの再保険を目的に活用されることを期待していた。

7　Gorvett, R. W. (1999) Insurance Securitization: The Development of a New Asset Class *Casualty Society Discussion Paper Program* 1999 p149

ところが、保険会社は長年、取引してきた再保険会社との関係を重要視して、再保険をPCS CATオプションで代替することに消極的であった。そして、このことが、PCS CATオプションの取引低調につながった大きな原因となったとみられている[8]。

また、これに加えてベーシスリスクの存在や、プライシングのむずかしさ等から、市場参加者が少なく、さらに保険・再保険会社のカタストロフィ・リスクを対象とする上場商品に対する理解が進んでいないこと等の要因が重なって、流動性が薄いマーケットとなり、この結果、流動性リスクをおそれる市場参加者が参入を控えたといった事情も指摘されている。しかし、この点はいわば鶏が先か卵が先かに似た問題であって、基本的な要因は、一般の上場先物、オプション商品と同様、いかに多くの市場参加者のニーズにマッチするスペックの商品を上場できるか、また、いかにカタストロフィ・リスクについての情報の透明性を高めて市場参加者から厚い信任を確保できるか、にあるということができよう。

(2) シカゴ商業取引所のハリケーン先物、オプション

米国にとって、ハリケーンは、さまざまな自然災害のなかでも最もおそれられるカタストロフィ・リスクである。そのハリケーンが2005年に、ハリケーン・カトリーナ、リタ、ウィルマと次々と米国を襲った。

シカゴ商業取引所（CME）では、それまで天候デリバティブとして、気温や降雨、降雪、霜といった異常気象に対するヘッジ手段を提供してきたが、ハリケーンによる被害をヘッジすることを目的とした商品は、シカゴ商業取引所のメニューに存在しなかった。なお、シカゴ商業取引所の天候デリバティブについてはあらためて後述（第6章3(2)）したい。

しかし、こうした相次ぐハリケーンによる深刻な被害の発生が、取引所取引によるハリケーンリスクのヘッジニーズを強めることとなり、これが2007年のシカゴ商業取引所のハリケーン先物、オプションの上場として実現し

---

[8] Culp, C. L. op.cit., p480

た。

①　シカゴ商業取引所ハリケーン指数

　前述のとおり、シカゴ商品取引所が先物や先物オプションの対象となるカタストロフィ・リスクの指数で苦い経験をみたことから、シカゴ商業取引所はハリケーン指数の選択にあたって、その信頼性を中心にきわめて慎重に検討した。

　こうした検討の結果、CMEグループは、再保険ブローカーのカービルアメリカ社（Carvill America）からカービルハリケーン指数（Carvill Hurricane Index；CHI）を買い取り、これをCMEハリケーン指数（CME Hurricane Index；CHI）に改名した。また、これと同時にシカゴ商業取引所はカタストロフィ・リスクの有力モデル設計会社であるEQECATにCMEハリケーン指数の算出を委託することも決定した。なお、2012年、CMEグループは、指数算出の委託先をMDA EarthSat Weatherに変更している。

　このCMEハリケーン指数は、ハリケーンによる被害の程度を予想してそれを数値化したものである。ハリケーンの強度についての伝統的な指標には、サファー・シンプソン・ハリケーン風力スケールがある。これは、風力技術者のハーブ・サファーと気象学者のボブ・シンプソンにより1969年に開発された指標である。サファー・シンプソン・ハリケーン風力スケールは、最大風速によって弱いほうから強いほうに1から5までのランクに分けて、ランク3以上を大型ハリケーンと呼んでいる。

　しかし、このようにハリケーンの強度を風速だけで計測した尺度では、その被害の大きさと必ずしも相関しないおそれがある。たとえば、2011年8月に米東海岸に上陸したハリケーン・アイリーンの風速は、120マイルで、サファー・シンプソン・ハリケーン風力スケールによればカテゴリー3のランクとなり、その後、熱帯暴風雨にダウングレードした。しかし、アイリーンは、11州にわたって死者数十名、停電500万世帯と記録的な被害を及ぼす結果となった。これは、アイリーンの風の強さというよりも、アイリーンが広範囲の地域に被害を及ぼしたことと、進行速度がきわめて遅々としていた

ことが影響している。

　同様の例として、2005年8月に発生したハリケーン・カトリーナの上陸時の強さは、サファー・シンプソン・ハリケーン風力スケールで4のカテゴリーとされ、その後10月に発生したハリケーン・ウィルマの5のカテゴリーを下回っているが、実際にはカトリーナが史上最大の被害を及ぼすこととなった。これも、カトリーナの暴風域半径がきわめて広範囲にわたっていたことによるものである。

　また、一般に使用されているサファー・シンプソン・ハリケーン風力スケールは、連続した指標ではなく、したがって、たとえば時速110マイルはカテゴリー2、111マイルはカテゴリー3というように、わずかな差でもカテゴリーが分かれてしまうといった連続性がない欠点がある。これは、カテゴリー2の強いハリケーン、カテゴリー3の弱いハリケーンというように、各カテゴリーに強弱をつけることで、ある程度は補うことができるが、それにも限界がある。

　さらに、サファー・シンプソン・ハリケーン風力スケールでは時速155マイル以上のハリケーンはすべてカテゴリー5に分類されている。しかし、155マイルをはるかに超えるハリケーンが実際に計測されている。

　シカゴ商業取引所がハリケーンを対象とする先物・オプションを上場する目的が、ハリケーンが及ぼす実際の被害をヘッジすることにある以上、ハリケーンが及ぼす被害の大きさに影響する要因を精緻に組み込んだ指数とすることが重要となる。こうしたことから、CMEハリケーン指数（CHI）は、ハリケーンの風速とハリケーンが一定以上の風力をもつ暴風域半径の二つのパラメータを組み込んだものとなっている。こうすることによって、単に風速のみでハリケーンリスクをみるのではなく、実際にハリケーンがどの程度の範囲で被害をもたらすのかといった、災害リスクと相関性の高いCMEハリケーン指数が形成されることとなる。

② シカゴ商業取引所上場のCMEハリケーン指数先物、オプションの仕様

シカゴ商業取引所では、ハリケーンを対象とする商品について、
(a) 通常のタイプの先物、オプションと
(b) 季節先物、オプション、それに
(c) 季節最大先物、オプション

の3種類が上場されている。このうち、(a)の通常のタイプの先物、オプションでは、東部海岸等に上陸した命名ハリケーン（世界気象協会により名前がつけられたハリケーン）が対象となり、また、(b)季節先物、オプションと、(c)季節最大先物、オプションでは、メキシコ湾、フロリダ、大西洋南岸、同北岸等の八つの地域に上陸した命名ハリケーンが対象となる。そして、いずれも取引単位は、CMEハリケーン指数に1,000ドルの乗数を掛けた金額で、オプションは、期間中いつでも権利行使可能なアメリカンスタイルとされている。したがって、たとえばハリケーン指数が10の先物1単位の価値は10×1,000ドル＝1万ドルとなる

また、(a)の通常のタイプの先物、オプションでは、特定のハリケーンにかかわるCMEハリケーン指数が対象となるのに対して、(b)の季節先物、オプションでは1年間に上陸したハリケーンにかかわるCMEハリケーン指数の「累計値」が対象となる。また、(c)の季節最大先物、オプションでは1年間に上陸したハリケーンのうちでCMEハリケーン指数の「最大」値を記録したものが対象となる。

このハリケーン先物、オプションの特徴の一つは、ハリケーンが上陸した時点で、即座に決済される点である。すなわち、CMEハリケーン指数値はハリケーンが上陸した時点で公表されることから、これを使用して取引当事者間で現金決済されることとなる。

③ CMEハリケーン指数バイナリーオプション

シカゴ商業取引所では、CMEハリケーン指数先物、オプションに加えて、CMEハリケーン指数バイナリーオプションを上場している。

通常のオプションが、原資産価格と権利行使価格との差額の大きさに応じて受払額の大きさも決まるのに対して、バイナリーオプションは原資産価格と権利行使価格との関係がイン・ザ・マネーとなれば、その差額いかんにかかわらず一定額の受払いが行われるオプションである。バイナリーオプションは、一定額が支払われるかゼロか、いずれかになるオプションであるという意味で、デジタルオプションとも呼ばれている。

　シカゴ商業取引所では、コールオプションのみにこのバイナリーオプションを上場している。バイナリーオプションは、インダストリーロス・ワラントと同じように活用することができる。しかし、CMEハリケーン指数をベースとするこのバイナリーオプションは、透明性のあるプライシングがなされること、トリガーイベントが発生したら即時に決済されること、さらに取引所が取引の相手方となることからカウンターパーティリスクは存在しないこと、といった取引所上場商品に共通する特徴をもっている。

(3)　その他取引所上場のカタストロフィ・デリバティブ

①　バミューダ商品取引所

　1996年、バミューダの議会はバミューダ商品取引所（Bermuda Commodities Exchange；BCE）に対してカタストロフィ・リスクを対象とするデリバティブ商品の開発を進めることを承認した。

　これを受けて、バミューダ商品取引所は、カタストロフィ・オプションの上場を目指してその商品設計にかかった。このオプションの対象には、ガイカーペンター社の子会社が算出するガイカーペンター・カタストロフィ指数（Guy Carpenter Catastrophe Index；GCCI）が選択された。

　シカゴ商品取引所が対象としたPCS指数は、保険会社の保険金支払総額を指数化したものであるが、このGCCIは、保険対象である住宅価値に対する損害額の比率を指数としている。すなわち、GCCIは、グローバルに展開する39の保険会社のデータをもとにして、郵便番号等によって地域分けした保険対象となっている住宅の価値がハリケーンや竜巻等の風水害でどれだけの損害を被ったかを、住宅の損害額を住宅の価値で除した比率のかたちで算出

し、それを指数化したものである。

　これにより、保険リスクのヘッジャーは、自己のポートフォリオにあわせていくつかの郵便番号の地域のカタストロフィ・オプションを組み合わせることによりテイラーメードのヘッジ戦略を構築して、ベーシスリスクを極小化することが可能になる。

　バミューダ商品取引所のカタストロフィ・オプションが対象とする地域は、全米、北東部の州、南東部の州、湾岸の州、中西部と西部の州、それにフロリダ州とテキサス州である。なお、オプションの期間は、年の前半と後半の半期に設定された。

　また、資金の受払額については、権利行使価格を上回れば100％の受払いが発生するが、逆に下回った場合にはゼロとなるデジタルオプションとされた。

　そして、カタストロフィ・リスクをどのように取るかで、3種類のオプションが上場された。すなわち、オプションの期間中に発生した最大のイベントをとるシングルロス、オプションの期間中に発生した2番目に大きなイベントをとるセカンドロス、それにオプションの期間中に発生したすべてのイベントを合計する合計CATの3種類である。

　バミューダ商品取引所では、このように商品設計に注力して試験上場に踏み切ったが、再保険会社から十分な支持を得ることができず、結局、試験的な取引の域を出ず、失敗に終わった[9]。この原因には、デジタルオプションの商品性から100％の証拠金を積む必要があること、ガイカーペンターの損害データが住宅の損失に重点が置かれていること、さらに手数料が高い水準に設定されたこと等の問題が指摘された。

　また、その後2002年になって、バミューダ商品取引所自体も閉鎖、清算されている。

9　Banks, E. (2004) *Alternative Risk Transfer.* John Wiley & Sons, Ltd. p156

② カタストロフィ・リスク取引所

1994年に創設されたニューヨークに拠点を置くカタストロフィ・リスク取引所（CATEX）は、保険・再保険会社や企業がWeb上でカタストロフィ・リスクを交換することができるプラットフォームを提供することにより、リスク移転の橋渡しの機能を担う取引所である。

具体的には、あらかじめ取引所に登録した参加者は、リスク移転のニーズが発生した場合に、取引所のITプラットフォームを使ってその内容を掲示する。そして、別の参加者がその取引に興味をもった場合には、その旨を取引所を通じて連絡し、後は二参加者との間で、相対で取引内容を交渉することになる。その結果、交渉成立となれば、二参加者が直接に契約を締結することとなるという仕組みである[10]。

このように、カタストロフィ・リスク取引所は、シカゴ商業取引所のように標準品を上場して取引を行い、それを清算機関で決済するといった機能をもつ公式の取引所ではないが、複数の市場参加者のリスク移転ニーズとリスク引受けニーズを1カ所に集めて、それを組織立てたかたちで取引に持ち込む仲介を行うことを取引所の機能としている。したがって、カタストロフィ・リスク取引所は、さまざまな市場参加者のニーズをマッチさせる取引所取引のもつメリットをOTC取引に織り込んだハイブリッドな仲介機関であるということができる[11]。

もっとも、このカタストロフィ・リスク取引所の掲示板のファシリティを使って取引ができる参加者は、ニューヨーク州保険局に登録した保険会社と再保険会社、それに自家保険を行う企業に限定されている。その意味では、カタストロフィ・リスク取引所での取引参加者はOTCで行われる先物やオプションといった保険リスクを対象とするデリバティブよりも、より制限的であるということができる[12]。

カタストロフィ・リスク取引所には、こうした制約があるものの世界の保

---

[10] Ibid.
[11] Froot, K. A., (ed.) (1999) *The Financing of Catastrophe Risk*. The University of Chicago Press. p139
[12] Weber, C. (2011) *Insurance Linked Securities*. Gabler Verlag. p81

険・再保険会社等が数多く参加して、このところ取引は順調な成長を遂げている。この結果、現在では120にのぼる保険・再保険会社やブローカー等が年間40億ドルの取引を行っている[13]。

カタストロフィ・リスク取引所のプラットフォームを使って取引されている内容は、主として保険・再保険会社や企業が自己の保有する保険リスクを束ねて、それを地理的に離れたカタストロフィ・リスクと交換するカタストロフィ・スワップである。たとえば、フロリダのハリケーンによる損害リスクと、カンサスの竜巻による損害リスクを交換するといった取引である。このようなスワップ取引により、参加者は自己のポートフォリオがもつカタストロフィ・リスクの地理的な分散を図ることが可能となる。

こうしたスワップ取引では、リスクが等価である必要があり、リスク量とリスクの質が定量化、標準化されたうえで、それを100万ドルの単位で取引することとなる。カタストロフィ・リスク取引所は、リスクを地域と種類別に分類して、異なるリスクの比率を相対関係として情報提供している。たとえば、ロサンゼルスの地震リスクへのエキスポージャー 1単位はロングアイルランドの暴風雨リスクへのエキスポージャー 2単位に等しいといった具合である[14]。

なお、カタストロフィ・リスク取引所では、シカゴ商業取引所等にみられるように取引所の清算機構がすべての取引のクレジットリスクを引き受けるといったCCP（セントラルカウンターパーティ）機能を提供していないことから、カタストロフィ・スワップの取引当事者は相手方のクレジットリスクを背負うこととなる。

---

13 Ibid.
14 Borden, S., and Sarker, A., (1996) Securitizing Property Catastrophe Risk *Federal Reserve Bank of New York.*

第5章

CATボンド
（カタストロフィ・ボンド）

1 カタストロフィ・リスクと保険リンク証券

(1) 保険リンク証券とCATボンド

　保険が対象とするリスクを金融資本市場に移転する手法には、さまざまな種類があるが、そのなかで最も成功を収めているものが、保険リンク証券（Insurance Linked Securities；ILS）である。これは、元受保険会社が再保険会社に出再するという保険マーケットのなかでのリスク移転ではなく、より大きなキャパシティをもつ金融資本市場へのリスク移転である。

　このように、金融資本市場と保険市場とを結びつけるツールは、保険リスクをマーケットで取引される証券に織り込む証券化のかたちをとることが一般的となっているが、そのなかでも圧倒的な存在感をみせているのが、カタストロフィ・ボンド（Catastrophe Bond；災害債券）である。カタストロフィ・ボンドは、地震や台風等のカタストロフィ・リスクを証券化したものであり、一般的にCATボンドとかCAT債券と略称されている。

　1997年以降、日本の地震や台風といったカタストロフィ・リスクを対象にしたCATボンドが損害保険会社や企業によって発行されている。

　保険リンク証券には、このほかにも前述のコンティンジェント・サープラスノート（第3章7）やコンティンジェント・エクイティ（第3章8）等が含まれるが、CATボンドがきわめて大きなシェアを占めていることから、本章では、保険リンク証券の発展経緯やフレームワークをみた後に、CATボンドを中心に検討することとしたい。

(2) 証券化の発展経緯

　証券化とは、企業の資産や負債、キャッシュフローをバランスシートから取り外して証券にすることにより、第三者に移転することをいう。

　証券化は、保険業界にとっては比較的新しいコンセプトであるが、一般的な金融市場においては、数十年前から存在しているファイナンスのツールで

ある。ここでは、金融市場における証券化の経緯をみることとするが、このように従来から存在する証券化のフレームワークは、ほとんどそのまま保険リンク証券に適用されている。

米国における証券化市場の発展は、1970年代後半の米国住宅ローン市場（モーゲージマーケット）の資本不足がトリガーとなっている。すなわち、S&L（Savings & Loan Association；貯蓄貸付組合）では、当時の住宅ローン需要の大幅な増加に対応する方法を模索したが、その結果、個別の住宅ローン債権を束にして、その元利金支払いのキャッシュフローをバックにして証券を発行する手法が開発された。

その後、1980年代にウォールストリートの投資銀行が、資産をプールにしてこれを信託ビークルに移して、そのビークルがさまざまなリスク・リターン特性をもつ複数の証券を発行するスキームを構築した。そして、こうしたスキームをベースとして証券化マーケットが大きく発展をみたのが、住宅ローン債権をプールにしたRMBS（Residential Mortgage-backed Securities；住宅用不動産担保証券）であるが、その後、2000年代に入り、この証券化商品のデフォルトがサブプライム危機を引き起こすこととなった。また、RMBSが誕生した直後には、商業用不動産を担保としたCMBS（Commercial Mortgage-backed Securities；商業用不動産担保証券）も登場し、これに続いてMBSをプールにしたCMO（Collateralized Mortgage Obligation；担保モーゲージ債務証券）が開発された。また、その他売掛債権やリース債権等、証券化できるさまざまな資産が証券化され、これがABS（Asset-backed Securities；資産担保証券）となった。

さらに、1990年代央には、投資銀行がクレジットマーケットまで手を伸ばし、クレジットローンをプールにしたCLO（Collateralized Loan Obligation；担保ローン負債証券）や債券をプールしたCBO（Collateralized Bond Obligation；担保債券証券）を開発した。そして、このCLOとCBOをあわせてCDO（Collateralized Debt Obligation；担保負債証券）と呼んでいる。

保険リスクの証券化商品である保険リンク証券は、以上のような金融資産、負債の証券化が保険リスクに適用されたものである。ここから保険リン

ク証券は、金融技術が保険マーケットに活用されるというかたちで、金融資本市場と保険市場の融合を推進するドライバーになったということができる。

(3) 証券化のフレームワーク

　証券化の対象にはさまざまな種類があるが、ここでは一般の金融資産の証券化に共通する基本的なスキームをみる（図表5－1）。

　証券化では、まず、企業や金融機関が保有する各種の資産や負債を束ねて、その束を証券化を主要な目的とする器（vehicle）に譲渡する。このビークルは、一般に特別目的会社（Special Purpose Company；SPC）と呼ばれるが、必ずしも会社形態をとるわけではなく、信託等をビークルとして活用するケースもあり、そうした形態を含めてSPV（Special Purpose Vehicle；特別目的ビークル）という。

　SPVは、譲渡された資産等を裏付けとした証券を発行して、投資家に販売する。SPVが証券化を行うに際しては、投資家がもつさまざまなリスク・リターンの選好（preference）にマッチするようにキャッシュフローを組み替

図表5－1　金融資産の証券化のフレームワーク

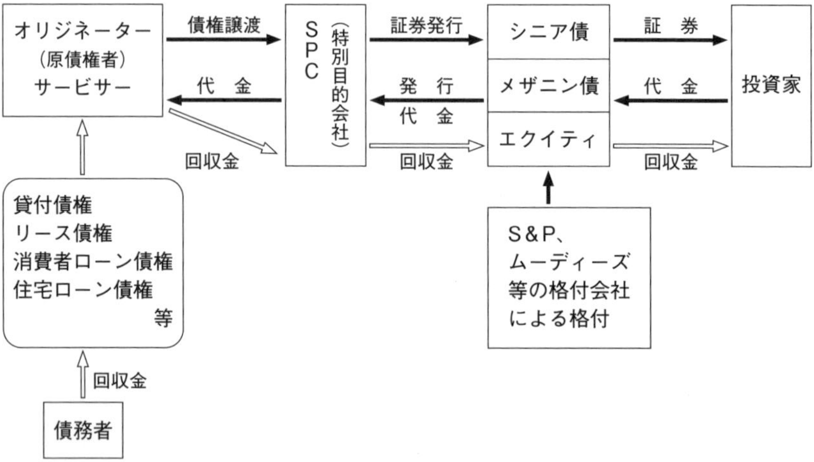

（出所）著者作成

えて、いくつかの種類の証券を発行、販売する。典型的には、キャッシュフローを優先的に受け取ることができるローリスク・ローリターンの証券（シニア債；senior bond）、キャッシュフローの受取りが他の証券に劣後するハイリスク・ハイリターンの証券（エクイティ；equity）、そして、その中間のミドルリスク・ミドルリターンの証券（メザニン債；mezzanine bond）が組成、販売される。

このように裏付資産のキャッシュフローの受取りに優劣の順位をつけるスキームを優先劣後構造といい、また、いくつかの証券にクラス分けすることをトランチング（tranching）、クラス分けされた各々の証券をトランシェ（tranche）という。ちなみに、トランシェはフランス語でスライス（切片）を意味する。

こうした証券化のスキームのもとで、原資産から払われるキャッシュフローは、優先劣後構造に従って優先度の高いトランシェから元本と金利の支払いに充てられる。

そして、原資産にデフォルトが発生すると、証券化商品を購入した投資家に渡るキャッシュフローに不足をきたす事態となる。そうした場合には、優先劣後構造が機能して、元利金はシニア債から優先的に支払われて、すべてのシニア債が充足すれば、次はメザニン債、そして、残りはエクイティに支払われることになる。このように優先劣後構造によると、ちょうど上のカップから水が注がれ、上のカップが一杯になったらその下のカップに流れるというようなかたちになることから、これを落水構造と呼ぶこともある。そして、デフォルト発生によって水にたとえられるキャッシュフローに不足が生じると、その信用リスクを被る最初のカップがエクイティとなる。

(4) 保険リンク証券の登場

1990年代に至って、保険分野に証券化技術が応用されることになり、これが一般的に保険リンク証券と呼ばれるようになった。保険リンク証券の仕組みは、基本的に金融資産を対象とした証券化商品と変わりはない。

保険リンク証券は、ハリケーンや地震といった自然災害に起因するカタス

トロフィ・リスクを対象としたものから始まり、現在もこれが主流を占めているが、その後、対象範囲をテロ、パンデミック（伝染病をはじめとする感染症の大流行）、生命保険、自動車保険、労災保険等にも拡大している。

保険リンク証券の発行主体は、保険・再保険会社や企業で、SPVを通じて証券を発行する。そして、保険リスクのイベントが発生してあらかじめ決めておいた金額や指数を超えた場合には、保険・再保険会社等の保険リスク証券発行主体は、投資家に対する元利金の一部またはすべての支払いを停止して、それを損失をカバーするための原資に充てることになる。

こうした保険リンク証券の活用によって、保険リスクは金融資本市場に参加する投資家に移転されることになる。この結果、保険セクターは大きなキャパシティをもつ投資家の資本を活用することが可能となる。

保険リンク証券は、保険市場を補完する以上、両者は相互に密接な関係をもっている。たとえば、保険市場がハード化したときには保険リンク証券の発行が活発化する傾向がみられる。

このように、保険リンク証券は、金融資本市場と保険市場を融合するというきわめて重要な役割を担っている。

保険リンク証券の発行主体は、保険リスクポートフォリオをもつ保険・再保険会社が大宗を占めていて、企業が直接保険リンク証券を発行するケースはさして多くはない状況にある。こうしたなかで、東京ディズニーリゾートの運営主体であるオリエンタルランドが発行したCATボンドは、企業が直接、資本市場に向けて発行した第1号のケースとして世界的に有名であるが、この点についてはあらためて後述（本章9(3)①）したい。

2 CATボンドとカタストロフィ・リスク

CATボンドマーケットは、1990年代前半に米国で発生したハリケーン・アンドリューや、ノースリッジ地震を契機に大きく成長した。

この結果、CATボンドは、保険と競合するというよりも、保険・再保険会社に対して、低頻度・高損害のリスクの再保険の引受けキャパシティを提

供するかたちで、保険・再保険の機能を補完している。

(1) CATボンドが対象とするカタストロフィ・リスク

CATボンドは、再保険ではハイレイヤーといわれる発生確率が100年に一度以下の低頻度のカタストロフィ・リスクをカバーするために発行されることが多い[1]。

CATボンドが対象とするリスクは、地震やハリケーン、台風、暴風が多いが、このうち、ハリケーン、台風を対象とするCATボンドは、米国の北東、大西洋、西インド諸島、ハワイや日本が多い状況にある。また、地震を対象とするCATボンドは、米国のカリフォルニア等と日本が中心となっているが、その他台湾、モナコを対象とするケースもみられる。

また、欧州では、暴風を対象としたCATボンドが大半を占めている。欧州におけるCATボンドマーケットの発展は米国よりも遅れていたが、1999年に仏、独、スイスを襲った冬嵐が当該諸国に180億ドルにのぼる巨額の損害を及ぼし、これがきっかけとなって2000年から欧州におけるCATボンドの発行が活発化した。こうした暴風を対象とするCATボンドは、欧州全域を対象としたものから、最近では英、仏といった単独国を対象とするものも増加している[2]。

(2) CATボンド発行のフレームワーク

① CATボンドの基本的なスキーム

以下では、CATボンドの基本的なスキームをみておきたい（図表5-2）。

まず、リスクの移転主体を「スポンサー」という。スポンサーは、保険・再保険会社や企業となる。

また、スポンサーからリスクの移転を受けて、これをもとにCATボンドを発行する主体を「特別目的ビークル」（SPV）とか、「特別目的会社」（SPC）

---

[1] Cummins, J. D., (2007) CAT Bonds and Other Risk-Linked Securities: State of the Market and Recent Developments. *Temple University*. pp4-5
[2] Carayannopoulos, P., Konavacs, P., and Leadbetter, Darrell., (2003) Insurance Securitization *ICIL Research Paper* 2003.1. p6

図表5-2　CATボンドのフレームワーク

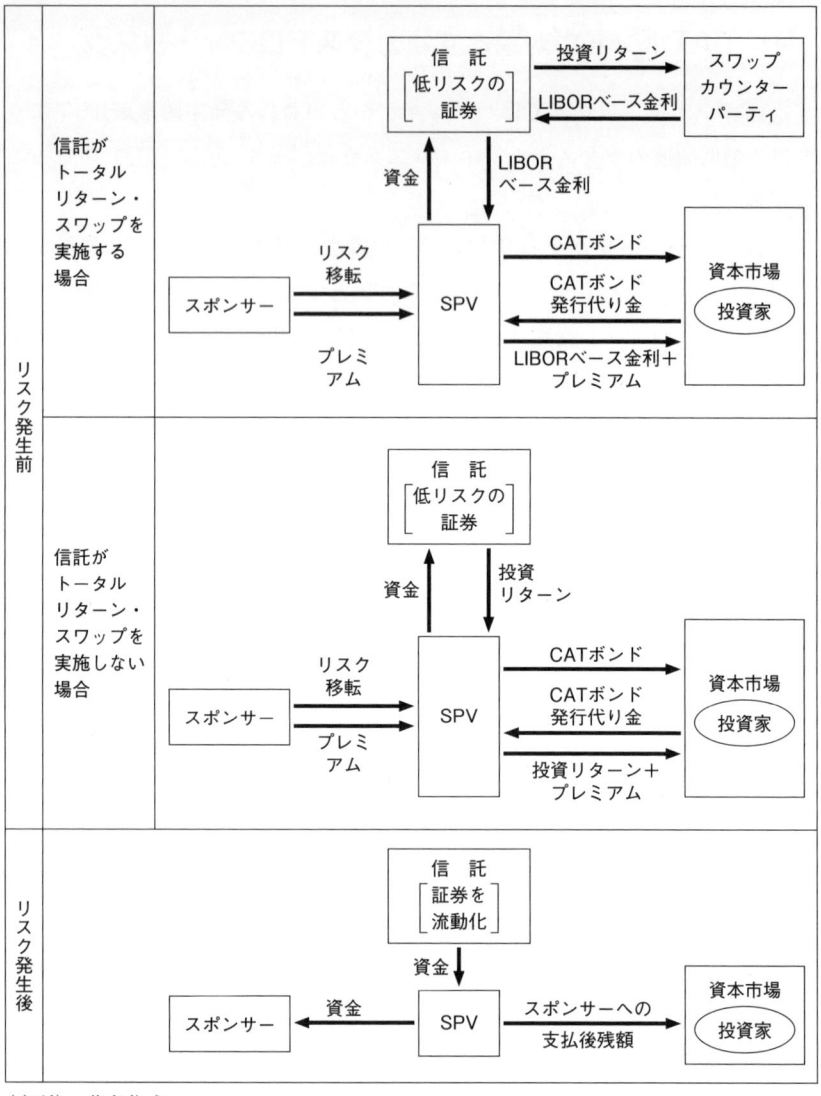

リスク発生前	信託がトータルリターン・スワップを実施する場合	スポンサー →リスク移転/プレミアム→ SPV ←資金→ 信託[低リスクの証券]、信託 →投資リターン/←LIBORベース金利→ スワップカウンターパーティ、SPV →LIBORベース金利、SPV →CATボンド/CATボンド発行代り金← 資本市場(投資家)、資本市場 →LIBORベース金利＋プレミアム
リスク発生前	信託がトータルリターン・スワップを実施しない場合	スポンサー →リスク移転/プレミアム→ SPV ←資金/投資リターン→ 信託[低リスクの証券]、SPV →CATボンド/←CATボンド発行代り金 資本市場(投資家)、資本市場 →投資リターン＋プレミアム
リスク発生後		スポンサー ←資金 SPV ←資金 信託[証券を流動化]、SPV →スポンサーへの支払後残額→ 資本市場(投資家)

（出所）著者作成

という。これは、CATボンドを発行するという特別の目的をもって設立されるビークル（器）ないし会社である。

そして、投資家が払い込んだCATボンドの発行代り金を管理するために、SPVのなかに、「信託」が設定される。信託は勘定にもつCATボンドの発行代り金等をレポや財務省証券、AAA社債等の低リスクの市場性証券で運用する。

　この運用の成果として信託勘定に入る利益は、スワップディーラーとの間でLIBORをベースとする変動金利に交換される。すなわち、信託は、スワップディーラーとの間でトータルリターン・スワップ（TRS）を組み、信託財産が生んだリターンを支払い、LIBORをベースとする変動金利を受け取ることによって、信託のリターンが市中金利に連動するようにする。これにより、CATボンドの期間中にCATボンドの投資家に定期的に支払われる金利は、LIBORをベースとする変動金利にスポンサーが支払うプレミアムを上乗せしたかたちで支払われることとなる[3]。

　もっとも、グローバル金融危機でリーマンブラザーズ証券が破綻してからは、スワップを使わないスキームがふえているが、この点については本項④であらためて述べたい。

　そして、CATボンドの期間中にトリガー・イベントに該当するリスクが表面化した場合には、SPVはあらかじめ決められた金額をスポンサーに支払う必要がある。SPVはこの資金手当のために、信託勘定に保有していた証券を売却して現金化し、その資金を引き出す。この結果、投資家はCATボンドから支払われる元本や金利の一部、または全額を失うこととなる。

　これに対して、CATボンドの期間中にリスクが表面化しなかった場合には、投資家は、元本と金利を受け取ることとなる。

　以上から、CATボンドは証券化の仕組みにオプションを組み込んだものであるということができる。すなわち、カタストロフィ・リスクをヘッジするCATボンドの発行サイドとなる保険・再保険会社や企業はオプションの買い手となり、リスクを引き受けるCATボンドへの投資家がオプションの

---

[3] Cummins, J. D., and Weiss, M. A., (2009) Convergence of Insurance and Financial Markets: Hybrid and Securitized Risk Transfer Solutions *The Journal of Risk and Insurance* 2009.1. p40

売り手となる。そして、オプションの買い手であるリスクヘッジャーは、CATボンドの投資家に通常の債券よりも高いクーポンをつけるというかたちでプレミアムを支払うことになる。

そして、CATボンドが発行された後にCATボンドのスペックであらかじめ決められた一定規模以上の災害が発生した場合には、CATボンドの元利金の支払いが減額またはゼロになるというかたちで、オプションの買い手であるCATボンドの発行主体は損失を補てんすることができ、逆にオプションの売り手である投資家は損失を被ることとなる。

この場合、オプションの権利行使価格は、CATボンドの元利金の支払いが減額またはゼロとなることを決定するトリガーとなる。

② CATボンドのスキームのバリエーションとSPVの機能

企業が、カタストロフィ・リスクを外部移転するためにCATボンドを活用する場合の基本的なスキームは、一般的に、次のステップを踏んで構築されることとなる。

① まず、企業は保険会社と保険契約を締結する。これにより、企業がもつリスクは保険会社に移転される。
② 次に、保険会社は、企業から移転されたリスクを、リスクの証券化を目的に設置されたSPVに移転にする。
③ そして、SPVはCATボンドを組成して投資家に向けて発行する。

この基本スキームのバリエーションとして、保険会社とSPVとの間の仲介役に再保険会社が入るケースが少なくない（図表5－3）。これは、保険会社が、カタストロフィ・リスクを再保険会社に出再して転嫁し、再保険会社は、これをSPVにシフト、そしてSPVはCATボンドを発行して、投資家がこれを引き受けるというスキームである。こうしたかたちをとる場合には、再保険会社は二つの機能を果たすことになる[4]。

すなわち、第一は、再保険会社がリスクを選別してSPVに移転することに

---

[4] Culp, C. L. (2002) *The Art of Risk Management.* John Wiley & Sons, Ltd. p470

図表 5 - 3　CATボンドのスキームのバリエーション

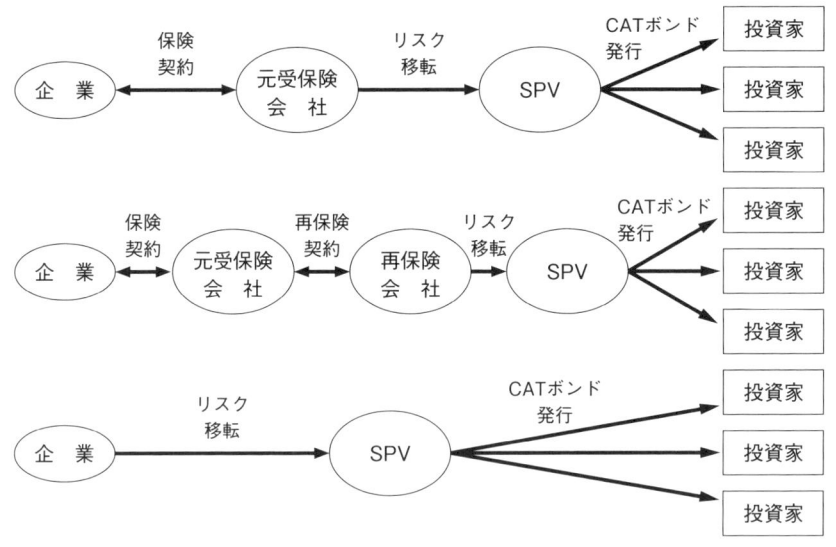

(出所)　著者作成

より、CATボンドのトリガーが発動されるイベントを、投資家のニーズにマッチするよう、カスタマイズする機能である。

　第二は、再保険会社が保険会社に対してはインデムニティ（実損）ベースで補償を行う一方、SPVへのリスク移転によるカバーはインデックスベースでの補償を受けるかたちにすることを可能とする機能である。こうすることによって、保険会社がベーシスリスクを負うことを避けながら、CATボンドの流動性と透明性を高めることができる。この場合には、再保険会社がベーシスリスク（本章3(2)参照）を負うことになる。

　CATボンドの発行タイプには、保険会社や再保険会社がSPVを通じて発行するほかに、企業がSPVを通じて直接発行するケースもみられる。この代表例として、オリエンタルランドによって発行された地震債券のケースがある。すなわち、東京ディズニーリゾートの運営主体であるオリエンタルランドにより発行された地震債券のケースでは、スポンサーであるオリエンタルランドが、直接SPVにリスクを移転するというスキームをとっている。しか

し、このように企業が資本市場に向けてCATボンドを直接発行したケースは、このほかに仏電力会社のEDFや、米ユニバーサルスタジオの経営主体であるVivendi、等があるだけで事例としては数少ない状況にある。

③　トランシェ

　CATボンドが登場した初期のスキームにおいては、大半がBB格付の1種類だけというかたちで発行された。

　しかし、その後に発行されたCATボンドは、リスクの大小に応じてクラス分けした複数のトランシェ（マルチ・トランシェ）に組成されるのが一般的となっている。

　こうしたトランチングにより、CATボンドの元利金の支払いに順位づけが行われ、CATボンドをリスク選好を異にする多くの投資家の投資対象に供することができる。たとえば、高いリスクをもったエクイティ・トランシェは高いリターンを投資家に提供するかわりに、いざカタストロフィ・リスクが現実のものとなった場合には、他のトランシェに先んじて元利金の受取りが減少、またはゼロになる。逆に、元本は極力確保したいとする投資家は、ローリスク・ローリターンのシニアトランシェに投資することになる。こうしたローリスク・ローリターンのトランシェは、格付会社から高い格付が得られる可能性があり、その場合には、高格付の債券への投資に限定されている機関投資家でもこれに投資することができる。

　もっとも、CATボンドマーケットが発展するにつれて、元本保証のトランシェをもたないタイプのCATボンドが大半を占めるようになった。これは、大半のCATボンドが巨大災害による損失を補償する目的をもつ以上、元本保証では発行者にとって補償が十分に得られなくなること[5]や、CATボンドが登場した当初の投資家はローリスク・ローリターンを選好する年金基金、銀行やミューチュアルファンド、マネーマネジャーが主体であったが、その後、高いリターンをねらう保険リンク証券専門ファンドやヘッジファン

5　Cummins, J. D., and Weiss, M. A., op.cit., p40

ド等がCATボンドへの投資家として大きな地位を占めるようになったことによる[6]。

　CATボンドのマルチ・トランシェは、1種類のペリルを対象としてそれによりリスクが異なる複数のトランシェから構成されるものから、最初のペリル発生で元利金の支払いに影響を受けるトランシェとその次のペリル発生で元利金の支払いに影響を受けるトランシェといった具合にリスクの現れるタイミングが異なるトランシェを複数発行するタイプまでみられる。さらに、複数のペリルを対象として各々のトランシェが異なる種類のペリルの発生で元利金の支払いに影響を受けるタイプも登場している。

　典型的なトランチング[7]をみると（図表5－4）、トランシェAは、CATボンドの発行主体が信用保証をするとか、銀行の信用状がつけられているもので、AAAかAAの格付となる。このように信用補完の手当をすることによって一定以上の格付でないと投資できない制約をもつ機関投資家のニーズにマッチさせることができる。

図表5－4　トランシェの構築例

トランシェの クラス	格付	トリガー発動により 元利金支払いへのインパクト
A （信用補完あり）	AAAまたは AA	元利金の毀損なし
B	Aまたは BBB	金利支払いなし
C	BBB	金利支払いなし 元本の支払い繰延べ
D	BBBまたは BB	金利支払いなし 元本の一部減額
E	BB	金利支払いなし 元本の全額支払いなし

（出所）　Banks, E. *Alternative Risk Transfer* p123をもとに著者作成

6　Culp, C. L., op.cit.
7　Banks, E. (2004) *Alternative Risk Transfer*. John Wiley & Sons, Ltd. p123

一方、トランシェBは、金利の支払いが行われないリスクがあり、一般的にAかBBBの格付となる。また、トランシェEは、元利金の支払いが全額行われないリスクがあり、BB以下の格付となる。

④　グローバル金融危機とCATボンド信託勘定の資産運用

　CATボンドの投資家は、災害が発生してCATボンドに設定されたトリガーが発動された場合に元利金の減額または全額支払いなしとなるリスクを負うことになるが、CATボンドの発行体の信用リスクにさらされることはない。このように、投資家が負うリスクはCATボンドが対象とするカタストロフィ・リスク以外のリスクから遮断されることとなり、この点、再保険会社の信用リスクを内包する再保険に比べるとCATボンドの構造は、投資家にとって大きな魅力となる。

　しかしながら、グローバル金融危機の発生により、四つのCATボンドがデフォルトを起こした。そして、このいずれもが、スワップカウンターパーティにリーマンを使っていて、担保資産の価格下落とリーマンの破綻がダブルパンチとなって、CATボンドのデフォルトにつながったものである[8]。

　前述のとおり、CATボンドの発行代り金は、リスクの低い債券で運用される。そして、その債券が生む運用リターンは不安定であることから、従来は、これをLIBORをベースとするリターンに交換するトータルリターン・スワップを結ぶのが一般的なかたちであった。このトータルリターン・スワップの対象は、高格付の債券が選択される。そして、トータルリターン・スワップを締結するカウンターパーティは、投資の名目元本を保証することとなる。

　したがって、CATボンドの投資家は、信託勘定が行うスワップのカウンターパーティの信用リスクと信託勘定が運用する債券の信用リスクないし価格変動リスクを負うこととなる。そして、この双方のリスクがリーマンショックで表面化することとなった。

---

[8]　Blessing, S., (2011) *Alternative Alternatives*, Wiley & Sons, Ltd. p76

こうしたクレジット危機の後、CATボンドの発行主体では、CATボンドの構造がもつリスクを抑制する策を講じるケースが目立っている。
　具体的には、信託の資金運用は、信用リスクをもったトータルリターン・スワップではなく、米国財務省短期証券（TB）や政府保証証券等への投資にシフトする動きが顕著となった。これにより、投資家のリターンはLIBORのリターンからTB等のリターンに低下することになるが、多くの投資家はこれを信用リスクが減少する対価として甘受している。実際のところ、クレジット危機以降のCATボンドは、TBや世界銀行発行債券等を運用対象としているケースが増加している（図表5－5）。
　また、たとえ従来のCATボンドのように信用リスクをもったトータルリターン・スワップ等のスキームを踏襲している場合でも、スワップカウンターパーティの入替手続の設定や、デフォルトの場合には取引の巻返し（アンワインディング）により投資家やスポンサーの利益を守るとか、米国破産法のもとにおいて伝統的なスワップ取引よりも有利な扱いを受けるレポ取引

図表5－5　CATボンドの信託の資産運用対象

運用対象	割合（%）
米国財務省証券MMファンド	69
仕組み債	16
三者間レポ	10
トータルリターン・スワップ	5

（注1）　2012年6月末のCATボンド発行残高を対象。
（注2）　三者間レポ（Tri-party Repo）とは、レポ取引にクリアリングバンクが介在して担保管理等を行うスキームのレポ。
（出所）　スイス再保険会社の資料をもとに著者作成

を採用するケースがみられる。さらに、こうした信用リスクをもった構造のもとで許容される投資対象をきわめて保守的なものとすることに加えて、毎週または毎日、時価評価して資産価値が減少した場合には当初の水準までこれを補てんする義務を課するといった条件を付すことが標準的なかたちとなっている。

(3) CATボンドの特性

　CATボンドの発行体にとっては、なんといっても保険・再保険市場がハード化したときにCATボンドを発行することにより、弾力的なリスクマネジメントが可能となる点が大きなメリットとなる。

　また、CATボンドは、テイラーメードで組成されることから、発行主体のニーズに応じて、自由に仕様を設計することができるといった特徴がある。具体的には、後述（本章(4)）のとおりCATボンドの元利金支払条件を決定するトリガーをいくつかの選択肢のなかから選ぶことができるほか、リスク発生の対象期間を１年とするか複数年とするか、また、カバーするカタストロフィ・リスクの種類を単一のものとするか複数とするか等、さまざまなスキームを構築することができる。さらに、CATボンドでは、災害による建物の損傷等の直接的な被害のほかに、サプライチェーンの寸断に伴う原材料や商品の入荷難による操業停止とか、交通網寸断に伴う来客数の減少等による間接損害に基因するオポチュニティ・コストを補償することも可能となる。

　このように、CATボンドでは、発行体のリスクヘッジのニーズをきめ細かく汲み取った商品設計が可能となる特性をもっている。

3　保険・再保険とCATボンドの比較

　保険会社が引き受けたリスクを外部に移転する場合には、出再して伝統的な再保険を掛けるか、保険リンク証券を発行してリスクを移転するかの選択肢がある。また、一般企業も同様にカタストロフィ・リスクに保険を掛ける

か、保険リンク証券を発行するかを選択することが可能である。

ここでは、保険リンク証券を代表するCATボンドの特徴を、伝統的な保険によるリスク移転手法との比較でみることにしたい。なお、これは基本的に後述の天候デリバティブと保険との比較にも共通するものである。

(1) キャパシティの大きさ

カタストロフィ・リスクを元受保険会社が引き受けたときには、そのリスクの大きさから、通常、その一部または全部を再保険に出再することになる。しかし、再保険会社の引受けキャパシティにも限度がある。特に、日本のような地震や台風といったカタストロフィ・リスクの発生確率が高い国に対しては、保険の引受けエキスポージャーは厳しく制限されていることが一般的である。

一方、資本市場では、不特定多数の投資家が、進んでリスクを取ることにより、リターンの獲得をねらう投資活動を展開している。そのなかで、株式や債券等の金融資産とは異なるリスク・リターンプロファイルをもつCATボンドは、大規模なポートフォリオを運用する投資家にとって魅力のある資産クラスとして潜在的なニーズが強い。特にカタストロフィ・リスクのような巨額の損失につながるリスクについては、こうしたニーズに応えるために、証券化技術の活用で、投資家の選好にマッチするかたちでリスクを小口化して移転することができる。

このように、資本市場の活用によってカタストロフィ・リスクの引受けキャパシティは格段に拡大し、ひいては保険・再保険市場のプレミアムの循環的な変動を軽減、回避することが期待できる。

(2) 実損てん補とベーシスリスク

保険契約は、顧客が一定の保険料を支払う見返りとして、保険が対象とするイベントが発生して顧客が損害を被った場合に保険会社があらかじめ保険契約で決められた保険金を支払うことを内容とする顧客と保険会社との間の契約である。このように、保険契約は、実際に発生した損害額に見合った金

額を保険金として支払うことを基本とする実損てん補（indemnity；インデムニティ）を原則とする。

　これは、保険はあくまでも顧客の損失をカバーする目的のために活用されるべきものであり、保険が投機を行うツールに用いられることを防ぐ趣旨に基づく原則である。

　また、保険契約を締結するためには、リスクが発生したら損害を被る可能性がある保険対象が存在することが必要である。これも、保険が投機のツールとならないようにするための原則である。

　一方、CATボンドでは、後述（本章6(7)）のとおり、初期においては実損てん補を内容とするものが大半を占めていたが、その後、リスクの引受け手となる投資家のニーズを汲み取るかたちで、客観的な指数をトリガーとするCATボンドも増加してきている。こうしたCATボンドでは、逆選別やモラルハザードは回避されるかわりに、CATボンドの発行主体は多かれ少なかれベーシスリスクをもつことになる。

　なお、逆選別とモラルハザードについては別項（本章6(2)）で詳しく検討することにして、ここでは、CATボンドに関連づけて、ベーシスリスクを含む三つのコンセプトについて、ごく簡単に触れておく。

　まず、「逆選別」は、保険会社が引き受けたさまざまな保険のうちでリスク（保険金支払い）とリターン（保険料収入）のバランスが悪く、保険会社にとって収益圧迫要因になるおそれのある保険契約を抜き出して、それだけを外部に移転して証券化するという問題である。逆選別が存在するおそれがあると、投資家は、CATボンドへの投資を躊躇することになる。

　一方、「モラルハザード」は、CATボンドの発行主体であるスポンサーが、CATボンド発行によりリスクヘッジを行う以上、あえてコストをかけてリスク削減の自己努力をする必要がないとして、いわばリスクを丸投げのかたちで移転してしまう問題である。前述（第1章3(3)①）のとおり、リスク移転は、リスクコントロールによるリスクの削減努力によって残存したリスクを移転することが基本的なステップとなるが、こうしたモラルハザードがリスクのヘッジ主体のサイドに存在すると、この基本が崩れることになっ

てしまう。

　また、「ベーシスリスク」は、リスク発生により被るキャッシュ・アウトフロー（実損額）とヘッジ取引から得られるキャッシュ・インフロー（受取額）とが一致しないことをいう。ベーシスリスクは実損額＞受取額というかたちで発生することもあれば、逆に実損額＜受取額というかたちで発生することもある。

(3) 決済のタイミング──支払い即時性

　実際にカタストロフィ・リスクが発生した際には、企業はとにかく資金の早期確保により、危機発生後の対応を迅速に行う必要に迫られることになる。

　しかし、保険では、リスク発生と損害との間の因果関係の存在の確認が必要なほか、因果関係が認められた場合には実損額の査定作業が行われる。したがって、保険では、一般的にリスクが発生してから保険金の支払いまで時間がかかることとなる。

　これに対して、CATボンドのトリガーに客観的な指標を採用するケースでは、リスクを測定する指標が一定の水準に達した場合には自動的に支払いが行われることから、リスクが発生してから保険金の支払いまでにさして時間を要しない。

　したがって、特に日々のキャッシュフローに大きく依存している業種では、こうしたトリガーがついたCATボンドの活用により、企業の資金ニーズが早急に満たされるメリットを期待することができる。

(4) リスクヘッジ期間

　CATボンドを伝統的な災害保険・再保険に比べた場合の特徴の一つは、保険・再保険によるリスクカバーの期間が原則として１年であるのに対して、CATボンドは複数年にまたがるリスクヘッジが可能な点である。

　保険によるリスクヘッジでは、アンダーライティング・サイクルと呼ばれる保険マーケットのハード化とソフト化の循環が、需要の強弱によって発生

し、これにより保険のプレミアムが大きく変動するケースがみられる。したがって、たとえ保険を掛けるときのプレミアムが低い水準にあっても、それをロールオーバーする時点にハードマーケット化している状況にあれば、プレミアムの支払いがかさむおそれがある。

しかし、CATボンドは、複数年にわたるリスクをカバーする仕様に設計が可能であることから、アンダーライティング・サイクルによるプレミアムのボラティリティを回避できるという大きなメリットをもっている。そして、この結果、CATボンドの発行主体は、リスクヘッジ・コストの安定化を図ることが可能となる。

(5) 信用リスク

カタストロフィ・リスクが発生した場合は、保険・再保険会社は巨額な保険金の支払いを迫られることになり、場合によっては、保険金の支払不能に陥るケースが出ることも考えられる。すなわち、企業は保険を掛けてリスクを移転しても、リスク移転先の保険会社の信用リスクを負うことになる。

これに対して、CATボンドでは、実際にカタストロフィ・リスクが発生する前に投資家からCATボンドの発行代り金が払い込まれるスキームとなっている。そして、その資金は、信託により低リスクの資産に運用されている。したがって、CATボンドは、基本的に信用リスクは極小化された仕組みとなっている。

もっとも、多くのCATボンドでは、投資家に支払うキャッシュフローを変動金利にするために第三者との間でトータルリターン・スワップ取引を行うスキームを採用した。このスワップ取引により、CATボンドの発行代り金とその運用益、ならびにプレミアムは、実質的にスワップのカウンターパーティにより保証されることとなる。したがって、投資家はこのスワップ取引のカウンターパーティにかかわる信用リスクを負うことになるが、有力な投資銀行がカウンターパーティになることが多く、実際のところカウンターパーティリスクが問題視されることはなかった。

しかしながら、前述（本章2(2)④）のとおり、2007～2008年のクレジット

クランチ（信用収縮）時やリーマンブラザーズ破綻の際には、CATボンドのフレームワークに潜在していたこうしたリスクが表面化することとなった。

(6) リスクのヘッジコスト

保険会社にとって、再保険は伝統的なリスクヘッジ手段であり、再保険会社との間の長い取引関係のなかで繰り返し再保険契約を締結してきた経歴がある。したがって、再保険会社にとっては、このような取引基盤の構築の過程で蓄積した情報から、カウンターパーティとなる保険会社が抱えるポートフォリオのリスクの内容についても十分な知識をもっている。こうしたことから、保険会社と再保険会社との間の個々の再保険契約の手続も多大なエネルギーとコストを要することなく、締結することが可能となる。

これに対して、CATボンドは、リスクの移転という機能自体は基本的に再保険がもつ機能と同じであるが、CATボンドの発行にあたっては、CATボンドのフレームワークの構築、そのためのリスク分析、さらには格付会社の格付、投資家への情宣等、多大なエネルギーとコストを要することとなる。もっとも、CATボンドは、複数年にわたるリスクをカバーすることが多く、したがって1年当りでみた発行コストはその分、抑制されたものとなる。

4 CATボンドマーケットの動向

カタストロフィ・リスクを証券化したCATボンドは、紆余曲折を経ながらも、金融資本市場と保険市場を結びつける代表的な商品として着実な発展を遂げてきた。この結果、CATボンドマーケットは、その規模としては決して大きくはないものの、保険・再保険を補完するリスクファイナンスのソリューションとして、その存在感を高め、現状、保険リスクヘッジのための必要不可欠なツールとしてのステータスを揺るぎないものとしている。

(1) CATボンドマーケットの推移

　CATボンドは、1990年代央に発生した再保険市場のハード化の時期に、保険リスクを金融資本市場に移転する商品として登場した。すなわち、1990年代前半に米国で発生したハリケーン・アンドリューや、ノースリッジ地震による巨額損失により再保険市場のキャパシティは限られたものとなり、この結果、再保険市場のプレミアムは高騰した。こうした保険市場の状況を背景として、1994年、CATボンド第1号がハノーバー再保険会社により組成された[9]。

　そして、その3年後の1997年に米国軍人とその家族向けの保険を提供するUSAA（United Services Automobile Association）が発行したCATボンドが大成功を収めて以降、1998年から2001年にかけてCATボンドは、年に約10件、総額10億～20億ドルの規模で安定裡に発行された。その後、2001年9月11日の米国同時多発テロ事件により再保険市場のキャパシティ不足が深刻化して、それ以降、CATボンドの発行高は趨勢的に増加することとなった。

　さらに、2005年のハリケーン・カトリーナ襲来による再保険市場のハード化から、CATボンドの発行高は2006年に57億ドルと著増し、その翌年の2007年には85億ドルと既往ピークを記録した。これは、10年前にUSAA発行のCATボンドが成功を収めた年の発行額の7億ドルに比べると、実に10倍を超える規模となる。

　この結果、CATボンドの発行残高は、2005年末に64億ドル、2006年末に101億ドル、そして2007年に既往最高の173億ドルを記録した（図表5－6）[10]。

(2) グローバル金融危機後のCATボンドマーケット

　今次グローバル金融危機に際しては、投資家が資金を低リスクの商品にシフトする「質への逃避」の動きを強めたことから、CATボンドへの需要が

9　Weber, C. (2011) *Insurance Linked Securities*. Gabler Verlag. p117
10　Bisping, M., and Louis, J., "Managing risk in an uncertain climate" Swiss Re2012.12.3 p4

図表5－6　CATボンドの発行高と残高推移

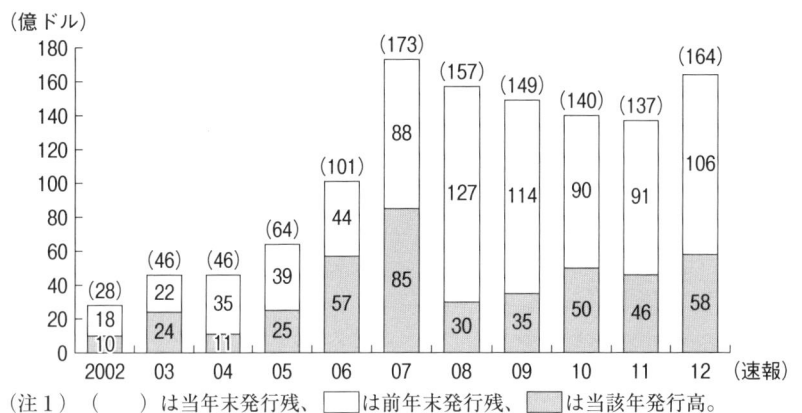

(億ドル)

年	前年末発行残	当該年発行高	当年末発行残
2002	10	18	(28)
03	24	22	(46)
04	11	35	(46)
05	25	39	(64)
06	57	44	(101)
07	85	88	(173)
08	127	30	(157)
09	114	35	(149)
10	90	50	(140)
11	91	46	(137)
12 (速報)	106	58	(164)

(注1)　(　)は当年末発行残、□は前年末発行残、■は当該年発行高。
(注2)　数字は生命リスクを対象とするCATボンドを含む。
(注3)　artemis.bmによれば2012年の発行高(確報)は63億3,900万ドル。
(出所)　スイス再保険会社の資料をもとに著者作成

後退し、この結果、2008年にはCATボンド発行額は、30億ドルとピークを記録した前年の85億ドルに比して65％の減少となった。そして、この大半が年前半の発行であり、年後半に予定されていた発行が延期されるといった事態に陥った。

これには、サブプライム関連商品をはじめとする証券化商品全般の取引不調に加えて、CATボンドのフレームワークがもつリスクの表面化も大きく影響している。すなわち、前述（本章2(2)④）のとおり2008年9月のリーマンショックにおいて、リーマンがCATボンドの信託が行うスワップ取引のカウンターパーティになっていたケースがあり、この結果、CATボンドがリーマン破綻の影響を受けたことに加えて、安全資産で運用されていた担保が毀損するという事態も発生し、担保資産の選別とその運用方法に大きな問題を残す結果となった[11]。

さらに、伝統的な再保険市場がソフト化してプレミアムが低水準であったことも、こうしたCATボンド発行不調につながることとなった。この結果、

11　Barrieu, P., and Albertini, L., (2009) *The Handbook of Insurance-Linked Securities*, John Wiley & Sons, Ltd. p130

2008年末の発行残高は、ちょうどその年にいくつかのCATボンドが償還期を迎えたことも重なって、既往最高を記録した前年の173億ドル比1割減の157億ドルとなった。

一方、CATボンドの流通市場をみると、2008年10月には、機関投資家がポートフォリオの調整からCATボンドを大口ロットで売りに出す動きが顕著になった。特に、それまでCATボンドへの投資に傾斜していたヘッジファンドが、最終投資家の資金引揚げによりファンドから大量の資金流出があったことと、金融危機によりファンドが保有していたポートフォリオの損失が多額にのぼり、このためデレバレッジを余儀なくされたこと等から、CATボンドの売却に走るケースがみられた。

この結果、CATボンドの流通市場では、2008年秋に市場参加者が売値を下げて相場は軟化したが、株式や他の証券化商品にみられるような価格の大幅な下落はみられなかった[12]（図表5−7）。ちなみに、スイス再保険会社が

図表5−7　グローバル金融危機前後の保険リンク証券のパフォーマンス

(単位：％)

対象地域	2007年	2008年	2009年
アジア・太平洋	9.54	3.55	8.72
欧州	11.19	4.23	9.94
マルチ・ペリル	10.96	4.99	10.65
北米地震	11.44	3.14	13.70
北米ハリケーン	12.88	3.19	12.29
合　計	11.35	4.16	10.97
ベンチマーク			
3〜5年米財務省証券	9.83	12.21	−0.76
3年米社債BB+	5.18	0.95	19.61
S&P500	5.60	−37.00	26.47
ABS 3〜5年固定利付債	1.75	−18.15	23.92
CMBC 3〜5年固定利付債	6.76	−10.89	28.22

（出所）　Aon Benfield Securitiesをもとに著者作成

12　Ibid.

公表しているCATボンド指数は、ピークの172からリーマンの破綻後には168へと下落、2009年10月には165まで低下したが、その後は、緩やかな上昇に転じている[13]。

　2009年発行のCATボンドは、前年にみられた発行、流通市場の状況を背景にして、以前よりも厳格な担保設定となった。すなわち、以前はCATボンドの信託勘定が投資銀行等との間でトータルリターン・スワップを行うことが一般的であったが、前述（本章2(2)④）のとおり、スワップ取引を取りやめるケースが増加した。また、信託の投資対象も、TMMF（Treasury Money Market Fund）といった米財務省短期証券等の安全資産が中心となっている。ちなみに、三井住友海上が2012年に発行した台風リスクを対象とするCATボンドでは、投資家のリターンはTMMF+375bpに設定されている。

　こうしたCATボンドのスキームに対する安全性確保の努力もあって、2008年8月から12月まで途絶えていたCATボンドの発行は2009年になって再開された。そして、2009年1－4月のCATボンドの発行は、それまでの中断による潜在的な発行需要の増加が顕現化したことから、高水準の発行高となった（図表5－8）。また、CATボンドの発行高は、その後も回復傾向を示し、2010年の発行高は50億ドルと金融危機で落ち込んだ2008年比6割強

図表5－8　リーマンショック前後のCATボンド発行状況

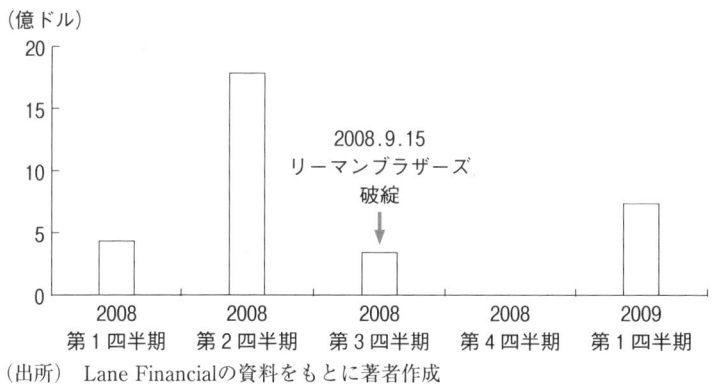

（億ドル）

期	発行高
2008 第1四半期	約4
2008 第2四半期	約18
2008 第3四半期	約3（2008.9.15 リーマンブラザーズ破綻）
2008 第4四半期	0
2009 第1四半期	約7

（出所）　Lane Financialの資料をもとに著者作成

---

[13] http://www.swissre.com/

の増加を示現した[14]。そして、2012年（速報）には、58億ドルの発行高[15]と、既往最高を記録した2007年の発行高85億ドルに次ぐ規模となり、この結果、2011年末の発行残高も2007年の既往最高の173億ドルに迫る164億ドルとなった。また、2012年の発行件数は26件（前年23件）、1件当りの発行高は2億2,400万ドル（前年1億9,000万ドル）と、いずれも前年比増加している。

5　カタストロフィ・リスクとモデルの構築

(1)　カタストロフィ・モデルの発展経緯

　カタストロフィ・リスクは、発生確率がきわめて低いテイルリスクのカテゴリーに属するものである。こうしたテイルリスクを予測し、それに的確な価格づけを行うことは、たとえば自動車保険の保険料を設定するよりもはるかにむずかしい。すなわち、カタストロフィ・リスクは発生確率が低いために過去における損失データが少なく、したがって、通常の保険数理的な手法をカタストロフィ・リスクの推計に応用することは適当ではない。さらに、時間の経過とともにリスクにより被害を受ける対象やその環境が大きく変化するために、既往のデータを将来の損失の推計に活用するにはおのずから制約がある。

　こうした背景から、カタストロフィ・リスクの発生確率と損失の推計には、伝統的な保険数理による推計ではなく、カタストロフィ・モデル（CATモデル）を使ったアプローチが導入された。

　従来から、高頻度・低損害のリスクが金融上どのような影響を及ぼすかを推計するモデルは、各産業分野で活用されてきている。しかしながら、低頻度・高損害のカタストロフィ・リスクを定量化するためにモデルが活用され

14　Deutsche Bank Research p13
15　スイス再保険会社の速報。なお、ARTEMIS（http://www.artemis.bm/）は、2012年末にAIGの子会社であるNational Union Fire Insuranceが米国のハリケーンと地震リスクを対象とした4億ドルのCATボンドを発行したことから、2012年の発行高は63億3,900万ドルに達したと報じている。

るようになったのは、比較的最近のことである。

具体的には、カタストロフィ・モデルは、1970年代にもっぱら自然災害が電力・天然ガスプラントやダムにどのような影響を及ぼすかを推計するために開発されたが、これが本格的に使用されるようになったのは、1990年代に入って保険会社や再保険会社がハリケーン・アンドリュー、ノーリッジ地震等のカタストロフィにより大きな影響を被って以降のことである[16]。

すなわち、1992年にハリケーン・アンドリューが襲来した当時は、カタストロフィ・モデルは開発途上にあり、保険業界がこれを本格的に活用できる水準に到達していなかったことから、一般的に、過去のデータにより先行きの保険金の支払予想を行い、その結果をベースとして保険料率を設定する手法がとられていた。

この手法によると、たとえば、ハリケーンによる保険会社へのコストを推計するために過去30年間のハリケーンによる損失データの平均をベースにするというように、過去のデータに沿ったかたちでの損失が将来も発生することを前提とした保険料の設定になる。これは、人口や建物分布も一定で、建物の構造も過去30年間と変わらないことを前提条件とすることになるが、こうした前提は、1992年のハリケーン・アンドリュー襲来による被害状況から大きな過ちであることが明らかとなった。具体的には、過去のデータとして使用した30年間（1960〜1990年）のハリケーンの年平均襲来件数は、それ以前の100年間にフロリダに襲来したハリケーンに比べると格段に少なく、また、1900年代後半にはハリケーンの影響を受けやすい海岸近くに人口が急増し、それによる住宅建設もとても堅牢なものとはいえない物件が目立った[17]。

こうしたことから、ハリケーンによる損失額の推計も著しく過小評価されることとなり、数理手法により過去のデータをもとに保険料を設定してカタストロフィ・リスクの引受けを行っていた保険業界は、ハリケーン・アンドリューの襲来によって大きな損失を被った。

16　Banks, E. (2005) *Catastrophe Risk*. John Wiley & Sons, Ltd. p49
17　Lane, M., (ed.) (2002) *Alternative Risk Strategies*. Risk Books. p271

実際のところ、このハリケーン・アンドリューによる損失の結果、保険会社が相次いで破綻し、大手保険会社では、保険料率の大幅上昇をするとか、マーケットから事実上撤退することを検討するケースもみられた[18]。

　このような苦い経験から、保険業界にとって必要とされるのは、過去のカタストロフィ・リスクのデータ分析ではなく、将来発生が見込まれるリスク分析であることが実証された。また、そうしたリスク分析に際しては、発生頻度や風速、最大瞬間風速、建物の脆弱度等、さまざまな数値は相互に独立した変数ではなく、相関性をもって将来の損失規模にインパクトを与える点を考慮する重要性があらためて認識され、結局、これがカタストロフィ・モデルの本格的な開発・活用につながることとなった。

　こうしたカタストロフィ・モデルの開発は、折から進行中の産業界のリスクマネジメントの進展や、コンピュータの能力向上によるシミュレーション分析の精緻化、さらには損失データの収集と分析能力の向上とタイミングが一致した。

　このような背景のもとで、最初に開発されたカタストロフィ・モデルは、ハリケーン・アンドリュー級の巨大カタストロフィ・リスクの発生を想定して、フロリダ・東海岸に襲来するハリケーンを対象としたものであった。そしてこれに続いて、カリフォルニアの地震、日本の地震と台風、欧州の暴風、米国の竜巻を対象としたモデルが次々と開発された。また、その後も米国と欧州の洪水、地中海地区や中東、カナダ、ラテンアメリカの地震、さらに豪州、ニュージーランド、東南アジア、台湾、中国といった地域を対象にしたカタストロフィ・モデルが開発されている。

　そして、こうしたCATモデルは、ARTマーケットにおけるCATボンド等の保険リンク証券のリスク分析のほかに、保険業界のリスクの引受けやリスクの移転、保険金請求の審査、モニタリング、ポートフォリオのリスク管理等に活用されている。

　現在では、さまざまなモデル設計会社が顧客に対してカタストロフィ・エ

18　Ibid.

キスポージャーを推測するのに必要なツールを提供している。こうしたモデル設計の代表的な会社としては、ボストンのアプライド・インシュアランス・リサーチ（AIR）、カリフォルニアのリスクマネジメントソリューションズ（RMS）やEQEインターナショナル社（EQECAT）等があるが、このなかでもAIRのモデルを採用したCATボンドが数多くみられる。

(2) 決定モデルと確率モデル

カタストロフィ・モデルの開発は1990年代以降、進化を続け、この結果、決定モデルから確率モデルへと大きく転換し、現在では大半のモデルが確率モデルとなっている。

ここで、決定モデルとは、過去のデータと限られた数のシミュレーションを現有のポートフォリオに適用して予想損失額を推計する手法を意味する。これに対して、確率モデルは、膨大な数にのぼるシミュレーションと物理的、科学的なアルゴリズムを使用してポートフォリオの損失の確率分布を導出する手法を意味する[19]。

数多くの変数からなるカタストロフィ・リスクを的確に推測するためには、限られた数のパラメータを使用して、将来の損失リスクをシミュレーションする決定論的な方法では、おのずから限界がある。したがって、現在のカタストロフィ・モデルでは、一般的に多くの損失パラメータをランダム変数として使用する確率論的な方法が採用されている。また、モデルによっては、より精緻な結果を導出するために、パラメータの要素ではなくストキャスティックの要素を活用している例もみられる。

こうした確率モデルを活用することによって、一定の数値を超える確率（アタッチメント確率）や、損失が上限を超える確率（イグゾーション確率）、それにアタッチメントとイグゾーションの間の当該リスクに対する期待損失をアウトプットすることが可能となる。

そして、確率モデルのユーザーは、過去のリスク発生の経験値にとらわれ

---

[19] Ibid., p273

て推計するのではなく、自己が置かれた環境において、発生の頻度と発生した場合の平均的な損失や、最大損失をより現実的なかたちで推計することができる。

このような数値の導出手法は、金融資本市場におけるデフォルト確率と回収率の導出に類似している。そして、カタストロフィ・モデルは、保険市場のリスクと金融資本市場のリスクの橋渡しとなって、CATボンドを社債と同じように格付の対象にすることができるという重要な役割を果たしている。なお、CATボンドの格付についてはあらためて後述（本章7）することとしたい。

保険業界は、こうしたモデルの活用によりカタストロフィ・リスクの引受けプロセスを大幅に向上させることが可能となった。現に2004年、ハリケーンが立て続けにフロリダを襲ったが、それでも支払不能に陥った保険会社は1社にとどまった[20]。

カタストロフィ・モデルのユーザーは、その多くが保険会社や再保険会社であるが、大規模の施設を抱えて先進的なリスクマネジメントを展開している大手企業も、こうしたモデルを活用してリスクの保有、移転の判断とリスクのプライシングを行っている。また、政府関係機関の間でもカタストロフィ・モデルを活用するケースが現れている。

(3) カタストロフィ・モデルの構築の骨組み（図表5－9）

① カタストロフィ・イベント発生の評価

カタストロフィ・モデルの構築にあたっては、まず、ペリルとハザードの評価を行う必要がある。たとえば、地震では、地震の規模、震源地からの距離、頻度等といった一般的な尺度により地震を予測することになる。

カタストロフィ・リスクは、複雑であり、その特性は多くの種類の変数を使って分析する必要がある。主要なカタストロフィ・モデル設計会社は、種々のソースからこうした変数に関連する科学的データや過去のデータを収

---

[20] Kunreuther H. C., and Michel-Kerjan, E.O. (2009) The Development of New Catastrophe Risk Markets *University of Pennsylvania.* p121

図表5－9　カタストロフィ・モデルの骨組み

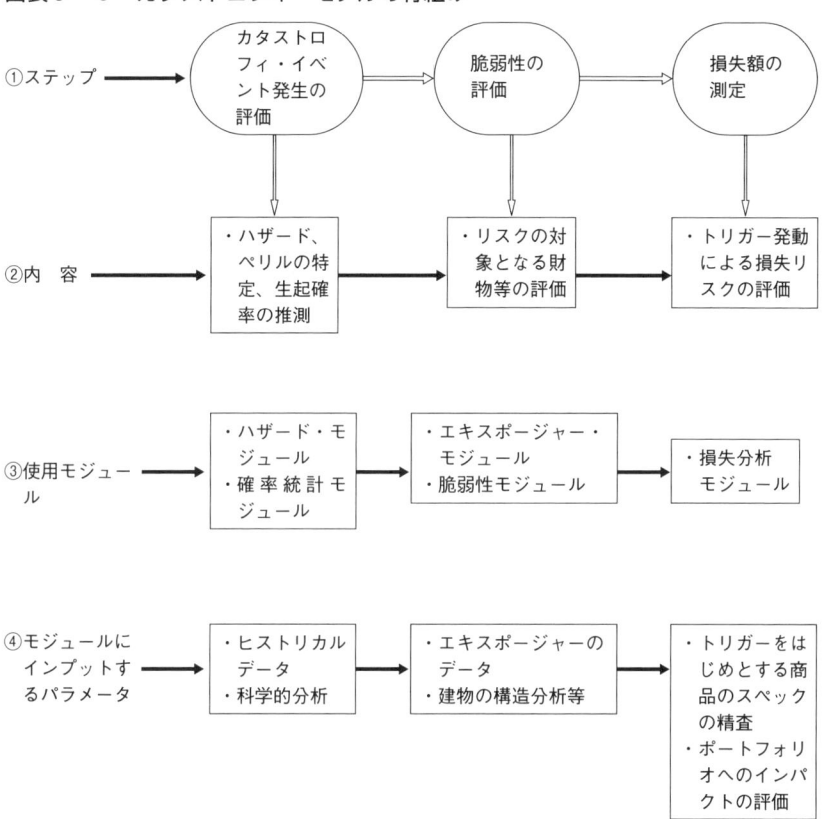

①ステップ	カタストロフィ・イベント発生の評価	脆弱性の評価	損失額の測定
②内容	・ハザード、ペリルの特定、生起確率の推測	・リスクの対象となる財物等の評価	・トリガー発動による損失リスクの評価
③使用モジュール	・ハザード・モジュール ・確率統計モジュール	・エキスポージャー・モジュール ・脆弱性モジュール	・損失分析モジュール
④モジュールにインプットするパラメータ	・ヒストリカルデータ ・科学的分析	・エキスポージャーのデータ ・建物の構造分析等	・トリガーをはじめとする商品のスペックの精査 ・ポートフォリオへのインパクトの評価

（出所）　著者作成

集して、それをさまざまな観点から検証、分析する。なお、地震のように周期性をもって発生する自然災害は、CATボンドの発行タイミングと過去において地震が発生したタイミングとの兼ね合いを考慮することが重要となる。

　モデル設計会社では、このように掘り下げた分析を実施した後、各変数についての確率分布をつくることになる。この確率分布の作成は、大量にのぼるシミュレーションの実施からアウトプットされる。この結果、カタストロフィ・モデルから毎年のカタストロフィ・リスクの発生状況が、テイルイベ

ントと呼ばれる極端な状況を含めて導出される。そして、このカタストロフィ・リスクの発生状況等の数値をもとにして統計技術を駆使して、より洗練された推計値とする[21]。

こうしたペリルとハザードのモデルは、その条件の変化に対応できるように柔軟なつくりにすることが必要であり、これにより最終的により高い信頼度で年間の損失を推計することが可能となる。

② 脆弱性の評価

シミュレーションによりカタストロフィ・イベントの発生確率を推測した後は、これを被害が発生するおそれのある地域に適用することとなる。これには、地理的な特徴とカタストロフィ・リスクがどのようなかたちで発生してそれがどのようなかたちで被害を及ぼすのかといったエキスポージャーを的確に把握する必要がある。

ここでは、物理的な損失と業務中断による損失の双方を推計するとの観点から、特に脆弱性（vulnerability）の評価が重要となる。それには、発生したカタストロフィ・イベントによりインフラや構築物のなかにある機器類、さらには業務活動が受ける被害とその損失規模を推計することが必要となる。こうした推計は、建物の構造に関する技術的な分析とともに、当該地域に適用されている建築基準法等の規制内容も勘案しなければならない。

具体的には、対象物の所在地、地域の密集度等の環境や建物の構造、経年、収容対象、使用状態、収容率等をもとに分析することとなる。たとえば、地震の場合には、木造住宅、ブロック住宅、商業用高層ビル、商業用低層ビル、重工業工場等のクラス分けをしたうえで脆弱性の評価を行う。そして、この結果を損害の可能性を示す損害関数とする。この関数は、平均的な損害を示すほかに、損害額のばらつきも示す。

脆弱性は、人口動向や物的施設の量的、質的動向によりダイナミックに変化することから、定期的な見直しを行い、最新のデータにしなければならな

---

[21] Grace, M. F., Klein, R. W., Kleindorfer, P. R., and Murray, M. R., (2003) *Catastrophe Insurance*. Kluwer Academic Publishers.

い。たとえば、建物の構造は過去の木造から免震構造の鉄筋にかわっている等、条件が大きく異なっている場合がある。また、急速な発展から物的資産の集中が進んでいるような地域では、脆弱性を過小評価してしまうおそれがあり、そうした場合には、将来の損失が損失分布の関数により示される金額よりもはるかに大きくなる可能性がある。このように、損失分布の裾野で損失が発生する確率が想定を上回ることをファットテイル（fat tail）と呼んでいる。こうした状況変化に対応するためには、脆弱性に影響を与えるパラメータの変化が過去のデータを修正するようにシミュレーションを行い、現時点の状況にマッチするように改善されたバージョンにする必要がある。

　脆弱性のデータが細分化され、その分析が精緻になるほど、以下でみる損害の推計の確度が高まり、それに伴い保険・再保険業界や金融資本市場の参加者である投資家のリスク評価の正確性が増し、また企業がリスク管理を実施するにあたっての費用対効果を、より的確に計測することが可能となる。

③　損害額の測定

　最後に、脆弱性評価をもとにして、特定の地域のカタストロフィ・リスクについて、個々のポートフォリオの特性に照らして損害の規模を推計することとなる。この場合、複数の種類のリスクを抱えている場合には、それらのリスクの相関関係を的確に計測する必要がある。

　このようなステップを踏んで構築されたカタストロフィ・モデルを活用することにより、ユーザーは自己の保有するポートフォリオのリスクを統合的に把握することが可能となる。

(4)　カタストロフィ・モデルのさらなる発展

①　カタストロフィ・モデルの改良と対象リスクの拡大

　2005年に米国を襲った巨大ハリケーン・カトリーナにより、保険業界は莫大な保険金の支払いを余儀なくされた。この背景には、2005年のハリケーンシーズン到来の段階では、モデル設計会社がニューオリンズの洪水の損害を織り込んで予測していなかったためにリスクを過小評価したという事実があ

り、この結果、モデル設計会社は厳しい批判にさらされることとなった[22]。

こうした状況下、主要なモデル設計会社は、それまでは想定外としていた巨大なカタストロフィ・リスクがもたらす損害額を包括的に分析、評価することができるように既往のモデルを改良、洗練化した。

このモデル設計会社の改良モデルが導出した結果をみて、保険・再保険会社は保険業界のなかで巨大なカタストロフィ・リスクを吸収するだけのキャパシティが不足していることをあらためて認識した。そして、結局、これが保険・再保険会社によるCATボンドの本格的な発行につながることとなった。このように、カタストロフィ・モデルは、CATボンドの発展に大きく貢献しており、CATボンドとカタストロフィ・モデルは密接不可分の関係にあるといえる。

事実、その後もCATボンドマーケットは、カタストロフィ・モデルの発展とその普及により支えられてきた。すなわち、モデル設計会社は、常に保険・再保険会社からのニーズをきめ細かく汲み上げて、モデルを開発、改良するにあたってどこに焦点を当てるべきかを判断している。また、定期的にカタストロフィ・モデルに最新の科学的な知識やイノベーションを取り入れることに加えて、最近のカタストロフィ・リスク発生による保険金支払いの詳細な分析から得られる教訓も織り込む等、モデルの改善に注力をしている。

この一方で、モデルが対象とするリスクの種類や地域も拡充されてきている。実際のところ、当初モデルが対象とする主要なカタストロフィ・リスクは、ハリケーンと地震の2種類であったが、その後、洪水のカタストロフィ・リスクモデルが開発され、さらにテロ、パンデミック、火災等のモデルも開発されるに至っている。

この結果、現在では、モデル設計会社から多くの種類のカタストロフィ・モデルが提供されているが、それぞれのモデルは、さまざまな前提、データ、パラメータを使用していることから、その特性もおのずから異なってく

---

22 Weber, C. (2011) *Insurance Linked Securities*. Gabler Verlag. p219

る。カタストロフィ・モデルを活用するユーザーは、こうした各種モデルがもつ特性を十分把握して、選択、活用することが必要である。また、そのためにモデル設計会社は、ユーザーに対してモデルの設計の前提等を、透明性をもって示すことが重要となる。

② **カタストロフィ・モデルの活用**

今日では、新たな科学研究や、これまでの実証分析の成果、さらにはカタストロフィ・リスクの分析に対する情報技術（IT）の活用等により、カタストロフィ・リスクの発生確率とそれによる損害の規模を、精緻に推測することができるモデルが次々と開発されている。

この結果、カタストロフィ・モデルにより、スポンサーも投資家も、CATボンドがもつカタストロフィ・リスクをより正確に把握することができるようになった。

たとえば、パラメトリック・トリガーやインダストリーロス・トリガーが組み込まれたCATボンドでは、スポンサーにとってベーシスリスクを最小化するようなスペックが必要となる。具体的には、風速指数のパラメトリック・トリガーでは、風速指数の価値がCATボンドの発行主体の実損を極力反映したものとなることが必要である。カタストロフィ・モデルは、そうした関係を計測して、それをトリガーに組み込むといった機能を発揮する。

また、CATボンドへの投資家は、ポートフォリオのリスクマネジメントを実践するにあたって、カタストロフィ・モデルに大きく依存することになる。ポートフォリオのなかには、さまざまなリスクが混在しているが、モデルを活用することによってリスクの相関性の分析による統合的リスクマネジメントを行うことが可能となる。さらに、投資家のなかには、モデル設計会社によるリスク分析とは別に、自己でモデル使用のライセンスを取得して、自社内でリスク分析を行うケースもみられる。

一方、格付会社は、モデル設計会社が提供するソフトウェアから導出される検討結果を、格付を行うにあたっての重要な参照材料として活用している。

③ カタストロフィ・モデルの限界と課題

　カタストロフィ・モデルが果たす機能は、決していつ災害が発生するかを予測することではなく、先行きのイベントの生起確率分布を構築して、それに沿って期待損失と最大損失を推測することにある。これにより、モデルのユーザーは、特定のカタストロフィ・リスクが、さまざまなシナリオのもとでどのような損失を発生させる可能性があるかを把握することができる。

　一方、モデルを使う場合には、いわゆるモデルリスクが潜在することに留意する必要がある。カタストロフィ・モデルでは多くのデータを使用して、それを一定の前提のもとに定量化することになる。しかし、こうした定量化は、さまざまな前提を単純化することにより行われ、そのプロセスで誤差を生む可能性がある。この点で、モデルは限定された見方を示すものであることを認識する必要がある。

　特に、カタストロフィ・リスクのように低頻度のイベントでは、統計上のテイルリスクを正確に測定することがむずかしく、損失の過小評価となる可能性がある。具体的には、仮に実際のテイルがモデルの分布によるテイルよりも大きいファットテイルとなれば、一定の規模のカタストロフィ・イベントが期待値よりも頻繁に起きるか、または、一定の頻度で発生するカタストロフィ・イベントが及ぼす損失が期待値よりも大きくなる結果を招来することになる。したがって、カタストロフィ・モデルの中核となる損失分布の構築をいかに正確に行うかがきわめて重要なポイントとなる。

　モデル設計各社のたゆまぬ努力により、モデルはこのところ大幅な質的向上を実現している状況にある。すなわち、モデル設計会社は、モデルに使用するデータを質、量ともに向上させるとともに、新たなイベントが発生するつど、それをモデルの精度向上のために活用している。このように、リスク分析は、科学的手法と金融工学により格段に向上したことに加えて、コンピュータの活用によって、包括的かつ現実的なシミュレーションを容易に実行することが可能になった。

　この結果、カタストロフィ・モデルの活用は、その実効性を高めているものの、その予測の正確性はいまだ向上の余地が大きく、科学者や工学者、産

業の専門家、さらにはシステム関係者等を交えて、今後とも、より精緻なモデルの構築に取り組む必要がある。

　また、モデル設計の過程における透明性の向上も重要である。カタストロフィ・リスク自体には、多くの不透明要因が存在するが、そのモデル化においては、モデル構築のプロセスの透明性の向上が期待される。こうしたモデル化のプロセスを可能な限り透明にすることにより、ユーザーのモデルに対する信認を一段と高める結果につなげることができる。

　金利や通貨、株式を原資産とするデリバティブでは、モデル化が大きく進展していて、こうしたモデル化のプロセスにおいてはコンピュータの力を借りることが多い。しかしながら、そのメカニズムは透明性が高く、これが多くの市場参加者のモデルに対する信認がきわめて厚いとの結果になって表れている。

　およそ、完璧なモデルというものは存在しない。ユーザーがモデルを活用するにあたっては、モデルがもつ限界をよく認識して、全面的にモデルに依存するのではなく、自己のポートフォリオやリスク・リターンプロファイルからみて、現実的にどのようにモデルを活用し、それをどこまで参考材料にすることが最適であるかを検討したうえで、リスクマネジメントを行う必要がある。

6　CATボンドのトリガー

(1)　CATボンドのトリガーの基本コンセプト

　すべてのCATボンドには、リスクを移転するスポンサーが投資家に対する元利金の支払いを削減、または延期できるトリガーが設定されている。

　こうしたCATボンドの元利金の支払条件であるトリガーに何を選ぶかは、それによってCATボンドのスポンサーが実損をどこまでカバーできるか、また、投資家がどのような場合に元利金の一部または全額の支払いを受け取ることができなくなるかが決まるだけに、CATボンドのスキームの構築に

おいて最も重要な決定事項となる。

およそCATボンドを発行する目的が、金融資本市場を活用してスポンサーが抱える保険リスクをカバーすることにある以上、スポンサーからみると実損てん補ができるトリガーが望ましいことになる。現に過去において、CATボンドは、保険と同様、実損額を補償するトリガーがつけられたケースが圧倒的に多数を占める状況にあった。しかし、現在発行されるCATボンドをみると、客観的な指標をトリガーとして支払いが行われるスペックも増加している。これには、後述のように実損額を補償するスペックの場合には、モラルハザード等の問題が存在して、投資家からみたCATボンドの魅力を削ぐおそれがあることによる。

CATボンドのトリガーが、いかなる場合に元利金の支払減免を認定するかについては、四つの種類がある。

第一は、特定の災害が発生して現実に損害が発生したことを認定の条件にするものである。これによると、保険会社は損害をダイレクトにヘッジできる効果があるが、認定まで時間がかかるという難点がある。

第二は、米国には、個々の災害について全保険会社に対する保険金請求データを、地域別、業種別に集計している会社があり、そのデータをベースに認定を行うものである。これによると、客観的な認定が可能となる。

第三は、あらかじめシミュレーションに基づいてモデルを構築しておいて、災害発生時にパラメータをそのモデルにインプットして損害額を推計する方法である。

第四は、災害による保険会社の損失いかんに関係なく、たとえば地震であれば震度、台風であれば風速といった数値を認定の基準にするもので、これも第二の種類と同じように、客観性が確保できる。

なお、CATボンドにはいずれのトリガーにも、アタッチメント・ポイントと、イグゾーションポイントが組み込まれている。すなわち、CATボンドの元本の毀損は、計測された数値がアタッチメント・ポイントを超える水準で始まり、イグゾーションポイントに到達したところで100％の毀損、すなわち全損となる。そして、この二つの水準の間でリスクレイヤー（階層）

が規定されることとなる。

　以上四つのうち、いかなるトリガーを選択するかにあたっては、前述のベーシスリスクのほかに、逆選別とモラルハザードの要素が深いかかわりをもつこととなる。ここで、各種トリガーの検討に立ち入る前に、この逆選別とモラルハザードの二つの問題のポイントをみておくこととしたい。

(2)　逆選別とモラルハザード

　逆選別は、リスクヘッジャーが自分のポートフォリオのなかで最も魅力のない部分を取り出してそれを移転するといった行動をとることから生じる問題を指す。また、モラルハザードは、リスクヘッジャーがリスクの移転取引をした後に、リスクの防止、削減努力を怠ることから生じる問題を指す。

　こうした逆選別とモラルハザードは、情報の非対称性に起因する問題として、リスクマネジメントでしばしば論じられるところである。この二つの問題はともに、リスクヘッジャーとリスクテイカーの間に生じる。したがって、ここでは保険契約における企業と保険会社との間、およびCATボンドにおける発行主体と投資家との間の双方のケースについてみる。

①　アカロフのレモン市場

　1970年に米国の経済学者のジョージ・アカロフが「レモン市場」(The market for lemons) の論文を発表するまでの経済理論は、すべての市場参加者が同一の情報をもったうえで取引を行うとの前提に立っていた[23]。

　アカロフは、この論文のなかで、はじめて「情報の非対称性」の問題を分析した[24]。彼は、これを中古車市場の例を引合いに出して説き起こしている。すなわち、中古車の売り手は車をしばらく使用してきたことから買い手となる中古車ディーラー以上に車の品質をよく知っている。一方、中古車ディーラーは、多くの中古車を扱う経験を通じて平均的な中古車の品質を情報とし

---

[23] Akerlof, G. (1970) "The market for lemons: quality uncertainty and the market mechanism" *Quarterly Journal of Economics* 1970
[24] Weber, C. op.cit., p230

てもっている。したがって、ディーラーはどのような品質をもつ中古車であっても、売り手に対して平均的な中古車の価格を基本として買値を提示することとなる。

このように、中古車ディーラーは、たとえ良質の中古車であっても正確にその品質を評価しようとはしない。この結果、良質の車の売り手からみると中古車ディーラーが提示した買値は低すぎることとなり、彼は車を売るのをあきらめる。こうした状況が一般化すると、悪い車が良い車を中古車市場から駆逐することになる。そこで、中古車ディーラーから車を買い求めようとする最終買い手は、中古車市場には品質の悪い車（レモンと呼ばれる）だけが売りに出されていることがわかってきて、価格はだんだん下落し、ついには中古車の売買が行われないところまで行きつくことになる。ちなみに、レモンは米国の俗語で、見かけはよさそう（美味しそう）であるものの、本当は品質が劣悪な（中身は酸っぱい）品物を指す。

これが、アカロフが中古車売買の具体例で示した「逆選別」といわれるプロセスである。このように、情報の非対称性から逆選別が発生すると、取引対象のプライシングが正確に実施されない状況に陥ることになる。

② 保険とCATボンドにおける逆選別

こうした逆選別は、さまざまなマーケットで発生する可能性があるが、それが最初に顕現化したのが、保険市場である。

保険における逆選別は、保険の売り手となる保険会社が保険の買い手である顧客がもつ真のリスクを把握できない場合には、質の悪いリスクに偏って保険契約を締結してしまうことを意味する。すなわち、保険を掛けようとする顧客は、保険会社よりも自己が抱えるリスクや、自己の将来の行動によってそのリスクがどのように変化するかの情報を多くもっていることが一般的である。このように、保険にかかわる情報は顧客にとって有利なかたちで非対称である。

したがって、保険会社は情報不足からリスクが高い保険の申込みとリスクが低い保険の申込みの見分けができないときには、その双方の平均をとった

保険料を課すことになる。これは、低い保険リスクをもつ保険の申込者にとっては割高な保険料になり、したがって保険を掛けることをあきらめることとなる。逆に、高いリスクをもつ保険の申込者にとっては割安な保険料になり、進んで保険を掛けることとなる。この結果、保険会社は高いリスクをもつ割安の保険だけを抱えることとなる。これが、保険におけるレモン問題である。

これをCATボンドについてみると、仮にCATボンドを発行しようとしているスポンサーだけが自己のポートフォリオが抱えているリスクを正確に把握していて、かつ当該CATボンドが、類似のCATボンドの平均価格で取引されることが予想されるときには、こうした逆選別が起こる可能性がある。すなわち、このスポンサーは、自己が抱えるポートフォリオのなかからリスクの高いものを選別して、それをCATボンドにして市場の平均価格により売りに出すとか、スポンサーが保険会社の場合にはリスクが高い保険を積極的に顧客に売り、これをCATボンドとして証券化して売りに出す一方、最も利益を生む保険契約は自己保有する、といった行動をとる可能性がある。

このように、CATボンドにおける逆選別は、スポンサーがもつポートフォリオのなかから、収益圧迫要因になるおそれのあるリスクだけをピックアップして、それを束ねてSPVに移転することにより生じる問題である。

スティグリッツは、こうした逆選別を回避するためには、スクリーニングの手法を活用することができるとしている[25]。このスクリーニングは、銀行が融資に際して活用する手法であり、信用判定の過程で借り手となる個人、会社、さらにはプロジェクトがもつリスクの精査がさまざまな角度から行われ、その結果、融資の可否、および融資条件が決定されることとなる。現に、こうしたスクリーニングは、保険会社によっても活用されている手法である。すなわち、一般的に大きなリスクを抱えている顧客は、小さなリスクをもつ顧客よりも保険を申し込む傾向が強い。そこで、保険会社はスクリーニングによって、顧客をリスクの大小別に分類することにより、リスクの大

---

[25] Stiglitz, J., and Weiss, A., (1981) "Credit Rationing in Markets with Imperfected Information" *The American Economic Review* Vol.71 (3) pp393-410

きな顧客のみに保険を提供することを回避することができる。そして、こうしたスクリーニングによって、たとえば小さなリスクをもつ顧客に対しては保険料を安くして、そのかわりに保険金も低額なものにする等、多様な商品を設計することが可能となる。

(3) 情報の非対称性とモラルハザード

情報の非対称性が原因となる第二の問題はモラルハザードである。一般に、モラルハザードは、リスクヘッジを行う主体がリスク移転を行う以上、自らコストをかけてまでリスクの防止や削減努力をする必要がないとして、リスクコントロールが不十分のままリスクを移転した場合に、リスクの引受け手はこれをモニターし、チェックする手立てがないことをいう。

これを保険についてみると、モラルハザードは、保険の売り手となる保険会社が、保険の買い手である企業等が実施するリスクマネジメントにかかわる行動を観察することができないといった情報の非対称性に起因する。

具体的には、保険の売り手は、保険の買い手がどのようなリスクマネジメントを行っているのかを完全に把握することはできない。また、企業のリスクマネジメントのスタンスは、保険を掛けることによって、変化する可能性がある。すなわち、仮に企業にとって自己努力によるリスクコントロールがあまりにもコスト高であるとすれば、保険を掛けることによって、自社のリスクコントロールの手抜きをして、リスクマネジメントの諸施策を実行することに要するコストを節減するスタンスをとる可能性がある。このように、企業がリスクマネジメントを維持、強化することがコスト高であるとみれば、保険を掛けた後には企業側にリスクを積極的に防止、削減するインセンティブが後退するおそれがある。この結果、保険契約の締結によって、保険の買い手はリスクマネジメントへの関心が薄れる可能性がある一方、保険の売り手はそれを知ることができないことから、結局、保険の買い手のリスクマネジメント努力の低下を反映させるように保険料を調整することもできない。

このように、保険におけるモラルハザードは、保険を掛けることによっ

て、それがない場合に比べてリスクヘッジの主体の行動が変化することを指す。すなわち、保険を掛けた主体は、リスクが発生した場合にはそれをカバーする資金を受け取ることができるとの期待から、自己規律を欠いた行動をとるといったモラルハザードを引き起こす可能性がある。たとえば、地震が発生しやすい場所に工場をもつ企業が、地震保険を掛けたことから、あえて多額の資金を投入して免震構造にする設備投資を実施しないといった行動がモラルハザードに該当する。

保険会社は、こうしたモラルハザードを招くことのないように、さまざまな方策を講じている。

たとえば、保険契約のなかに企業が損失の最初の部分を負担して、保険会社の負担はそれを超える損失額に限定するといった免責額を組み込む方策とか、企業と保険会社との間であらかじめ損失負担の割合を決めておくロスシェアリングを導入するといった方策がある。

また、保険金の上限（キャップ）を設定する方策もある。このように、保険会社が支払う保険金を頭打ちにすることで、保険の買い手が損失リスクに無関心となり、およそ適切なリスクマネジメントを行うことを放棄することを抑止することができる。保険金の上限設定は、特にカタストロフィ・リスクに対する保険や小さな損失リスクの集合体に対する保険に有効となるが、保険会社の保険金支払リスクを抑制する観点からも重要であり、基本的にすべての保険契約について設定されている。

このような保険金の上限は、1件の損失に対する上限を設定する方式と、保険契約期間中に発生した損失の合計額に対する上限を設定する方式がある。

一方、CATボンドについてみると、CATボンドの発行主体は、CATボンドの発行によってカタストロフィ・リスクを投資家に移転することができる。したがって、たとえCATボンドのトリガーに該当するカタストロフィ・イベントが発生したとしても、実際に損失を被るのはCATボンドへの投資家であり、CATボンドの発行主体に累が及ばない。そうなると、CATボンドの発行主体は、自らコストをかけて災害リスクをコントロールする努力を

怠る可能性がある。これが、CATボンドにおけるモラルハザードである。

こうしたモラルハザードが発生するケースを保険会社がCATボンドを発行する場合についてみると、第一に、保険会社がカタストロフィ・リスクにかかわる保険の引受基準を緩和することが考えられる。すなわち、従来はリスクが高い等の理由で引受けに消極的であった保険会社が、CATボンドの発行によるリスクの移転を前提として、むしろ積極的にこうした保険契約も締結するといったケースがこれに該当する。

第二は、地域的に集中して保険契約を締結することが考えられる。特に、カタストロフィ・リスクのような場合には、１カ所に集中して災害が発生することから、そうしたリスクの高い地域の保険契約は集中的に引き受けないことが保険ビジネスを行う場合の大原則である。しかし、CATボンドの発行によるリスクの移転を前提として、地域に集中した多数の件数にのぼる保険契約を締結するといったケースがこれに該当する。

第三は、保険金の支払いがずさんになることが考えられる。本来、保険金の支払いは、厳格な査定によって実損を確定する手続を経たうえで行われるが、リスクの移転を前提としてこれが安易に支払われてしまうといったケースがこれに該当する。

モラルハザードが発生するおそれは、CATボンドがどのようなトリガーを採用するかにより大きく異なる。すなわち、実損てん補（インデムニティ）トリガーは、CATボンドの発行主体が、保険の引受けについて厳格さを維持しなくなるといったモラルハザードを引き起こすおそれがある。一方、これ以外のトリガーが設定されたCATボンドは、CATボンド発行主体が被った損失ではなく、客観的な指数をベースにして支払いが行われることから、モラルハザードが発生するおそれは基本的に存在しない。

(4) トリガーの種類と特性

CATボンドマーケットが発展する重要な条件は、CATボンドを発行してリスクヘッジを行うCATボンドの供給サイドと、CATボンドに投資を行う需要サイドの双方のニーズを的確に汲み取ることにある。

具体的には、CATボンドの発行主体のニーズは、自己が保有するポートフォリオのリスクヘッジを有効に行うことのできるベーシスリスクのない特性をもつ商品であり、一方、投資家のニーズは、モラルハザードや逆選別がない透明性の高い商品となる。

　こうしたCATボンドの発行者のニーズと投資家のニーズをいかに満たすか、といった点で決定的に重要となるのが、CATボンドを発行するにあたってのトリガーの選択である。

　すなわち、カタストロフィによる損害額に相当する支払いが行われるように設計されたトリガーであれば、リスクヘッジの効率性が高まり、CATボンドの発行者のニーズにマッチすることになる一方、客観的な指標をトリガーにすれば、透明性が高い商品となり、投資家のニーズにマッチすることとなる。

　サブプライムローンの証券化でみられた大きな問題は、情報の非対称性から投資家が証券化商品のもつリスクを明確に把握できないとする不透明性にあった。CATボンドのトリガーは、かつては発行主体にとって実損てん補となるトリガーが大半を占めていたが、こうした最近のサブプライム証券化の苦い経験もあって、恣意的に操作する余地がなく、透明性が高い客観的な指標を取り入れるケースも一定のシェアを占めるまでに増加している。

　しかし、このように客観的な指標をトリガーとするCATボンドは、投資家の選好にマッチする一方で、CATボンドの発行者にとってはベーシスリスクの存在が大きな問題となる。とどのつまり、CATボンドはリスクヘッジを求めて誕生したツールであり、リスクヘッジのニーズがないところにはCATボンドも必要とされない。したがって、CATボンドのトリガーに求められることは、いかに発行者のベーシスリスクを極小化しながら、投資家にとって逆選別やモラルハザードの懸念のない内容にするか、すなわち、いかにベーシスリスクと逆選別、モラルハザードのトレードオフの関係に折合いをつけるかにある。そして、この問題を解決するカギは後述（本章6(5)④）のとおり、透明性にある。

　以下では、CATボンドの代表的なトリガーである①インデムニティ・ト

図表 5-10　各トリガーの特徴

	インデムニティ・トリガー	インダストリーロス・トリガー	モデルロス・トリガー	パラメトリック・トリガー
トリガーの内容	実損てん補	保険業界全体の損失指数	モデルが算出した損害額	物理的な事象
ベーシスリスク	なし	あり	小さい	あり
モラルハザード	おそれあり	おそれなし	おそれなし	おそれなし
決済までの所要期間	長い	長い	短い	短い
投資家からみた透明性	低い	高い	低い	高い
スポンサーの情報開示の必要性	あり	なし	なし	なし

(出所)　著者作成

リガー、②インダストリーロス・トリガー、③モデルロス・トリガー、④パラメトリック・トリガーについて、その各々の内容と特質について概観したい（図表5-10）。

① インデムニティ・トリガー

　インデムニティ・トリガー（Indemnity trigger；実損てん補トリガー）は、実損額を基準とするトリガーである。すなわち、インデムニティ・トリガーが発動されると、CATボンドの発行主体であるスポンサーの保険・再保険会社等に生じた実損を基準にして支払いが行われることになる。このように、実損額を基準とするトリガーがついたCATボンドは、インデムニティ・ボンド（Indemnity bond）と呼ばれる。

　インデムニティ・ボンドのスポンサーは、保険契約を行ったと同じく実損

てん補を受けることができる。

・メリット

インデムニティ・トリガーの最大のメリットは、なんといっても発行主体にベーシスリスクがなく、被害額が補償されることにある。

したがって、初期のCATボンドはほとんどが、リスクを移転する保険会社等にとって実損額を補てんできるという大きなメリットをもつインデムニティ・トリガーを採用していた。実際のところ、1996年から1999年にかけて発行された14件のCATボンドのうち12件がインデムニティ・ボンドである[26]。

カタストロフィ・リスクの証券化を考えるうえで最も重要なポイントは、リスクヘッジを果たす機能を十分に兼ね備えることである。損害保険は現実の損害にほぼ見合った金額を補てんする完全ヘッジに近い商品性を備えている。そして、インデムニティ・ボンドは、こうした保険に近いリスクヘッジ機能を具備している。

こうしたことから、インデムニティ・ボンドはCATボンドの発行体に根強い人気を維持している。

・デメリット

インデムニティ・ボンドへの投資家にとっては、前述の逆選別とモラルハザードが発生するおそれがある点が大きな問題となる。

すなわち、スポンサーが保険会社のケースをみると、CATボンドの発行を前提として、リスクの高い保険契約を安易に締結したり、CATボンド発行後に保険の引受条件を緩和して保険契約を増加させるとか、実際のカタストロフィが発生した後の保険金の支払いに厳格性を欠くといった行動をとり、その結果、当初予想されたリスクのレベルが増加するおそれがある。特に、保険会社にとっては保険契約を増加させれば、それだけプレミアム収入が増加することから、このようなかたちでモラルハザードが発生する可能性があることは否定できない。

26　Lane, M., op.cit., p50

したがって、インデムニティ・ボンドでは、投資家は、対象となるリスクポートフォリオや保険会社の保険引受方針、保険金支払いの手続等の保険業務にかかわるさまざまな情報の提供を求めることとなる。実際のところ、CATボンドの発行体は、こうした保険業務に関する情報を積極的に投資家に提供、開示するスタンスを強めており、こうした透明性の向上が、インデムニティ・トリガーが依然として他のトリガーに比べると圧倒的なシェアを維持している背景となっている。

　また、スポンサーもCATボンドの投資家として参加することにより、投資家とスポンサーがいわば運命共同体となり、この結果、両者の利害関係がバランスのとれたスキームを構築することが一般的となっている。具体的には、アタッチメントからイグゾーションまでの10%強をスポンサーがもつといった内容がリスクシェアリングの標準型となっている[27]。

　さらに、CATボンド発行後の保険ポートフォリオの内容の変更や増加は、事前に投資家との間で合意した範囲内に限定されることが多い。また、新規の保険契約がポートフォリオに追加されることによるインパクトが大きい場合には、トリガーがリセットされるケースもみられる。

　しかし、こうした諸々の対策を行っても、やはりなにがしかのモラルハザードが残存する可能性があることから、CATボンドのプライシングには、これに相当するプレミアムがつくこととなる。すなわち、たとえモラルハザードの問題が存在しなくても、インデムニティ・ボンドへの投資家は、実損額やそのもととなるリスクの的確な推定が困難であるとして、実際のリスクに見合ったプレミアムをオーバーするリターンを要求することが少なくない。CATボンドの流通市場においては、相対的に高いプレミアムがつくことがあるが、これは投資家がCATボンドの発行主体のモラルハザードを懸念していることが一因であるとみられている。

　したがって、こうしたプレミアムの大きさは、スポンサーの保険引受けスタンスとリスク管理、保険金支払管理プロセスに対する投資家の信頼の関数

---

[27] International Association of Insurance Supervisors (2002) Issues Paper on Insurance Scuritization *International Association of Insurance Supervisors.* p188

であるともいえよう。

　また、インデムニティ・ボンドは、実損額をカバーする以上、実損額の判定はスポンサーが大半の保険金の支払いをすませた後となる。この一連の保険金の支払手続が完了するまでの期間をロスデベロップメント期間と呼んでいるが、インデムニティ・ボンドの場合には、この期間が長くなり、したがって、CATボンドの決済も時間を要することとなる。

　すなわち、各々のトランシェには満期が設定されているが、特にカタストロフィ・リスクのような場合には、イベント発生後、しばらく経ってから保険金の請求が行われることが少なくないだけに、CATボンドが当初設定していた満期と実際の満期とが異なることがある。CATボンドの発行主体となる保険会社はロスデベロップメント期間が長いほど、保険金の請求が蓄積されて、その結果、CATボンドへの元利金の支払いが減少することから、なるべくロスデベロップメント期間が長くなることを望む。これに対して投資家は、なるべくロスデベロップメント期間を短くすることで、元利金の支払減額のリスクを小さくすることを望むこととなる。

　客観的な指数（インデックス）をトリガーにする場合には、以下のようにいくつかのカテゴリーがある。

　インデックス・トリガーに共通するメリットとしては、実損額の査定といった手数が不要となり、支払いの迅速性、透明性が確保される点がある。

　しかしながら、こうしたメリットの裏側として、災害による実損額とCATボンドによる補てん額とが一致しないベーシスリスクが存在するという大きな問題がある。

② インダストリーロス・トリガー

　インダストリーロス・インデックス・トリガー（Industry loss index trigger；保険業界損失指数トリガー）は、あるカタストロフィ・リスク発生によって保険業界全体が被った損失の推定額を指数化して、その指数をスポンサーの損失の代理変数としてトリガーとするものであり、インダストリーロ

ス・トリガーと略称される。

インダストリーロス・トリガーでは、保険業界の損失を推測することを専門とする第三者の独立機関が公表する指数を使用する。このような独立機関は、米国にはPCS、欧州にはPERILSがある。スポンサーは、こうした機関が公表するさまざまな指数のなかから自分のリスクポートフォリオに最もマッチしたものを選択することになる。このうち、PCSについては前述（第4章2(1)）したことから、ここではPERILSについてみることとしたい。

PERILS AG（Pan-European Risk Insurance Linked Services）は、大手の保険・再保険会社や保険ブローカーが共同出資して、2009年に設立されたスイスを拠点とする会社である。PERILSは、2010年から暴風を対象にして、欧州で保険業務を行う保険会社から直接データを収集、分析して、欧州の保険業界のリスク・エキスポージャーのデータと欧州の保険業界の損失推計を提供している。PERILSの対象国は、ベルギー、デンマーク、フランス、ドイツ、アイルランド、ルクセンブルク、オランダ、スイス、英国である。

CATボンドを発行する保険会社は、PERILSが公表する保険業界のリスク・エキスポージャーのデータと自己のポートフォリオとを比較して、その乖離を把握する。そして、インダストリー・ロスの内容を地理やリスクタイプ等で調整したトリガーを形成することにより、ベーシスリスクを極力小さくすることが可能となる。

PERILSが対象とする保険業界のリスク・エキスポージャーのデータは毎年見直しされる。また、損失データは、イベント発生後6週間後に入手可能であり、3、6、12カ月後に更新される。

さらに、PERILSは、郵便番号の頭2ケタで区分けした地域別、住宅用・商業用・工場等の建物の種類別や、建物のなかの財物、さらには営業中断による損失リスク等、リスクヘッジの対象別にデータを公表していて、カタストロフィ・モデルを構築するときに、こうしたデータを活用することができる。

・メリット

インダストリーロス・トリガーがついたCATボンドは、元利金の支払い

の一部または全額免除についてスポンサーが左右することができない客観的な指数によって決まることから、基本的にモラルハザードのおそれはない。

また、インデックスであることから、投資家にとって透明性があり、CATボンドの発行主体となる保険会社等がもつポートフォリオの分析や評価を必要としない。したがって、スポンサーは、このトリガーを使うことによって投資家から自己のリスクポートフォリオの開示を求められることはない。

こうしたメリットから、インダストリーロス・トリガーの開発と導入は、保険リスクを資本市場に向けて移転する重要なステップとしての役割を果すこととなった。

・デメリット

インダストリーロス・トリガーをCATボンドの元利金支払いの基準とした場合には、スポンサーの損失と保険業界全体の損失とが完全に相関関係にない限りは、ベーシスリスクが発生するおそれがある。この相関関係は、スポンサーとなる保険会社が保険業界全体のなかでどの程度のシェアをもっているかにより大きく異なることとなる。

しかし、こうしたベーシスリスクも、保険会社のビジネスを行う地域に限定された指数を使用する等の工夫で、指数とスポンサーのポートフォリオリスクとの間の相関関係を高めることにより、極力小さくすることが可能となる。

一方、インダストリーロス・トリガーをもつCATボンドへの投資家にとっては、保険業界全体の損失がトリガーに正確に反映されているかという不確実性の問題がある。

具体的には、イベント発生後、PCSやPERILSといった業界損失推定額の算出機関は、まず暫定的な損失予想を行う。一方、スポンサーは、カタストロフィ・リスクのモデル設計会社に対してイベント発生の結果、CATボンドの元利金支払いがどのようになるかの算出を依頼する。これを受けてモデル設計会社は、PCSやPERILSによりその後公表される最終推定結果をもとにして、イベント発生地域や業界における当該保険会社のウェイトづけと、

CATボンドのトリガー、元本の減少条件等とを比較して計算する。

インダストリーロス・トリガーではこのようなステップを踏むことになり、投資家にとってCATボンドの元利金支払いがどのように決定されたかという不透明性と、その確定が遅くなる問題がある。しかし、このうち透明性の問題は、PCSやPERILSが算出過程を投資家に対して積極的に提供していることにより、大幅に改善している状況にある。

③　モデルロス・トリガー

モデルロス・インデックス・トリガー（Modeled loss index trigger；モデル算出による損失トリガー）は、あらかじめシミュレーションに基づいてモデルを構築しておいて、災害発生時にパラメータをそのモデルにインプットして損害額を推計する方法であり、モデルロス・トリガーと略称される。

モデルロス・トリガーでは、地震等のカタストロフィ・イベントが発生すると、モデル設計会社がカタストロフィ・モデルに地震のマグニチュードや台風の風速等のパラメータをインプットして、損失額のシミュレーションを行う。そして、モデルからアウトプットされた結果をもとにCATボンドの元利金支払額が決定されることとなる。

このように、モデルロス・トリガーは、カタストロフィがいかに損失を及ぼすかを、モデルにより推計して、その導出結果をトリガーとするものである。したがって、これはあくまでも推計値（期待損失）であり、実際の損失額ではない。

・メリット

モデルロス・トリガーにより、CATボンドの発行主体であるスポンサーは、ベーシスリスクを小さくすることが期待できる。

一方、投資家はモラルハザードにもさして懸念することなく、またデータの不確実性問題や、保険金の支払推計まで時間を要するといった問題も回避することができる。

このように、モデルロス・トリガーは、モラルハザードもさして大きくない一方、ベーシスリスクもさして大きくないといった意味で、インデムニ

ティ・トリガーと以下④で述べるパラメトリック・トリガーの中庸にあるトリガーということができる。

・デメリット

モデルロス・トリガーには、いわゆるモデルリスクが存在する。これは、モデルが、カタストロフィ・イベントによる損失を過小または過大評価するリスクである。しかし、モデル設計会社ではモデルをより洗練、精緻化した構造にする努力を精力的に続けており、それに伴いこうしたモデルリスクは、漸次縮小している状況にある。

CATボンドの発行実績をみると、モデルロス・トリガーを採用するケースは、他の客観的な指標と比べると相対的に少ない。これは、以下でみるパラメトリック・トリガーに比べると、モデルのもつ複雑さから、投資家にとって理解がさほど容易ではない点が原因になっているとみられる。

④ パラメトリック・トリガー

パラメトリック・インデックス・トリガー（Parametric index trigger；パラメータ指数トリガー）は、観察可能な気象データをはじめとする物理的なパラメータをベースとしたトリガーで、パラメトリック・トリガーと略称される。

すなわち、地震ではマグニチュード、震源地、深さ等、ハリケーンや台風では上陸地点、中心気圧、平均風速等、火山では噴火強度等がパラメータとなる。また、たとえば地震では、日本防災科学技術研究所（NIED）の地表面加速度をパラメータに用いるケースもある。これは、NIEDが地震発生後数分内に全国1,000カ所以上に設置されている強震観測施設で地表面加速度と加速時間の推移を把握して、そのデータを指数化するものである。

このパラメトリック・トリガーでは、実際の地震、風速、水量等を計測する信頼できる測候所がどれだけ設置されているかがカギとなる。そして、複数の風速計や地震の強度測定器による計測結果を測定場所によりウェイトづけしたうえで指数化するとか、地震の場合にはプロテクションが求められる中心となる地点から震源地がどれだけ離れているかをいくつかの半径の大き

さで段階を区切るといった手法により、実際の損害額に極力近似するように工夫されている。

　また、保険対象の建物がどの地域にどれだけ配置されているか、その建物の構造はどうか等、地域の資産の集積度等によりウェイトづけされることもある。

　・メリット

　パラメトリック・トリガーは、投資家にとってきわめて理解しやすく、また、スポンサーが絶対に左右することができない客観的な指数によって元利金の支払いの一部、または全額免除が決まることから、逆選別もモラルハザードも存在しない。この結果、CATボンドがもつリスクに見合ったフェアプライスが形成されることが期待できる。また、投資家は、CATボンドの発行主体である保険会社の保険の引受業務や保険金の支払管理が厳格に行われているかといった点に注意を払う必要がない。

　さらに、パラメトリック・トリガーでは、カタストロフィ・イベント発生後、実損額の査定といった手数が不要であり、迅速に支払額が確定されることから、事実上、ロスデベロップメント期間はなく、短期間で決済されるメリットがある。

　こうしたことから、投資家は透明性の高いパラメトリック・トリガーを選好する傾向が強く、これが、パラメトリック・トリガーがついたCATボンドの利回りが他のトリガーが採用されているCATボンドよりも低くなっている要因とみられる。

　また、パラメトリック・トリガーがついたCATボンドのスポンサーのメリットとしては、投資家に対してビジネスの内容や保有ポートフォリオの構成を明らかにする必要がない点があげられる。実際のところ、投資家は、CATボンドの指数の内容とその算出方法のほうに関心があり、スポンサーのもつポートフォリオにはまったくといって関心を示さないことが大半である。

　・デメリット

　パラメトリック・トリガーは、あくまでも自然災害の程度により元利金の

減免額を決定するものであり、それがスポンサーが被った損害額の程度と必ずしもマッチするわけではないことから、この指標をもとに支払額を決定すると、スポンサーにとってベーシスリスクが発生する可能性が大きい。しかし、パラメトリック・トリガーでも、イベントが測定される場所を適切に選択する等、パラメータを極力実損に近似させる工夫をすることによって、ベーシスリスクを縮小することが期待できる。

・パラメトリック・トリガーの開発と導入

1997年、東京海上火災（現、東京海上日動）は、インデムニティ・トリガーやインダストリーロス・トリガーがもつ問題を極力除去するとの目的で、パラメトリック・トリガーをもつCATボンドを開発した。

このトリガーの導入によって東京海上火災は、モラルハザードや、保険業界の損失推計の不確実性、さらにはCATボンドの投資家に対する元利金支払いの確定が先に延びるといったデメリットを除くことが可能となった。

そして、この東京海上火災によるCATボンドの発行がきっかけとなり、その後、2000年に入ってからのCATボンドの発行では、パラメトリック・トリガーがついたCATボンドの発行が増加した。これは、投資家がCATボンドへの投資に際して、透明性のある客観的な指標をベースとするインデックス・トリガーを選好する傾向が強くなったことによるとみられる[28]。

⑤ トリガーのバリエーション

以上の各種トリガーのほかに、こうしたトリガーを組み合わせたハイブリッド・トリガーも出現している。

たとえば、インデムニティ・トリガーとパラメトリック・トリガーの組合せといったケースがみられる。これは、スポンサーの要求を満たすためにインデムニティ・トリガーを採用し、また投資家の要求を満たすためにパラメトリック・トリガーを採用して、この双方のトリガーの条件を充足してはじめて支払いが決まるというものである。もっとも、トリガーの組合せいかん

---

[28] Banks, E. (2005) *Catastrophe Risk*. John Wiley & Sons, Ltd. p116

によっては不透明性が高まり、コストが増すというデメリットもある。

　さらに、トリガーが発動されるイベントの回数（frequency）を勘案するケースもある。すなわち、大半のCATボンドは、トリガー水準を計測して、最初のアタッチメント・ポイントを超えたところで元本の毀損が開始されるが、イベントが発生するつど、計測して、最初のアタッチメント・ポイントを超えたところでは元本の毀損が開始されず、2番目のアタッチメント・ポイントを超えたところではじめて元本の毀損が開始されるといったタイプも存在する。こうしたケースにおいては、カタストロフィ・イベントの発生回数を重視したCATボンドとなる。

　また、リスク期間中に発生した合計損失額をトリガー水準に設定するケースもみられる。これにより、カタストロフィ・イベントの発生回数と被害規模の双方を重視したCATボンドとなる。

(5) トリガーの選択にあたって考慮すべき要素

　以上の各トリガーがもつ特徴から、CATボンドのスポンサー、および投資家にとって最適なトリガーを選択するにあたって重要となるポイントは、
① ベーシスリスク
② 逆選別、モラルハザード
③ トリガー発生後の資金の受払い
④ 投資家からみた透明性
の4点に集約される。

　このなかでも、特にベーシスリスクとモラルハザードのトレードオフの関係にいかに対応するかが重要であり、金融と保険を融合するイノベーティブな商品の象徴的なステータスに位置するCATボンドが成功するかどうかは、この点にかかっているといっても過言ではない（図表5-11）。

① ベーシスリスク

　実損てん補のインデムニティ・ボンドには、ベーシスリスクは存在しない。インデムニティ・ボンドがもつこの特徴は、発行主体にとってきわめて

図表 5-11　各トリガーがもつ特性

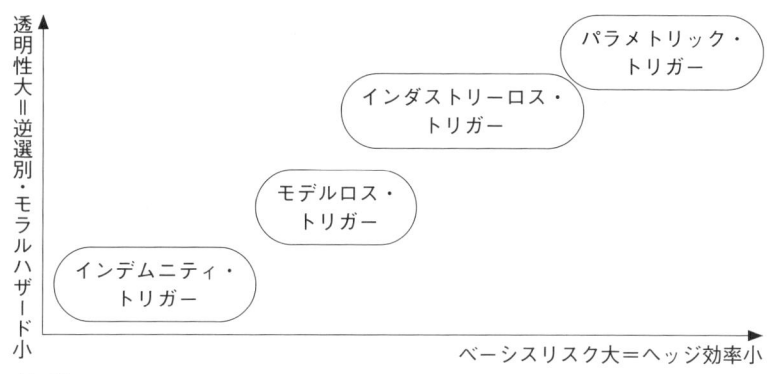

縦軸：透明性大＝逆選別・モラルハザード小
横軸：ベーシスリスク大＝ヘッジ効率小

- インデムニティ・トリガー
- モデルロス・トリガー
- インダストリーロス・トリガー
- パラメトリック・トリガー

（出所）　Yago, G., and Reiter, P. (2008) Financial Innovations for Catastrophic Risk: Cat Bonds and Beyond. *Milken Institute.* 等をもとに著者作成

大きなメリットであり、これがさまざまな客観的な指標をトリガーとするCATボンドが出現するなかで、インデムニティ・ボンドは、依然として大きなシェアを維持している基本的な背景となっている。

　一方、インダストリーロス・トリガーは、スポンサーの損失と業界全体の損失との相関性いかんによってベーシスリスクの大きさが決定されることとなる。

　また、モデルロス・トリガーやパラメトリック・トリガーには、ベーシスリスクが存在することは否めない。このうち、モデルロス・トリガーについては、モデルがどのような変数を選択しているか、その変数はさまざまな状況にどの程度の感応度（センシティビティ）をもって算出結果にインパクトを与えるか、諸変数間の相関はどうか、等がベーシスリスクの大きさに影響を与えることとなる。

　また、パラメトリック・トリガーについては、客観的な指標という性格の当然の帰結としてベーシスリスクが随伴することとなるが、前述のとおり精緻化により極力ベーシスリスクを小さくする工夫がなされている。

② 逆選別、モラルハザード

　パラメトリック・トリガーやモデルロス・トリガーでは、客観的な指標に

より支払額が決まることから、モラルハザードの問題は基本的に存在しない。

これに対して、インデムニティ・ボンドでは、CATボンドの発行により、スポンサーが保険の引受審査や保険金の支払請求の審査を慎重に行うインセンティブを低下させる可能性がある等、保険会社の業務スタンスいかんでモラルハザードの問題を引き起こすおそれがある。

③　トリガー発生後の資金の受払い

カタストロフィ・イベント発生とCATボンドの投資家に対する損失発生の決定との間のタイムラグについては、インデムニティ・ボンドが、実損額が測定され、査定されることを支払いの前提とする以上、最も長い時間を要することとなる。また、ロスデベロップメント期間の設定次第で、時間とともに保険金の請求が増加して期間終了時には保険金支払総額が予想外の大きさになる可能性がある。

一方、インダストリーロス・トリガーも、カタストロフィ発生後に業界の損失額を把握するまでに時間がかかることから、かなりの時間を要することになる。

この点、パラメトリック・トリガーやモデルロス・トリガーは、決済までにさしたる時間を要しない。このように、パラメトリック・トリガー等は、実損てん補を原則とする保険に比べて、スピーディに受払額が決定されるという点が特徴であるが、こうした特徴が投資家から評価されるためには、数値の信頼性と速報性の双方が求められる。

④　投資家からみた透明性

CATボンドの元利金支払いの基準となるトリガーの透明性については、物理的なパラメータにより客観的に支払いが決定されるパラメトリック・トリガーが最も透明であるということができる。この場合には、パラメータをインプットして損害額を算出することになり、インプットする数値の信頼性が確保されていることが特に重要となる。

一方、インデムニティ・ボンドは、スポンサーとなる保険・再保険会社が保険リスクの引受けを行うにあたっての手続や契約内容等を投資家が十分把握できるとは限らず、概して透明性は低いといわざるをえない。また、モデルロス・トリガーについても投資家からみてモデルがよって立つ前提が必ずしも明確ではないおそれがあり、そうした場合には、透明性が低くなる可能性がある。しかし、こうした透明性にかかわる問題は、発行主体のスポンサーやモデル設計会社等が、投資家に対して積極的に情報提供するスタンスをとっていることにより、大幅に改善している状況にある。

(6) 最適なトリガーの選択

　以上から、モラルハザードのリスクとベーシスリスクの両者については、スポンサーと投資家との間に利益相反の関係があることが明確である。すなわち、インデムニティ・トリガーには、モラルハザードがあるが、ベーシスリスクはない一方、パラメトリック・トリガーには、モラルハザードはないが、ベーシスリスクがある。そして、この中間にあるのが、保険会社のリスクをモデルに組み込むものの、モデルがアウトプットする結果は実損額に依存したものではないモデルロス・トリガーとなる。

　したがって、ごく単純化してみれば、CATボンドの発行主体となるスポンサーにとっては、たとえプレミアムが大きくてもベーシスリスクがなく実損額を補てんするインデムニティ・トリガーをとるか、ベーシスリスクがあってもプレミアムが小さいパラメトリック・トリガーをとるかの選択になる。一方、CATボンドへの投資家にとっては、モラルハザードのリスクがあるもののプレミアムが大きいインデムニティ・トリガーをとるか、プレミアムが小さいもののモラルハザードのリスクを懸念する必要のないパラメトリック・トリガーをとるかの選択になる。そして、モデルロス・トリガーはその中庸の性格をもつ。

(7) CATボンドのトリガー別発行推移

　これまでの、CATボンドの発行実績をみると、1999年まではインデムニ

ティ・トリガーが圧倒的に多い状況であった。しかし、その後は、パラメトリック・トリガーがついたCATボンドの取引が増加した。これには、パラメトリック・トリガーをとりながらもベーシスリスクを極力小さくするさまざまな工夫がトリガーに組み込まれ、この結果、スポンサーにも投資家にも満足のいく支払基準を設計することが可能となった点が大きく寄与しているとみられる。

　こうしたパラメトリック・トリガーへの選好が進むなかで、2007年にはインデムニティ・トリガーが大幅に増加し、それまでのトレンドから大きく乖離する結果となった。これは、同年に既往最大のCATボンドの発行があり、このCATボンドにインデムニティ・トリガーが採用されたことによる。このCATボンドは、カナダと米国の竜巻やハリケーン、霰、山火事、地震リスクをカバーするために、保険会社のステートファーム（StateFarm）が発行したものである[29]。このCATボンドはインデムニティ・トリガーではあるが、発行者であるステートファームのリスクポートフォリオが透明であり、また保険引受けも厳格な審査で行われていることから、投資家に販売することになんらの支障はなかったとされている。

　そして、最近では、インデムニティ・ボンドが最も大きなシェアを占めるに至っている。これには、CATボンドの発行にあたって、発行主体となる保険・再保険会社が積極的に保険業務の方針ないし基準やポートフォリオのリスク特性を投資家に提供、開示する姿勢を強めており、それによりインデムニティ・トリガーの欠点であった逆選別やモラルハザードの発生のおそれが回避され、透明性が向上したことから、インデムニティ・ボンドが投資家にさしたる抵抗なく受け入れられる状況となっていることが、基本的な背景になっているとみられる。

　ちなみに、2012年のCATボンドの発行実績では、インデムニティ・トリガーが57％となっている（図表 5 - 12）。

29　Ibid.

図表5－12　CATボンドのトリガー別発行実績

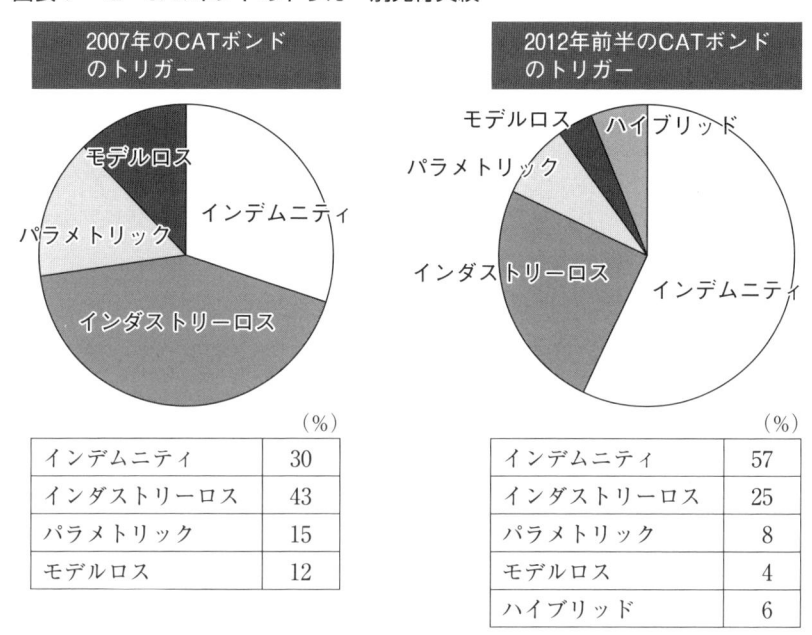

2007年のCATボンドのトリガー

	(%)
インデムニティ	30
インダストリーロス	43
パラメトリック	15
モデルロス	12

2012年前半のCATボンドのトリガー

	(%)
インデムニティ	57
インダストリーロス	25
パラメトリック	8
モデルロス	4
ハイブリッド	6

（出所）　スイス再保険会社"Insurance-Linked Securities Market Update" 2012.7

7　CATボンドの格付

(1)　CATボンドの格付の必要性

　格付会社は、資本市場の参加者に対して借り手の一般的な信用力、または借り手の特定の債務についての履行能力について、独立の評価を提供する役割を担う機関である。すなわち、格付会社は、社債や国債、サブプライム証券等の格付を行い、それをわかりやすいかたちに記号化したうえで提供する。そして、投資家は、こうした格付を投資判断の材料として債券投資等を行うことができる。

　資本市場で取引されるさまざまな証券のなかでも、とりわけMBS（不動産担保証券）やABS（資産担保証券）等の証券化商品は、一般的に多くの件数

の資産を束にして証券化することから、証券化商品のリスク・プロファイルが最終投資家には把握しにくい特性がある。このため、格付会社がこうした証券化商品の格付を行い、それを投資家が投資判断の参考に供することが通常のパターンとなっている。

　一方、CATボンドは、多くの件数を束にするといったかたちの証券化商品ではないが、カタストロフィ・リスクの性格から、リスク・プロファイルが最終投資家にわかりにくい点では、多くの資産を束ねた証券化商品と同じ特性をもっている。こうしたことから、格付会社は、CATボンドの発行体からも投資家からも独立した機関として、CATボンドのリスク分析とその結果としての格付をマーケットに提供する重要な機能を果たしている。

　具体的には、格付会社は、CATボンドの格付を一般の社債のデフォルトリスクの格付と同じようなかたちで表すこととしている。すなわち、カタストロフィ・リスクが発生した場合に、それがトリガーに抵触する確率と期待損失を、社債のデフォルトリスクと同様に計測のうえ、記号化して提供している。

　そして、こうした格付により、リスクヘッジャーとリスクテイカーとの間に存在する情報の非対称性が大幅に緩和されることとなり、この結果、CATボンドの格付は、CATボンドへの投資家層の拡大に大きく寄与することとなった。

　すなわち、CATボンドへの投資家の層は、従来、保険・再保険会社が中心であったが、CATボンドに対する格付の進展により、マネーマネジャーやミューチュアルファンド、年金基金、ヘッジファンド、CATボンド専門ファンドへと投資家の裾野が大幅に拡大してきている状況にある。

(2)　カタストロフィ・モデルとCATボンドの格付

　格付会社がCATボンドの格付を行う場合には、モデル設計会社のカタストロフィ・モデルを活用することが一般的である。しかし、いかなるモデルであってもさまざまな前提を置くことにより実際に発生する事象を単純化していることから、格付会社がモデルに依存して格付を行うに際しては、多か

れ少なかれ、カタストロフィの頻度や程度等についての推測を誤るモデルリスクの存在に留意する必要がある。こうしたモデルリスクを回避するためには、まずもってモデルにインプットするデータが、十分信頼に足るものであることが重要であり、どのような主体がどのようなかたちでデータを収集したのかをチェックしなければならない。

　そして、モデル自体にどのような前提が置かれているのか、そうした前提は想定されるカタストロフィ・リスクの推定に使うモデルとして的確なものであるかどうか等のポイントを検討する必要がある。

　また、たとえばインデムニティ・ボンドの場合には、CATボンドへの投資家のリスクは、スポンサーとなる保険会社の保険引受方針と引受実績のデータや損害額の推測モデル、保険金請求への対応等、ビジネスを行う基本スタンスに大きく左右されることとなり、したがって、格付会社は、こうした情報を重要な判断材料としながら格付を行うこととなる。

　さらに、モデルがアウトプットした結果に対してシミュレーションを使ってストレステストを行うとともに、実際にカタストロフィ・リスクが発生したときの損失額とモデルにより想定された損失額とを比較するバックテストを行う。

　このようにして格付会社は、さまざまな角度からモデルの頑強性(robustness) のチェックを実施したうえで、これを格付に活用することになる。

(3) CATボンドの格付の手法

　ここで、CATボンドの格付にあたって、実際にとられている代表的な手法をみることとしたい[30]。

　まず、損失シナリオは、カタストロフィ・モデル設計会社により開発されたリスクモデルから得られた結果を使って、策定する。次に、格付会社は、独自のストレスシナリオを作成してこれをモデルにインプットして、その結

---

[30] Araya, R., (2004) Catastrophic risk securitization: Moody's perspective *OECD Conference*. p5

果を分析する。このように、カタストロフィ・モデルの想定とパラメータにストレスをかける目的は、モデルが構築された想定の有効性と、パラメータの推測に随伴する不確実性を検証することによってモデルの頑強性を検証するためのものである。そして、こうした分析結果は、スポンサーが投資家に配布する目論見書に記述されることとなる。

　また、格付にあたっては、スポンサーの財務基盤、ビジネスの経験歴、CATボンドのスポンサーとしての履歴、管理能力、SPVに預託された担保の信用リスクや、SPVがスワップ取引を行うスキームにおいてはそのカウンターパーティの信用リスク等が勘案されることとなる。

　CATボンドの投資家への支払額は、定期的に支払われる金利と満期に償還される元本から構成されるが、これに対する期待損失は、リスクの分析の結果により想定される損失シナリオのすべてのケースの損失の加重平均値である。加重平均値は、各々のシナリオで想定される損失額に生起確率を乗じて算出する。そして、これを投資家に支払いが行われる予定金額に対する比率としてパーセントで表す。

　このように期待損失が算出されたら、いよいよ最終目的である格付を記号によって行うこととなる。これは、CATボンドの期待損失を、当該CATボンドと同じデュレーションをもつ一般の債券と比較して、最も類似している債券の格付と同一の格付にするという手法がとられる。

　また、格付会社は、CATボンド発行後もきめ細かなモニタリングを実施して、格付が適切であるかどうかをチェックする。このモニタリングは、時間の経過がカタストロフィ・リスクの発生確率や期待損失に与える効果、アタッチメント・ポイントやイグゾーションポイントの変更による効果等を評価する内容が中心となる。

　そして、たとえば、ハリケーンのように海上で発生して上陸の可能性があるといったカタストロフィ・イベントについては、格下げのウオッチ対象とし、その後、ハリケーンが実際に上陸して被害を及ぼした段階で格下げが行われることになる。また、地震のように、予測が困難で突然発生するカタストロフィ・イベントについては、実際にカタストロフィ・リスクが発生して

から、格下げを実施することとなる。

(4) CATボンドの格付の状況

　大半のCATボンドは、複数のトランシェをもっている。そして、一般的に上位となるシニアには投資適格の格付が付されるが、CATボンドにはすべてのトランシェにわたって投資不適格の格付となっているケースも数多く存在する。その場合には、B－からBB＋のレンジであることが多く、特に低格付となる場合には、アタッチメント発動の確率や担保資産の質、それにスワップ取引を行う場合にはカウンターパーティの質が大きく影響することとなる。これに対して、第三者のサポートが得られているトランシェは、高格付となることが多い。

8　CATボンドの投資家

(1) 投資家のプロファイル

　CATボンドが開発された初期においては、CATボンドの発行者も投資家も、ほとんどが保険会社や再保険会社により占められる状況にあった。
　すなわち、CATボンドはもっぱら保険会社や再保険会社が、カタストロフィ・リスクの知識と数理モデルを使って保険業界内でのリスク移転を行うことにより、各社がもつ保険ポートフォリオの構成を変更して、最適ポートフォリオを構築するための手段として活用されていた。
　しかし、その後、CATボンドは、こうした保険業界内での保険ポートフォリオの再構築のほかに、保険・再保険会社以外のさまざまなタイプの投資家にとってまったく新しい資産クラスとして注目を集めることとなった。この結果、かつては保険・再保険会社がCATボンドに対するメインの投資家であったが、いまではCATファンド（CATに特化したファンド）、ヘッジファンド、マネーマネジャー、年金基金、ファンド・オブ・ファンズ、銀行、資産管理会社、企業等の金融資本市場の参加者が9割強を占め、保険・再保険

図表5-13 CATボンドへの投資家層

1999年

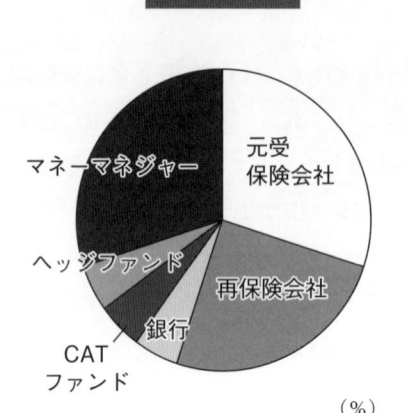

	(%)
元受保険会社	30
再保険会社	25
銀　行	5
CATファンド	5
ヘッジファンド	5
マネーマネジャー	30

2009年

	(%)
元受保険会社	3
再保険会社	5
銀　行	9
CATファンド	46
ヘッジファンド	14
マネーマネジャー	23

(出所) スイス再保険会社"Sigma" 2009. No4

会社は1割弱と小さなシェアとなっている（図表5-13）。このように、現在では投資家の層も大幅な拡大をみて、CATボンドマーケットの地盤固めが進んでいる状況にある。

① CATファンド

　米国では、現状、まだそれほど数は多くはないものの、ファンドの資金の大半をCATボンドを中心とする保険リンク証券に投資している私募投信が存在する。このような投信は、保険リンク証券（ILS）専門ファンドとか、CATファンドと呼ばれている。CATファンドの投資スタンスは、ヘッジファンドに類似しており、またCATボンドへの投資家はごく限定された機関投資家となっている。

② ヘッジファンド

　ヘッジファンドは、CATボンドへの主要な投資家としてのステータスを確立しつつある。ヘッジファンドは、限られた投資家が資金を拠出し、それを専門家が証券やデリバティブ等に運用する投資ビークルである。

　ヘッジファンドは、一般的にバイ・アンド・ホールドの投資手法ではなく、活発に売買を行い、またレバレッジを利かせながら、ダイナミックな投資戦略を展開することを特徴としている。また、マーケット全体の動きとは相関性をもたない絶対リターン（absolute return）をねらうことも、ヘッジファンドの大きな特徴である。

　こうした特徴をもつヘッジファンドは、高利回りの獲得を目指してCATボンドに対しても積極的な投資活動を展開している。とりわけCATボンドの発行がブームであった2007年には、大規模のヘッジファンドがBB格付のCATボンドに活発な投資を行った経緯がある。

　CATボンドへの投資を手掛けるヘッジファンドはますます専門性を強めており、カタストロフィ・リスクの分析を専門とするスペシャリストを抱えるファンドも増加している。ヘッジファンドは、CATボンドへの投資を専門とするCATファンドと比べると、より高いリスクを取ることが多く、なかには100年に一度の確率のイベントをもつCATボンドにポートフォリオの10％、1,000年に一度の確率のイベントをもつCATボンドに20％の資金を振り向けるヘッジファンドも存在している[31]。

　ヘッジファンドがポートフォリオに保有するCATボンドを、自己の投資方針に反して流通市場で売却するケースはほとんどみられないが、2008年央のグローバル金融危機における金融資本市場の混乱の際には、投資家の解約からヘッジファンドから資金が流出し、これをカバーするためにファンドが保有していたCATボンドを大量に売りに出す事態となった。しかし、マーケットの状況が落着きを取り戻すと、ヘッジファンドによる高利回りで、かつ他の資産クラスと低相関にある特徴をもったCATボンドへの投資が再び

31　Weber, C. op.cit., p223

積極化している状況にある。

(2) CATボンド投資のインセンティブ

CATボンドへの投資に対してさまざまな機関投資家が選好を強めている要因には、低金利環境下でCATボンドのリターンが魅力的であることと、CATボンドのリスクは他の金融リスクとの相関性が少なくポートフォリオの分散投資効果を向上させることが期待できる点がある。

① CATボンドのリターン

投資家がCATボンドに魅力をもつ理由は、なんといっても期待リターンの高さにある。こうした期待リターンの高さは、基本的にはCATボンドがもつリスクの高さを反映したものであるが、その他の諸要因も働いている。

CATボンドがもつ高水準のプレミアムは、CATボンドの発行が始まった当初からみると縮小してきているが、それでもカタストロフィ・モデルにより理論的に算出された損失リスクに比べると、かなり高いプレミアムがつくことが少なくない状況にある（図表5-14）。このような場合には、投資家はCATボンドへの投資によって、CATボンドの格付と同格の社債に投資するよりも高いリターンを得られることになる。

こうしたプレミアムの高さは、CATボンドの市場流動性がいまだ薄く、この結果、流動性プレミアムがついていることが大きな原因となっている。また、投資家の間に、モデルにより理論的に算出された損失リスクよりも実際の損失リスクが大きいというモデルリスクが存在するとの懸念が完全に払拭されていないことも一つの要因である。さらに、資本市場に新たに登場したCATボンドの珍しさにより、CATボンドがもつリスク・リターン特性自体に対する投資家の習熟度がまだ完全ではなく、いわゆるノベルティ・プレミアム（novelty premiumまたはnewness premium）がつくことも影響している[32]。

---

[32] Geman, H., (ed.) (1999) *Insurance and Weather derivatives.* Risk Books.p162

図表5－14　CATボンドのプレミアムの推移

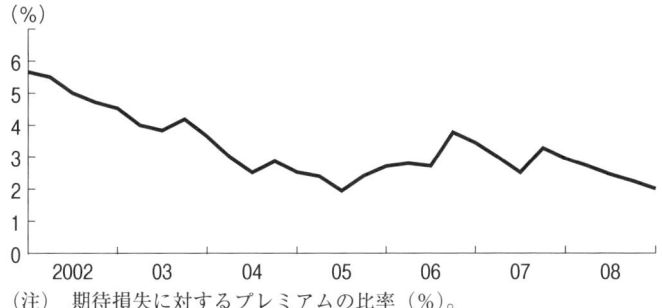

(注)　期待損失に対するプレミアムの比率（％）。
(出所)　Lane Securities の資料をもとに著者作成

　このうち、モデルリスクについては、モデル設計会社の努力により大幅に縮小して、それにつれてモデルリスク・プレミアムも減少している。また、CATボンドがもつリスクに関する知識が投資家の間に十分浸透していないことに起因するノベルティ・プレミアムも、CATボンド市場の発展につれて投資家にとってCATボンドがなじみのある存在となってきたことから、かつての水準に比べると大幅に縮小してきている。

② ポートフォリオの分散効果とオルタナティブ投資

　機関投資家が目指す共通の目標は、ポートフォリオを構成する各資産間の相関性を勘案して資産を組み合わせることにより、一定のリスクで最大のリターンが得られる最適ポートフォリオを構築することにある。

　そして、ポートフォリオを構築する資産クラスは、従来は、株式や金利・債券、外貨資産（外国株式、債券等）、預金等の資産で、こうした伝統的な資産を一定の規模のポートフォリオのなかで相関性を考慮しながらウェイトづけして配分することによって、最適ポートフォリオを構築する手法がとられてきた。

　しかし、各国の金融自由化、国際化によるマーケットのグローバリゼーションが進展して、このような伝統的な各種資産間の相関性が強まり、期待された分散投資効果が十分得られない状況となってきている。

第5章　CATボンド（カタストロフィ・ボンド）

そこで、伝統的な資産クラスと相関性が低い新たな資産クラスをポートフォリオに投入する動きが台頭しているが、こうした新しい資産クラスを対象にした投資をオルタナティブ投資（Alternative Investments；代替投資）と呼んでいる。オルタナティブ投資の対象となる金融資産には、一般的に、エマージングマーケットの株式、債券、プライベートエクイティ（ベンチャーキャピタル）、ヘッジファンド、各種資産の証券化商品、それにCATボンドと後述（第6章）の天候デリバティブ等がある。

　すなわち、ポートフォリオに組み込まれた株式や金利・債券等の伝統的な金融資産は、程度の差こそあれ景気動向の影響を受けることから相関性があり、したがって、リスク分散の効果にも限界がある。しかしながら、CATボンドや天候デリバティブは、こうした要因からの直接の影響はなく、機関投資家にとって投資対象の選択肢の拡大により機動的、弾力的な投資戦略を可能とするオルタナティブ投資の対象として注目されている。

・カタストロフィ・リスクとオルタナティブ投資

　米国の大口機関投資家は、分散投資の一環としてCATボンドを「ゼロベータ資産」の一種として分散投資の格好の対象としている。ここで、ベータ（β）とは、個別の証券が、株価指数などマーケット全体の動きに対してどの程度連動するかを示す度合いで、ベータ値が高いほどその資産はマーケット全体の動きと相関性が高いことを意味する。そして、CATボンドは、マーケット全体の動きとは直接の相関はないことからゼロベータ資産の一種とみられている。

　このように、CATボンドは伝統的な金融商品のリターンとの相関関係が低く、したがって分散効果を高めるほか、投資家がポートフォリオの地理的なリスク分散効果をねらうツールとしての投資対象となる。たとえば、日本の自然災害リスクと欧米の自然災害リスクとの相関性は低く、したがって、機関投資家がグローバル規模でCATボンドをポートフォリオに組み入れることによって、カタストロフィ・リスクの地理的な分散投資効果を高めることが期待できる。具体的には、ポートフォリオのなかに日本の地震を対象とするCATボンドをもつ投資マネジャーは、これにカリフォルニアの地震を

図表 5－15　オルタナティブ投資のリスク・リターンへのインパクト（イメージ）

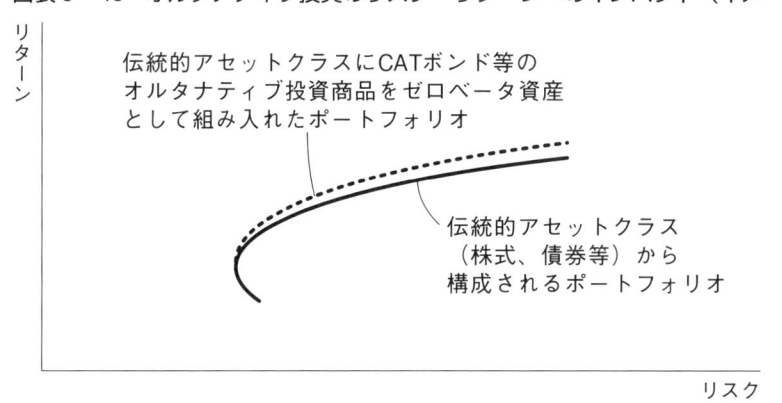

（縦軸）リターン
（横軸）リスク

伝統的アセットクラスにCATボンド等の
オルタナティブ投資商品をゼロベータ資産
として組み入れたポートフォリオ

伝統的アセットクラス
（株式、債券等）から
構成されるポートフォリオ

（出所）　著者作成

対象とするCATボンドやフランスの暴風、フロリダのハリケーンを対象とするCATボンドを付加することによりカタストロフィ・リスクの分散を図ることが可能となる（図表 5－15）。

③　グローバル金融危機と相関性

　カタストロフィ・イベントは、物理的なプロセスから発生するランダムな現象である。したがって、地震やハリケーン等のカタストロフィ・リスクにリンクしているCATボンドは経済のパフォーマンスにかかわるリスクではなく、株式や債券相場との相関関係は、きわめて低いと考えられてきた（図表 5－16）。これを、実際に過去のカタストロフィ・イベント発生の際のデータから検証しても、カタストロフィ・エキスポージャーとその他の金融資産クラスの相関係数は－0.13〜＋0.21と低い水準であり、カタストロフィ・リスクと金融資本市場との間にはほとんど相関関係は存在しないことが実証されている[33]。

　しかしながら、株式市場の動向とカタストロフィ・リスクとの因果関係を考えると、株式相場の下落が地震やハリケーンを引き起こす原因とはならな

---

[33]　Kenneth, A.F.（1995）*The Emerging Asset Class.* Insurance Risk

図表 5-16 保険リンク証券 (ILS) と株式・債券のリターンの相関性

	スイス再保険 ILSBB指数	バークレイズ 財務省証券指数	バークレイズ 社債BBB指数	S&P 500
スイス再保険 ILSBB指数	1.00	0.22	0.22	0.03
バークレイズ 財務省証券指数	0.22	1.00	0.77	－0.39
バークレイズ 社債BBB指数	0.22	0.77	1.00	0.03
S&P 500	0.03	－0.39	0.03	1.00

(出所) J. David Cummins "Financing Catastrophe Risk"（原典：GC Securities, through 2007）をもとに著者作成

いが、逆にカタストロフィ・リスクの発生が株式相場の下落の原因になるのではないかとの疑念が生じることは至極当然である。すなわち、カタストロフィ・リスクの発生により保険の対象となっている物財に大きな被害を及ぼし、またビジネスの中断を引き起こす等、企業活動に大きな影響があり、この結果、株式市場が混乱し、これがCATボンドマーケットに影響を及ぼすことは十分想定されるところである。こうしたCATボンドがもつ伝統的な資産との低相関性に関する疑問は、グローバル金融危機を象徴するリーマンブラザーズの破綻により、表面化することとなった。

すなわち、2005～2007年の期間のBB格付の一般社債のパフォーマンスと、それと同一格付のCATボンドのパフォーマンスとを比較すると、CATボンドがBB格付の一般社債をアウトパフォームしている。また、2007年には、金融資産のクレジットスプレッドがかつてないほどに拡大をみるなかにあっても、投資家のCATボンドに対する需要が根強く続いたことから、CATボンドはクレジットクランチの影響をさして受けることなく推移した。これからみる限り、CATボンドは、伝統的な社債等とほとんど相関関係はないとみることができる[34]。

しかしながら、2008年に入って金融危機が一段と深刻化すると、こうした状況に変化が生じた。すなわち、金融資本市場が危機的症状となるなかにあって、市場流動性リスクがCATボンドにも及び、事実上、CATボンドをフェアプライスで売却することができない事態に陥った。ここから、CATボンドと伝統的な金融資産との間には、市場流動性リスクの側面から相関性が存在することが明確となった[35]。

　また、CATボンドのスキームのなかに信託が設定され、CATボンドの元利金の保証が図られているが、市場参加者の破綻で、信用補完機能が不全に陥るケースが発生した。具体的には、CATボンド発行代り金を運用する信託が、リーマンブラザーズとの間でスワップ取引を行っていたが、リーマンの破綻によって信用リスクが表面化することになった。この結果、当該CATボンドの流通価格は大幅な下落を示し、CATボンドのプライマリーマーケットでスポンサーは、数カ月間、新規発行を控えざるをえない状況に立ち至った。

　そして、こうしたグローバル金融危機による教訓から、前述（本章4(2)）のとおりCATボンドの発行代り金は財務省証券等で運用され、また、スワップ取引が行われる場合にあっても、従来よりも頑強なスキームで管理されるといったケースが大半となっている。

　以上の状況を総合的に勘案すると、短期的には、さまざまな要因が働いてCATボンドと伝統的な金融資産との間に相関性はないとは必ずしも言い切ることはできないと考えられる。すなわち、金融危機が拡大をみる状況下で、ファンドマネジャーは資金手当のためにポートフォリオのリバランスを行う必要性に迫られて、その一環としてCATボンドの売却に踏み切ることになる。しかし、証券市場全般が流動性危機に見舞われているなかにあって、こうしたCATボンドの売りがかさむことになれば、当然、値崩れが発生する。このように、短期的な危機的状況においては、市場流動性リスクを

34　Yago, G., and Reiter, P. (2008) Financial Innovations for Catastrophic Risk: Cat Bonds and Beyond. *Milken Institute*. p14
35　Deutsche Bank Research p13

通じて、伝統的な金融資産のパフォーマンスとCATボンドのパフォーマンスとの相関性が高まることとなる。

しかしながら、長期的にみれば、CATボンドは、伝統的な金融資産がもつリスクカテゴリーとは異なるカタストロフィ・リスクを対象としており、これをポートフォリオに組み込むことによって分散投資効果の向上を期待することができる。

④ 東日本大震災とCATボンド

CATボンドへの投資を専門とするCATファンドの利回りをみると、2011年にはマイナスとなるケースが大半となった。これは、それまでCATファンドが平均5～9％のリターンをあげてきた実績と比べると対照的なパフォーマンスの悪化である[36]。

これには、2011年に世界の各地において巨大なカタストロフィが発生したことが影響している。すなわち、3月に発生した東日本大震災で、後述（本章9(3)②）のようにJA共済連が発行したCATボンドが元利金の支払いを全額停止するデフォルトに陥った。また、米国では、記録的な件数の竜巻が発生して、いくつかのCATボンドの元利金の一部が毀損した。これに加えて、米国のハリケーン・アイリーンが北東部の人口密集地を襲って大きな被害をもたらしたことや、ハリケーン・ジョバやリナがメキシコも対象としたマルチCATボンドの支払いに影響をもたらした。さらに、トルコ地震もCATボンドの元利金の支払いに多大な影響を与えた。

そして、こうした各国に発生したカタストロフィ・リスクにより、その後のCATボンドの発行件数も減少し、また流通市場での価格も下落をみた。

しかしながら、翌年の2012年に入ると、CATボンドの発行は再び増加トレンドに戻り、また流通市場のおける価格も落着きを取り戻している状況にある。

---

[36] ARTEMIS (2011) "Cat bond funds expect prices and returns to stabilize" 2011.11 (http://www.artemis.bm/)

9 CATボンドの具体例

(1) USAA発行のCATボンド

　前述（本章4(1)）のとおり、最初のCATボンドは、1994年にハノーバー再保険会社により発行された。そして、その3年後の1997年にUSAA（United Services Automobile Association）により発行されたCATボンドが大成功を収めたことが起爆剤となって、CATボンド市場は大きく発展することとなった[37]。

　USAAは、米国の軍人およびその家族向けに自動車や住宅、家財等の損害保険を提供しているテキサスを本拠地とする保険会社である。USAAでは、これまで顧客との間の保険契約によって保有したリスクを、自家保有や再保険で対応してきたが、1990年代初からこれに代替する手法を検討してきた[38]。

　この検討を加速させたのが、1992年、米国フロリダ州とルイジアナ州を襲い、保険業界に179億ドルという巨額の損失をもたらしたハリケーン・アンドリューである。USAAもフロリダ地区で多数の件数にのぼる保険契約を締結していたことから、このハリケーン・アンドリューで6億2,000万ドルの損失を被ることとなった。実際のところ、USAAは、米国軍人を対象とするビジネスを核としているだけに、保険契約は、カルフォルニアやテキサス、フロリダ、ノースカロライナ等、さまざまなリスクが発生しやすい地域に集中している。USAAは、1995年に投資銀行に対してこうしたリスクへ対応するソリューションの提案を求めた。この結果、ハリケーンを対象とするCATボンド発行の構想が浮上した。

　しかし、ハリケーンリスクをカバーするCATボンドは斬新な試みであっ

---

[37] Gorvett, R. W. (1999) Insurance Securitization: The Development of a New Asset Class *Casualty Society Discussion Paper Program*1999 p157
[38] Banks, E. (2004) *Alternative Risk Transfer*. John Wiley & Sons, Ltd. p125

たことから、そのスキームの構築はもちろんのこと、法的な問題や規制問題の検討、さらには投資家や格付会社との間での交渉等に多大のエネルギーと時間を要することとなった。

そして、こうしたプロセスにおいても、USAAは、自己保険や伝統的な再保険、シカゴ商品取引所のPCSオプション、サープラスノートといった他の手段を並行して検討した。このうち、再保険の利用については、再保険会社はいずれも東部海岸のハリケーンや、カリフォルニアの地震といったカタストロフィ・リスクにかかわる再保険をすでにポートフォリオに目一杯抱えていた。したがって、たとえ元受保険会社のUSAAが再保険を掛けようとしても、再保険会社がこうした地域の受再には消極的であったことから、あきらめざるをえない状況にあった[39]。

CATボンド構想の検討開始から1年以上経過した1997年、ついにUSAAはハリケーンを対象とするCATボンドの骨格を固めることに漕ぎつけ、同年、これを資本市場に向けて発行した。そして、このUSAA発行のCATボンドが、その後のCATボンドのモデルケースとなった。

・**USAAのCATボンドのフレームワークとスペック**

1997年にUSAAが発行したCATボンドは、当初1億5,000万ドルが予定されていたが、投資家からの応募が殺到して結局、予定していた発行額の3倍強の4億7,700万ドルの発行となった[40]。

そして、このCATボンドの発行や情宣には投資銀行数行がかかわり、最終的に62の機関投資家に販売された。

USAAのCATボンドは、ケイマン諸島に設立されたレジデンシャル・リーという名前のSPCにより発行された。これは、米国の東海岸や湾岸に襲来する大型ハリケーンを対象とした単一ペリルに基づく期間1年のCATボンドである（図表5-17）。

このCATボンドは、二つのトランシェから構成されている。すなわち、クラスA1は8,700万ドルでLIBOR＋273bps、クラスA2は3億1,300万ドルで

---

[39] Geman, H., op.cit., p111
[40] Gorvett, R. W., op.cit.

LIBOR＋576bpsである。クラスA1は元本保証であるが金利を失うリスクをもち、また、クラスA2は元利金すべてを失うリスクをもっている。そして、フィッチの格付では、クラスA1がAAAという投資適格、クラスA2がBBという投資不適格の格付となっている。

このように二つのトランシェを設けた背景には、アレンジャーとなった投資銀行が、このCATボンドのフレームワークの検討過程で機関投資家に打診したところ、元本をリスクにさらすような投資は避けたいとの要望が一部有力投資家からフィードバックされたとの事情がある[41]。

また、トリガーは、インデムニティ・トリガーが採用され、アタッチメント・ポイントは、1997年7月から12月の期間に東部海岸にハリケーンが到来してUSAAの保険金支払いが10億ドルを超えた水準に設定された。そして、USAAは、10億ドルを超える損失（XOL）について5億ドルの80%（20%は共同保証としてUSAAが自己負担）までの補償を受けることができることとなっている。このように、CATボンドに共同保証を組み込むことにより、USAAの利害は投資家と同一となり、モラルハザードを防止することができる。

図表5-17　USAA発行のCATボンド

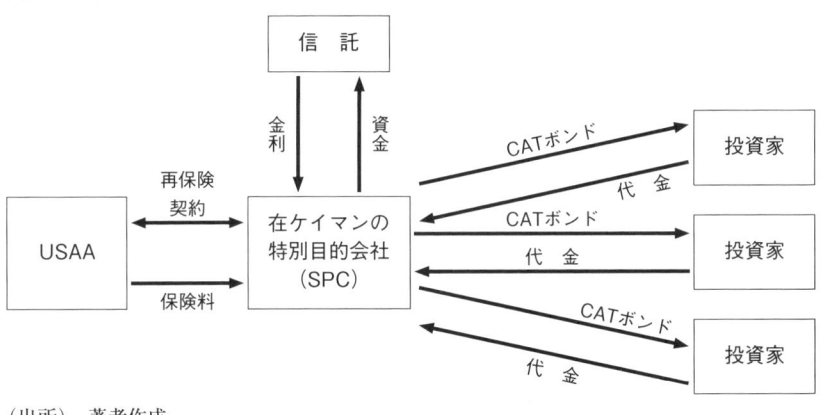

（出所）　著者作成

---

[41]　Lane , M., op.cit., p50

また、USAAの損失が15億ドル以上の場合にはA2は元本を完全に失うことになる。したがって、A2への投資家は、実質的に10億〜15億ドルのコールスプレッドを売ることになる[42]。なお、このA2は6カ月のロスデベロップメント期間をもっている。

　このようなスペックをもつUSAAのハリケーンボンドは、ともかく実質的にCATボンド第1号であるということから、極力多くの投資家を誘引するために投資家にとって魅力的なプライシングがなされた。そして、このCATボンドは成功裡に投資家に発行され、その後、多くの保険会社等がUSAAに追随するかたちで、CATボンドを発行することとなった。

　また、USAA自身も、その後、繰り返しCATボンドを発行している。たとえば、その翌年の1998年に再びUSAAが発行したCATボンドは、前年発行のスペックと基本的に変わりはないものの、そのクーポンレートは、前年発行のケースを100bps下回った。これは、CATボンドのノベルティ・プレミアムが剥げ落ちたことによるものである。こうしたプレミアムの縮小傾向は、CATボンドマーケットが成長するにつれて、さらに強まる状況にある。また、USAA発行のCATボンドは、その後、保険の対象を特定の種類の住宅に限定することなく、戸建て住宅、マンション、賃貸住宅といった同種のものをすべて含めるといった工夫をすることにより、逆選別を回避して投資家の魅力を高める内容となっている。

(2) 日本の損保会社発行のCATボンド

　以下では、日本の保険会社が発行したCATボンドの代表例をみる。

① 東京海上火災発行のCATボンド（その1）

　1997年に東京海上火災（現、東京海上日動）が発行したCATボンドは、パラメトリック・トリガーを開発、導入したCATボンドの嚆矢として世界的に有名である。

---

[42] Geman, H., op.cit., p111

東京海上火災は、先行き、顧客からの地震保険の引受けをスムーズに行うために、保険引受けのキャパシティを長期にわたって確保する必要があると考えた。しかし、これを再保険に出再する場合には、再保険の期間が原則1年間であることから、毎年ロールオーバーするごとに手数料を要することになる。これに対して、長期のCATボンドを発行すれば、CATボンドの発行コストは、発行時点にかかる一度限りのコストであることから、1年当りでみたコストを削減させることができる[43]。

　こうしたことから、東京海上火災ではCATボンドの発行を選択することとなったが、次の問題は、どのようなトリガーを使うかである。仮に、多くのスポンサーがそれまで発行してきたCATボンドと同様、インデムニティ・トリガーを選択した場合には、CATボンドの期間中に保険ポートフォリオの内容変化が予想されることから、保険ポートフォリオのどの時点を基準にして実損てん補を決めるかがきわめて困難となる。また、インダストリーロス・トリガーを採用しようとしても、保険業界全体でみた損失を推計してそのデータを提供する米国のPCSのような業者は、日本には存在しない。また、仮にそうしたデータがアベイラブルであるとしても、長期でみた場合には保険業界全体でみたポートフォリオの構成が、CATボンド発行時点に想定した内容から大きく変化する可能性がある。

　こうしたことを背景に、東京海上火災では、CATボンドとして初めて地震のマグニチュードという物理的な指数をもとにしたパラメトリック・トリガーを開発、導入した。

　これは、地震のマグニチュードというカタストロフィの客観的な指標を、投資家に対する元利金の支払いの減免に直接リンクさせるものである。これによると、CATボンドの元利金支払いの減免と、カタストロフィの発生による東京海上火災の保険金支払額とは、直接リンクしないこととなり、東京海上火災はベーシスリスクを負うことになる。しかし、このトリガーの導入によって東京海上火災は、モラルハザードや先行きのデータの不確実性、さ

---

[43] Geman, H., op.cit., p158

らには投資家に対する元利金支払いの確定が先に延びるといったデメリットを回避することが可能となった。

この東京海上火災のCATボンドのフレームワークは、ケイマン諸島に設立されたSPVが二つのトランシェから構成されるCATボンドを発行すると同時に、東京海上火災とSPVが再保険契約を締結するというものである[44]。

そして、このCATボンドのトリガーは、東京周辺の地震となる。すなわち、東京都の中心からみて震源地がどの程度離れているかにより、インナーかアウターかに区分され、地震発生場所とマグニチュードにより、CATボンドに対する投資家の元本毀損額が認定され、したがって再保険契約に基づいてSPVが東京海上火災に支払う金額が決定されることとなる。たとえば、アウターでマグニチュード7.4の地震が発生した場合には、投資家は元本の44％を失い、また、インナーで同規模の地震が発生した場合には、元本の70％を失うこととなる。

そして、それによりSPVが得た資金は、再保険契約に基づいてSPVから東京海上火災に支払われることとなる。

② 東京海上日動発行のCATボンド（その2）

東京海上日動では、1997年の地震リスクを対象とするCATボンドに続く第2弾として、2006年、国内の大規模台風による保険金支払いに備えるためにCATボンドを発行した。

それまで世界で発行されてきたCATボンドの多くは、欧米のカタストロフィ・リスクを対象としたものであったため、日本のリスクを対象としたCATボンドへの需要が相対的に強い状況にあり、東京海上日動にとり、有利な条件でのCATボンドの発行が可能な地合いにあった[45]。このCATボンドの期間は5年、利回りはLIBOR＋390bpsで、格付はS&PによりBB＋となっている。

44　Culp, C. L., op.cit., p476
45　東京海上日動（2006）「日本国内における台風リスクの証券化」東京海上日動ニュースリリース2006年8月

東京海上日動がスポンサーとなったこのCATボンドのフレームワークは、スイス再保険会社が東京海上日動から再保険を引き受け、それをケイマン諸島のSPVに移転し、SPVが欧米を中心とする機関投資家向けに2億ドルの米ドル建てCATボンドを発行するというものである。

　このCATボンドには、風速インデックスがパラメトリック・トリガーとして採用されている。そして、このトリガーが発動された場合には元本が減額または没収され、東京海上日動に対する再保険金の支払いに充当されることになる。

　また、このスキームでは、累計5億ドルまで追加してCATボンドを発行することができるプログラムになっている。国内保険会社によるこうした方式のCATボンド発行は、これが第1号となった。これは、一般的にシェルフ・プログラムと呼ばれるシステムであり、この点についてはあらためて後述（本章11(2)②）したい。

③　三井住友海上発行のCATボンド（その1）

　2007年、三井住友海上は、台風リスクを対象とする1億2,000万ドル、期間5年のCATボンドを発行した[46]。

　これは、三井住友海上とスイス再保険会社が再保険契約を締結し、スイス再保険会社はSPVへリスクを移転、SPVが機関投資家向けにCATボンドを発行するスキームとなっている。そして、大型台風の上陸後、気象庁で観測された風速に基づいて所定の方法で算出された指数が一定の水準を超えた場合に投資家への元本償還の一部または全部を減額し、スイス再保険から三井住友海上への支払いに充当される。

　このCATボンドの特徴は、ドロップダウン条項付きのCATボンドが一部含まれることである。すなわち、元本の減額が生じる台風の規模はおおむね100年に一度レベルに相当するが、所定の規模の台風が発生した場合にそれ以降の元本減額の発生条件が50年に一度レベルに下がることになる。

---

[46] 三井住友海上（2007）「台風リスクの証券化を実行」三井住友海上ニュースリリース2007年6月

そして、投資家のリターンはLIBOR+295bpであるが、ドロップダウン条項付きはLIBOR+315bpと高く設定されている。また、格付はS&PによりBB+となっている。

このCATボンドのスキームも5億ドルまでの追加発行枠が設けられており、機動的なCATボンドの発行が可能となっている。

④　三井住友海上発行のCATボンド（その2）

三井住友海上では、2007年の台風リスクを対象とするCATボンドに続く第2弾として、2012年に1億3,000万ドル、期間4年のCATボンドを発行した[47]。

この基本スキームは、2007年発行のCATボンドと同じであるが、日本国内のリスクを対象とするCATボンドとしては初めて、気象庁等の観測データをもとにした台風の推計損害をインデックスとして採用している。

三井住友海上が2007年に発行したCATボンドは、風速に基づいて算出されたインデックスをトリガーとするパラメトリック・トリガーであったが、2012年発行のCATボンドは、このように台風による推定損害をインデックスとするモデルロス・トリガーが採用された。

すなわち、大型台風の上陸後、気象等の観測データをもとに推定損害を算出して、それが一定の水準を超えた場合には、その超過額に応じて投資家への元本償還を一部または全額減額して、三井住友海上への支払いに充当する仕組みとなっている。

具体的には、大型台風の上陸後、モデル設計会社のAIR Worldwideが気象庁や米海洋大気庁（NOAA）の地域メソ気象学支部（The Regional and Mesoscale Meteorology Branch；RAMMB）、宇宙航空研究開発機構（JAXA）の熱帯降雨観測衛星（The Tropical Rainfall Measuring Mission; TRMM）からデータを収集する。そして、台風上陸や通過の場所、中心気圧、降雨量等のデータを使って台風により被害を受けたマップを作製する。モデル設計会社

---

[47] 三井住友海上（2012）「台風リスクの証券化を実行」三井住友海上ニュースリリース2012年4月

のAIRでは、こうしたデータを自社設計のモデルにインプットして走らせて推定損害を導出し、それをもとにしてインデックスや支払額等を計算する[48]。

このCATボンドの元本の一部減額が始まる台風の規模はおおむね60年に一度レベル、全額が減額されるのは200年に一度レベルの台風に対応している。なお、このCATボンドには、ドロップダウン条項は付されていない。また、投資家のリターンはTMMF（Treasury Money Market Fund）+375bpに設定され、格付はS&PによりBBとなっている。スイス再保険会社によれば、このCATボンドの応募は発行予定額を44％上回ったという[49]。

(3) 日本企業等発行のCATボンド

① オリエンタルランド発行のCATボンド

1999年、東京ディズニーリゾートの運営主体であるオリエンタルランドはCATボンドを発行した。これは、スポンサーとなる企業が、保険・再保険会社を介することなく、直接、資本市場に向けて発行した世界最初のCATボンドとして、世界的に有名である。

- **・オリエンタルランドのリスクマネジメント**

オリエンタルランドの収益源は、東京ディズニーランドを中心とする東京ディズニーリゾートである。そして、この事業基盤は千葉県浦安市舞浜地区に集中しているために、この地区で大地震が発生した場合には業績に甚大な影響があることが予想される。このため、オリエンタルランドでは、リスクを未然に防止するリスクコントロールとリスクが実際に発生した場合の対応としてのリスクファイナンスをパッケージにして、巨大リスクに備えるリスクマネジメントを実施している。

すなわち、オリエンタルランドでは、リスク発生による被害を未然に防止するために、さまざまな施設を建設する際に液状化対策として地盤の改良工

---

48 ARTEMIS "Akibare Ⅱ Ltd." (http://www.artemis.bm/)
49 多田修（2012）「活況を呈し始めた保険リンク証券への期待」『損保ジャパン総研レポート2012.9』p17（原典 Munich Re "Insurance-linked securities Market update QI 2012"）

事を実施しており、さらに各施設に強力な耐震補強工事を実施している。このため、オリエンタルランドは、たとえ大地震が発生しても施設が大きく損傷する可能性はきわめて低く、したがって、地震による直接的な被害は軽微にとどまるとみている[50]。

現に、2011年に発生した東日本大震災の際も、東京ディズニーランド等の建物の損傷はきわめて軽微なものであり、駐車場に液状化現象がみられた程度にとどまっている。

このように、東京ディズニーランドや舞浜地区のショッピングモール、ホテル群の建物、施設は、大地震等からの被害を未然に防止するリスクコントロールが実施されているが、一方、地震発生による交通機関や電気・ガス・水道といったライフラインの被害、さらには来場者のレジャーマインドの冷込みが重なって、一時的に入場者数が減少し、これが同社の業績に悪影響を及ぼすといった間接的ないし付随的な被害が予想される。すなわち、建物、施設というストックに対する直接被害は、自己努力によりリスクコントロールされている状況にあり、したがって残された課題は、災害により発生する企業活動の低下による収益減や資金繰り難というフローに対する間接被害の対応策となる。

・オリエンタルランドのリスクファイナンス

オリエンタルランドでは、1995年に発生した阪神・淡路大震災後に神戸ポートピアランドの来客数が大幅に減少、経営に甚大な影響が及んだことをみて、将来関東大震災が発生した場合の対応の必要性を一段と強く認識した。

当時は、東京ディズニーシーの建設中であり、これが完成した暁には、もともと営業拠点の舞浜地区への一極集中であるのが、さらに集中の傾向を強めることになり、当該地区に地震が発生した場合には被害が甚大なものとなるおそれがある。

また、東京ディズニーシー建設には多額の設備投資が必要であり、そのた

---

50 オリエンタルランドプレスリリース「東京ディズニーランド／東京ディズニーシーの建物、施設について」オリエンタルランド2008年3月28日

めに負債が積み上がることに加えて、仮に東京ディズニーシー建設途中で大地震が発生した場合には、リスクファイナンスの資金源となる収益基盤が東京ディズニーランドに限定されることになる。

そこで、オリエンタルランドでは、リスクが発生した場合にも収益基盤の早期回復が可能となり、また運転資金の調達を確保することができるスキームの導入を検討した。その結果が、CATボンドの発行によるリスクファイナンスの実行となった[51]。

・**オリエンタルランドのCATボンド発行**

1999年、オリエンタルランドは、CATボンドを発行した。

それまでのCATボンドは、すべて保険・再保険会社により発行されてきた。これは、保険・再保険会社が大きなカタストロフィ・リスクを抱えていること、また、こうした保険・再保険会社は数理技術やファイナンス技術を蓄積していることから、CATボンドの構造を分析するエキスパータイズが十分あること等によるものである。

そうしたなかにあって、オリエンタルランドは、保険・再保険会社を通じてCATボンドを発行するスキームではなく、直接に資本市場にアクセスするかたちでCATボンドを発行した。これは、カタストロフィ・リスクを抱える一般企業が、マーケットに直接CATボンドを発行する最初のケースとなった。

なお、カタストロフィ・リスクを対象とするものではないが、保険会社を介することなく、企業が直接資本市場に対して発行した保険リンク証券（ILS）としては、1998年にトヨタ自動車がリース車の残存価額下落リスクを資本市場に移転を行ったケースがある。すなわち、トヨタ自動車の米国子会社であるTMCC（Toyota Motor Credit Corp.）は、リース契約満期時点におけるリース車の残存価額の評価が、リース契約時点で想定していた価額に比べて一定の割合以上に下落していた場合には、その下落幅の90％を投資家が負担するという内容の債券を発行した（図表5-18、5-19）。

---

[51] リスクファイナンス研究会（2006）『リスクファイナンス研究会報告書〜リスクファイナンスの普及に向けて〜』経済産業省2006年3月p104

また、その後、CATボンドが企業から直接発行されたケースとして、メディア会社ビベンディによるカリフォルニア地震を対象としたCATボンドやフランス電力公社によるフランスの暴風を対象としたCATボンド等がある。こうしたケースでは、保険・再保険会社を通じることなく、災害リスクのヘッジを目的とする企業が直接、SPCと契約を締結して、これを受けてSPCがマーケットでCATボンドを発行することになる。

　それまで、オリエンタルランドは、東京ディズニーランドのためにカタストロフィ・リスクをカバーする保険は掛けていなかった。それだけに、オリエンタルランドが保険会社を通すことなく、直接、CATボンドを発行するプランが公表されると、マーケットは一様に大きな驚きをもってこれを受け止めた[52]。しかしながら、1990年代後半において、それができるかどうか、また、たとえできるとしてもプライシングをどうするか等に相当の困難が伴うことは明らかであった。

　それを成功させたのが、保険市場よりも格段に大きなリスク吸収のキャパシティをもつ金融資本市場の威力である。そして、このオリエンタルランドによるCATボンド発行の成功例をみて、他の企業の間でも、リスクヘッジの場としての金融資本市場の活用に対して急速に関心が高まることとなった。さらに、証券化の対象となるリスクも伝統的なカタストロフィ・リスクから、その領域をテロや伝染病等まで拡大した。また、CATボンドのプライシングについては、異常なまでの高水準のプレミアムがつくという例は減少して、従来に比して発行サイドにとって有利な条件となった。

　こうした事態が展開するスピードはきわめて速く、まさしくオリエンタルランドによるCATボンドの発行が起爆剤となって、金融資本市場に保険リスクが明確に組み入れられるかたちで金融資本市場と保険市場との融合が大きく進展することになった。

　オリエンタルランドが行ったリスクファイナンスは、東京ディズニーリゾートの施設に対する直接的な被害はもとより、営業中断とか、来客数の低

---

[52] Culp, C. L. (2006) *Structured Finance & Insurance*. John Wiley & Sons, Ltd. p503

図表 5 −18　TMCC（Toyota Motor Credit Corp.）が発行した保険リンク証券

項　目	内　容
SPV	Gramercy Place Ltd（ケイマン諸島）
証　券	変動利付債
期　間	3年間
額　面	5億6,630万ドル
対　象	TMCCのトヨタ車のリース契約のなかからランダムに選択したリース車ポートフォリオの残存価額の合計
ペリル	リース車ポートフォリオの残存価額が一定の水準を下回ることによる損失リスク
リスクの自己保有	ファーストロスの9％と残りの10%
トランシェA	LIBOR+23bps　Aa2、AA
トランシェB	LIBOR+45bps　A2、A
トランシェC'	LIBOR+325bps　Ba2、BB

（出所）　Sedgwick Lane Financial L. L. C.（1998）A Tale of Two Securities：TMCC vs USAA, *Sedgwick Lane Financial L. L. C. 1998*の資料をもとに著者作成

図表 5 −19　TMCC発行の保険リンク証券のフレームワーク

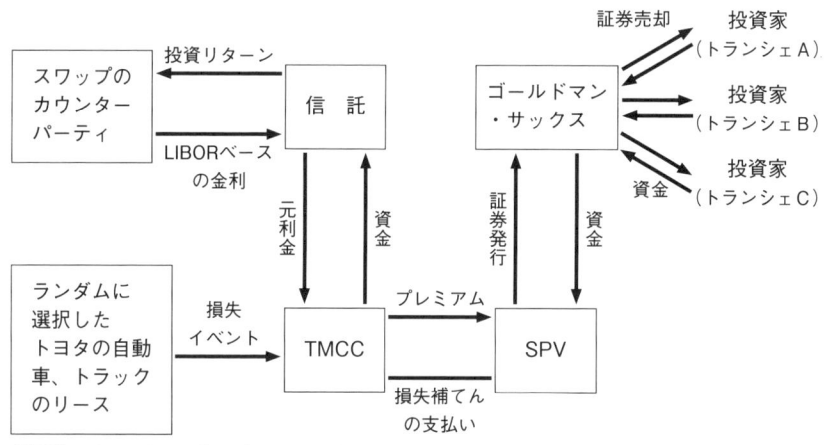

（出所）　Culp. C. L., (2002) *The Art of Risk management* John Wiley & Sons, Ltd. pp463-464 をもとに著者作成

下による営業損失や営業キャッシュフローの減少等の間接的な被害をカバーするためにタイムリーかつ確実に資金を受け取ることができるといった特徴をもっている。

このオリエンタルランドのCATボンドは米国市場で発行され、欧米の再保険会社や損害保険会社のみならず、ファンド等の機関投資家に幅広く販売された。これは、欧米の機関投資家が最適ポートフォリオの構築を指向して、それまでポートフォリオを構成していた金融資産やコモディティに加えて、こうした伝統的な資産クラスと相関性が低いCATボンドを投資の対象に選好する典型例ということができる。

・オリエンタルランドのCATボンドのスキーム

オリエンタルランドのCATボンドは2種類に分かれており、各々1億ドルの額面総額となっている。

すなわち、第一は、来園者数の減少による収益低下をヘッジする収益補てん型のCATボンドである。これは、地震発生によりCATボンドの元利金の一部または全部を投資家が失う可能性があるタイプである。

第二は、震災が実際に発生したときにオリエンタルランドがCATボンドの発行ができる予約を内容とする資金流動性確保型のCATボンドであり、コンティンジェント・デットの一種である。なお、オリエンタルランドでは、前者だけをCATボンドと呼び、この二つをあわせて地震債券と呼んでいる。

そして、この双方にパラメトリック・トリガーが採用されている。

・収益補てん型のCATボンド

収益補てん型のCATボンドでは、通常の証券化の仕組みと同様、発行代り金は信託により高格付の証券で運用され、そのクーポンはLIBORベースの変動金利にスワップされる。

そして、オリエンタルランドは、SPCとの間で地震の震源地と規模をパラメータにするトリガーとトリガー発動による支払額を内容とする保険契約を締結する。なお、オリエンタルランドが支払う保険のプレミアムは、信託勘定に入る。

このCATボンドの期間は5年で、地震発生時にトリガーのケース別に元本の一部または全部の償還義務がないスペックとなっている。これは、東京ディズニーランドの所在地を中心に半径10、50、75kmのなかで地震が発生

したときに、マグニチュードの大きさに応じて各半径ごとに債券の元本償還の減額が行われるというものである。

具体的には、シンデレラ城がある浦安の舞浜を中心に震源の深さが10km以内で、①半径10km（インナー・サークル）以内・マグニチュード6.5以上、②半径50km以内（インナー・リング）・マグニチュード7.1以上、③半径75km以内（アウター・リング）・マグニチュード7.6以上、というようにマグニチュードの大きさに応じて各半径ごとにCATボンドの元本償還の減額が行われることになる（図表5-20、5-21）。

これにより、投資家にとっては、元利金の一部または全部を失うリスクがあるが、その対価としてLIBOR+310bpsという高利回りのリターンを獲得できることになる。このリターンの原資は、基本的にケイマン諸島に設立されたSPCが元本を米国財務省証券で運用した金利収入とオリエンタルランドが支払う保険のプレミアムでまかなわれることになる。

すなわち、このCATボンドはSPCを通じて発行され、債券を購入した投資家が払い込んだ資金はSPCを通じて信託に付され、信託はその資金を米国財務省証券で運用するとともに、トータルリターン・スワップを組む。そして、たとえば、半径10kmのインナー・サークルのところで地震が発生した場合には、SPCは米国財務省証券を現金化して、マグニチュード6.5で元本の25%、7.5で元本全額がSPCからオリエンタルランドに支払われるという仕組みとなっている。

このように、CATボンドの元本支払いは、オリエンタルランドとSPCとの間の保険契約と同じパラメータによる段階的な減額となっている。そして、オリエンタルランドは、各々の地域でマグニチュードが最も小さい地震について250万ドルを受け取ることになり、地震の規模が大きくなるにつれて受取額が漸増して、最高額は1億ドルとなる。

なお、このCATボンドの格付は、S&PでBB+、ムーディーズでBa1とされた。

・資金流動性確保型のCATボンド

一方、資金流動性確保型のCATボンドは、コンティンジェント・デット

図表5-20　オリエンタルランド発行のCATボンド

項　目	内　　　　容
発行主体	オリエンタルランド（東京ディズニーランドの運営主体）
トリガー	舞浜を中心に震源の深さが10km以内で ・半径10km以内、マグニチュード6.5以上 ・半径50km以内、マグニチュード7.1以上 ・半径75km以内、マグニチュード7.6以上
発行額	1億ドル
利回り	6カ月物LIBOR+310bps
償還額	地震発生の場合75～10％に減額
期　間	5年

（出所）　オリエンタルランドのプレスリリースをもとに著者作成

図表5-21　オリエンタルランドのCATボンドのトリガーと元本の毀損率（▲）

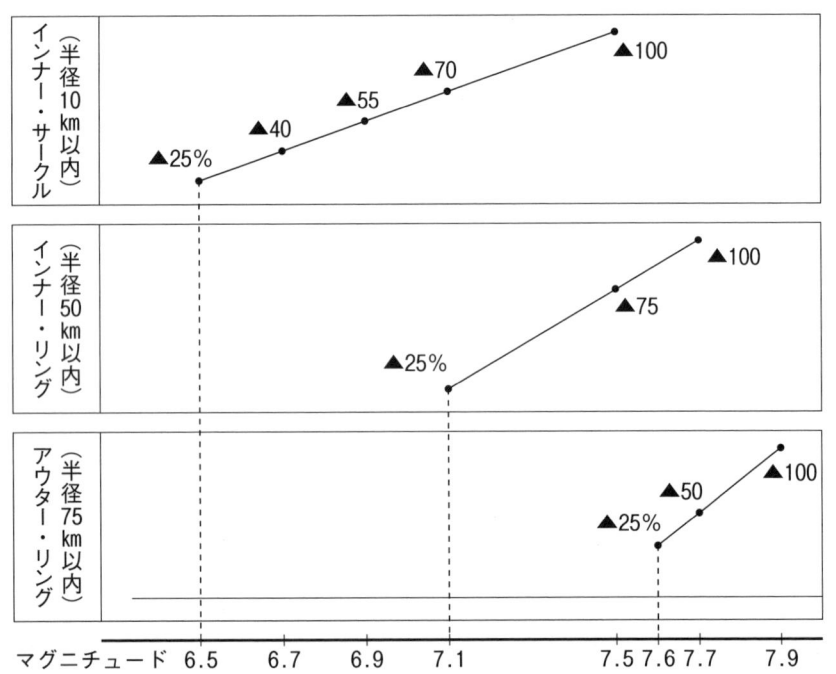

インナー・サークル（半径10km以内）
　▲25％　▲40　▲55　▲70　▲100

インナー・リング（半径50km以内）
　▲25％　▲75　▲100

アウター・リング（半径75km以内）
　▲25％　▲50　▲100

マグニチュード　6.5　6.7　6.9　7.1　7.5　7.6　7.7　7.9

（出所）　リスクファイナンス研究会『リスクファイナンス研究会報告書～リスクファイナンスの普及に向けて～』経済産業省p106等をもとに著者作成

に属するものである[53]。

このCATボンドは、地震発生がトリガーとなっている。すなわち、このコンティンジェント・デットのスキームは、SPCが投資家に対してLIBOR+75bpsの債券を発行する。その発行代り金は、収益補てん型のCATボンドの場合と同様、信託により運用され、そのクーポンはオリエンタルランドが支払ったプレミアムとともにスワップされる。

そして、トリガーが発動されるような地震が発生した場合には、オリエンタルランドがCATボンドを発行して、SPCがこれを引き受けることとなる。SPCは、CATボンドの購入に必要な資金を信託勘定からの資金の引出しで充当する。

オリエンタルランドは、SPCからCATボンド発行代り金を得て、これを緊急に必要となった運転資金等に活用することができる。そして、オリエンタルランドがSPCに対して支払うCATボンドの金利は、当初3年間は免除されて4年目からの支払いとなり、最長で8.5年後に元本が全額償還されることになる。

② JA共済連発行のCATボンド
　・背　景
　一般の損害保険会社において、地震や台風の被害に保険を掛ける場合には、通常の火災保険に加えて、特約によって付保する必要がある。

しかし、全国共済農業協同組合連合会（JA共済連）により運営されるJA共済は、火災共済や生命共済の家計共済について、特約なく自動的に地震、台風保険が付保される仕組みとなっている。JA共済連では、このように地震、台風保険が付保された火災保険を建物更生共済と呼んでいる。この結果、JA共済連自身、民間の一般保険会社よりも大きなリスクを抱えることになる。こうしたことから、JA共済連では、地震や台風によって多くの家計に被害が生じた場合の保険金の支払増加に対応するために、カタストロ

---

[53] Ibid.

フィ・リスクの証券化によって、資本市場に参加する多くの投資家にリスク分散を図る方策を選択した。

・Phoenix（フェニックス）

2003年、JA共済連は、合計4億7,000万ドルのCATボンド「Phoenix（フェニックス）」を三つのトランシェに分けて発行した。これは、地震と台風を対象とするマルチペリルのCATボンドであり、2003年中における世界最大規模のCATボンドの発行となった[54]。

このCATボンドの期間は5年で、リターンはLIBOR+245～350bps、格付はS&PでBBB-～BBB+、ムーディーズでBa1～Baa3となった。

そして、投資家は、「地震」「地震と台風」「地震と台風Ⅱ」の3種類のパラメトリック・ボンドから選択することができる。

このCATボンドのフレームワークは、JA共済連とスイス再保険会社との間で、建物更生共済に関し地震と台風による被害を対象として再保険契約を締結し、スイス再保険会社が、ケイマン諸島にSPCを設立したうえで、このSPCにリスクを移転し、SPCが証券を発行するというものである。

・Muteki（ムテキ）

2008年、JA共済連は、3億ドルのCATボンド「Muteki（ムテキ）」を発行した（図表5-22）。これは、地震発生によりJA共済連が被る損失を補償することを目的とするCATボンドで、パラメトリック・トリガーがつけられた。また、CATボンドへの投資リターンは、LIBOR＋440bpsで、ムーディーズによる格付は、Ba2となった。

このCATボンドでは、当初設定したトリガーに達しない中規模地震が発生した場合には、JA共済に対する保護レベルを引き上げるドロップダウン条項を付したスキームとなっている。すなわち、元本減額となりうる地震の規模は、100年に一度程度の頻度の規模を想定して、その水準にアタッチメント・ポイントが設定されているが、期の途中で25年に一度程度の頻度の規

54　Lane. M., and Beckwith. R., "2004 Review of Trends in Insurance Securitization: Exploring Outside the Cat Box"
　　Culp, C. L. (2006) *Structured Finance & Insurance*. John Wiley & Sons, Ltd. p726

模の地震が発生した場合には、ドロップダウン条項によってアタッチメント・ポイントが50年に一度程度の頻度の規模まで引き下げられることとなる（図表5－23）。また、投資家は、ドロップダウン条項が適用される場合には、それに対応する350bpの追加プレミアムを獲得できることとなる。

このCATボンドへの投資家は、保険・再保険会社やアセットマネジメント会社、ヘッジファンド、CATボンド専門ファンド等となった。

2008年発行のこのCATボンドのフレームワークは、2003年のケースと基本的に同様であり、JA共済連とミュンヘン再保険会社との間で再保険契約を交わし、ミュンヘン再保険会社はそれをもとにしてケイマン諸島に本拠を置くSPCを使ってCATボンドを発行するというかたちをとっている。

このスキームには、累計10億ドルまでの追加可能な発行枠の設定がされ、このシェルフ・プログラムにより、JA共済連は地震リスクの証券化を機動的に実施できることとなる。この10億ドルといったシェルフ・プログラムの規模は世界最大級で、国内では過去最大規模となる[55]。

そして、このCATボンドが対象とするリスク期間は、2008年5月14日から2011年5月24日までの3年に設定されていたが、2011年3月11日の東日本

図表5－22　JA共済連のCATボンド

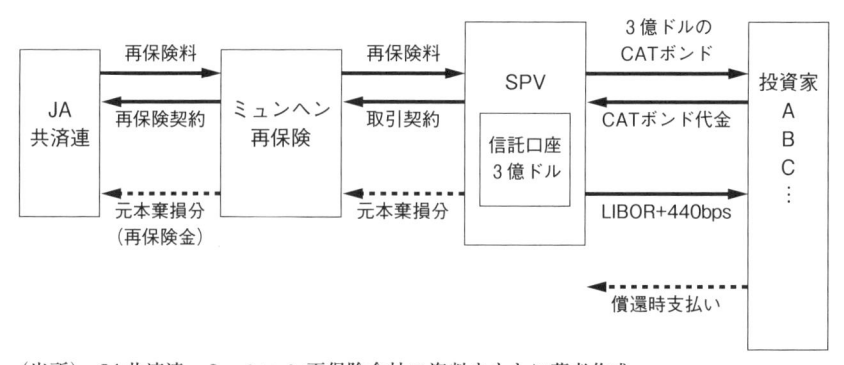

（出所）　JA共済連、ミュンヘン再保険会社の資料をもとに著者作成

---

[55] JA共済連「日本全域における地震リスクの証券化を実施」JA共済連2008年5月19日
ミュンヘン再保険会社プレスリリース2008年5月19日

図表5-23　JA共済発行のCATボンドのドロップダウン条項

〈ケース1〉
1次災害ゾーンを超える規模の地震発生による元本減額（再保険金回収）

地震インデックス値

1次災害ゾーン　100年に一度レベルの災害で回収

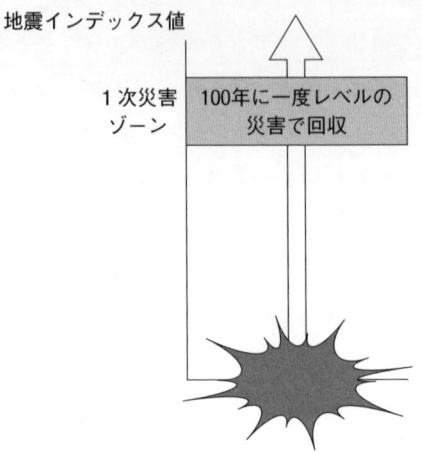

100年に一度レベルの地震発生による元本減額（再保険金回収）

〈ケース2〉
ドロップダウン後の1次災害ゾーンを超える規模の地震発生による元本減額（再保険金回収）

地震インデックス値

1次災害ゾーン　100年に一度レベルの災害で回収

ドロップダウントリガー

ドロップダウン発動

1次災害ゾーン　50年に一度レベルの災害で回収

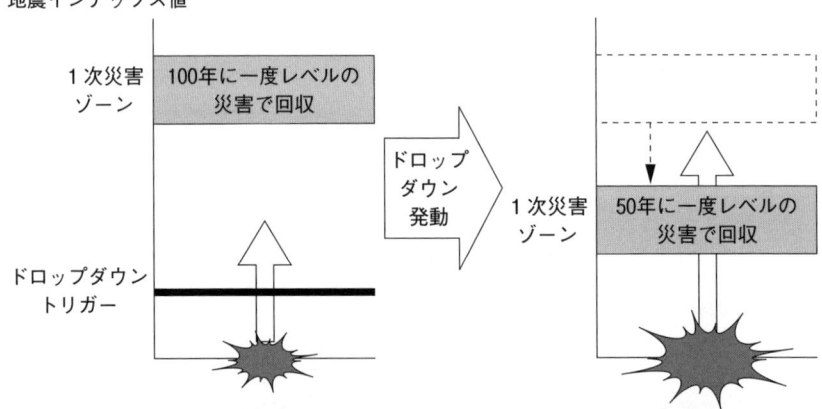

25年に一度レベルの地震発生によるドロップダウン要件の充足

50年に一度レベルの地震発生による元本減額（再保険金回収）

（出所）JA共済プレスリリース　2008年5月19日

大震災によって、同ボンドの投資家に100％の損失が発生した。この結果、JA共済連は、発行額3億ドル（約240億円）の全額を回収することとなり、これを建物更生共済の共済金支払財源の一部に充当している。

　過去において、CATボンドで投資家に対する元本の償還が部分的に毀損した例は、ハリケーン・カトリーナによって発行額1億9,000万ドルのCATボンドの75％がデフォルトになったケース等があるが、元本の償還が100％免除されるのは、CATボンドの発行が始まって以来、これが初めてのケースであった[56]。なお、その後、2011年後半には、米国の竜巻によって二つのCATボンドが全損となっている[57]。

・**Kibou（キボウ）**

　2012年、JA共済連は、3回目となる額面3億ドルのCATボンド「Kibou（キボウ）」を発行した。Kibouは、将来にわたり今次発行のCATボンドが回収されるような地震が起こることがないように、との願いを込めた命名とされる[58]。

　このCATボンドのフレームワークは、基本的に第1、2回と変わらない構造であり、JA共済連がドイツのハノーバー再保険会社と再保険契約を締結して、建物更生共済の地震リスクを同社に移転し、ケイマン諸島に設立されたSPCが投資家に対してCATボンドを発行して、将来の巨大地震に備えた資金を調達するというものである。

　このCATボンドの期間は3年、投資リターンは5.25％＋MMF（マネー・マーケット・ファンド）であり、また、格付はS&PによってBB＋となっている。

　スイス再保険会社では、このCATボンドへの応募は、発行額の2倍に達したとしている[59]。この背景には、機関投資家が保有するポートフォリオの構成に占める日本のカタストロフィ・リスクの割合が小さいかゼロといった状況のなかで、こうした新発債をポートフォリオに組み入れることにより、

56　ロンドン、ロイター9日2011年5月10日　14:21JST
57　多田修、前掲注49、p21
58　JA共済連、前掲注55。
59　多田修、前掲注49、p17

リスクの分散効果を高めるねらいがあるとみられる。

③ JR東日本発行のCATボンド

　JR東日本では、大規模地震の発生に対して耐震補強工事等の地震対策に注力する一方、地震による損害に対応すべく地震保険に加入している。

　そして、これに加えて首都圏での直下型地震による営業中断等が財務面に与えるリスクをヘッジするために、2007年、2億6,000万ドルのCATボンドを発行した[60]。

　このCATボンドは、東京中心部となる東京駅から半径70km圏内で発生した地震による被害に対して、気象庁が定めたマグニチュードを基準として支払条件が設定される内容となっている（図表5-24）。

　そして、野村證券がアレンジャーとなり、JR東日本とミュンヘン再保険会社との間で保険契約を締結し、ミュンヘン再保険会社はそれをもとにしてケイマン諸島に本拠を置くSPCを使ってCATボンドを発行するスキームとなっている。なお、JR東日本がミュンヘン再保険会社に支払うプレミアムは円貨で行われた。

　このCATボンドのリスク期間は5年間で、投資家のリターンは、LIBOR3カ月物＋275bpsとなっている。また、格付はS&PによりBB＋と、CATボンドの標準的な格付となり、欧米を中心としたヘッジファンド、CAT専門ファンド、年金基金、再保険会社、銀行、資産管理会社に販売された。

　なお、以上みてきた日本の保険会社や企業等が発行したCATボンドに加えて、海外の保険・再保険会社が日本のカタストロフィ・リスクを対象として発行したCATボンドの発行は、これまでかなりの件数にのぼっている（図表5-25）。

---

[60] 東日本旅客鉄道株式会社「地震デリバティブ契約の締結について～アレンジ型CATボンド（大災害ボンド）スキームによる地震リスクの証券化～」2007年10月17日
Münchener Rückversicherungs-Gesellschaft Aktiengesellschaft in München 2007.10.17

図表５－24　JA東日本のCATボンド

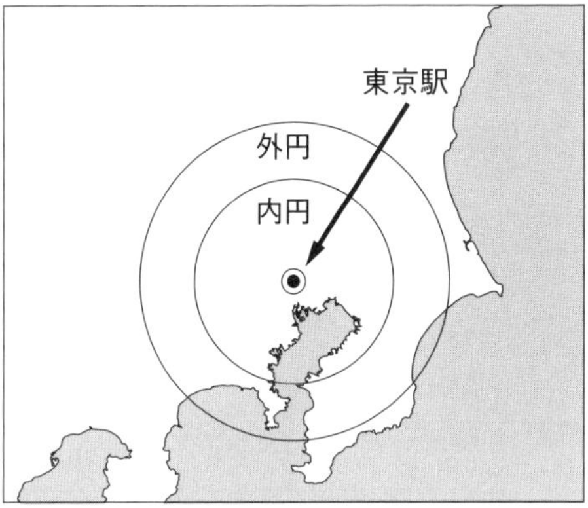

①震源地が内円の場合
マグニチュード7.0以上のところで元本の毀損が始まり7.3以上で元本は100%の毀損となる。

②震源地が外円の場合
マグニチュード7.2以上のところで元本の毀損が始まり7.7以上で元本は100%の毀損となる。

（出所）　著者作成

10　CATボンドマーケットのフロンティア

(1)　マルチペリルCATボンド

金融資本市場が、真の意味で保険・再保険市場を補完する機能を発揮するためには、スポンサーが望むリスク移転効果が十分発揮されるようなかたちでCATボンドの発行ができることが必要である。

1999年までに発行されたCATボンドは、すべて単一のリスクを対象としたシングルペリルのCATボンドであった。これは、１件のカタストロフィ・リスクがアタッチメント・ポイントをオーバーしたところで元本の毀損が始まり、それに相当する額がスポンサーに対する補償金の支払いに回され、イグゾーションポイントに達したところでスポンサーに対して元本の全額相当分が支払われるタイプである。

したがって、スポンサーがたとえば地震と台風の二つのリスクをCATボンドでカバーするニーズを満たすためには、２種類のCATボンドを別々に発行する必要があった。

しかし、その後、こうしたスポンサーのニーズを汲み取るかたちで、マル

図表5−25　日本のカタストロフィ・リスクを対象とするCATボンドの発行例（2005年以降）

発行時期	スポンサー	対象リスク	発行額（百万ドル）
2012.4	三井住友海上	日本の台風	130
2012.1	JA共済連（Hannover Re）	日本の地震	300
2011.8	東京海上日動	日本の台風	160
2011.6	Swiss Re	日本の地震、米国のハリケーン・地震、オーストラリアの地震・サイクロン、欧州の暴風	100
2011.6	Argo Re	日本の地震、米国のハリケーン・地震、欧州の暴風	100
2011.3	Swiss Re	日本の地震、米国のハリケーン・地震、オーストラリアの地震・サイクロン、欧州の暴風	95
2010.12	Flagstone Re	日本の台風・地震、米国のハリケーン・地震、欧州の暴風	210
2010.12	Swiss Re	日本の台風・地震、米国のハリケーン・地震、欧州の暴風	106.5
2010.12	SCOR	日本の地震、欧州の暴風	75百万ユーロ
2010.3	Swiss Re	日本の地震、米国のハリケーン・地震、欧州の暴風	120
2009.12	SCOR	日本の地震、欧州の暴風	75百万ユーロ
2008.8	Platinum Underwriters Ltd.	日本の地震、米国のハリケーン・地震、欧州の暴風	200
2008.6	Swiss Re	日本の台風・地震、米国のハリケーン・地震、欧州の暴風	150
2008.5	Flagstone Re	日本の地震、米国のハリケーン・地震、欧州の暴風	104
2008.5	JA共済連	日本の地震	300
2007.12	Swiss Re	日本の地震、米国のハリケーン・地震、欧州の暴風	100
2007.11	SCOR	日本の地震、欧州の暴風	235
2007.10	JR東日本	日本の地震	260
2007.6	Swiss Re	日本の台風、メキシコの地震	140
2007.6	Brit Insurance	日本の台風・地震、米国のハリケーン・地震、欧州の暴風	200
2007.5	三井住友海上	日本の台風	120
2007.5	Swiss Re	日本の地震、米国のハリケーン、カリフォルニアの地震、欧州の暴風	100
2006.12	SCOR	日本の地震、欧州の暴風	120百万ユーロ
2006.12	Swiss Re	日本の地震、米国のハリケーン、カリフォルニアの地震、欧州の暴風	28.5
2006.8	東京海上日動	日本の台風	200
2006.6	Swiss Re	日本の地震、米国のハリケーン・地震、欧州の暴風	950
2005.12	Montpelier Re	日本の地震、米国のハリケーン・地震	90
2005.12	Swiss Re	日本の地震、米国のハリケーン、カリフォルニアの地震、欧州の暴風	18
2005.6	Swiss Re	日本の地震、米国のハリケーン、カリフォルニアの地震、欧州の暴風	25
2005.3	Swiss Re	日本の地震、米国のハリケーン、カリフォルニアの地震、欧州の暴風	20

（出所）　ARTEMIS（http://www.artemis.bm/）の資料をもとに著者作成

チペリルCATボンドが開発、発行された[61]。

現状、スポンサーが保険会社の場合には、単一のカタストロフィ・リスクを対象とすることが一般的であるが、再保険会社の場合には、複数のカタストロフィ・リスクを対象とするマルチペリルCATボンドの発行が大半を占める状況にある[62]。

この背景をみると、元受保険会社の段階においては、特定の地域の単一のリスクを対象とする保険契約を締結することが大半である。そして、元受保険会社は、自己が保有するリスク以外のリスクを再保険に出再するか、CATボンドを発行して投資家に移転することになる。一方、再保険会社は、さまざまな地域で異なるリスクを引き受ける保険ビジネスを展開している多くの元受保険会社から受再することになる。この結果、再保険会社では複数のカタストロフィ・リスクを引き受けることとなり、マルチペリルCATボンドの発行ニーズが高まることとなる。

こうしたマルチペリルCATボンドでは、さまざまなスペックをもったCATボンドを発行することが可能である。たとえば、地震については一定以上のマグニチュード、ハリケーンについては一定以上のクラス、洪水については一定以上の雨量といったトリガーを設けたCATボンドを発行して、その一つにでも抵触するイベントが発生したときには元利金の支払いを停止するマルチペリルCATボンドや、フロリダのハリケーンと日本の地震の双方を対象にするというように異なる地域で、かつ異なるリスクを対象としたマルチペリルCATボンドが考えられる[63]。

実際にも、5種類のペリルを対象にしたCATボンドで、そのうちの一つのカタストロフィ・リスクが発生すると、投資家の元本が5分の1減額されるとか、複数のペリルのうちの一つのカタストロフィ・リスクでも発生すればすべての元本を失うといったタイプのマルチペリルCATボンドが数多く発行されている[64]。こうしたマルチペリルCATボンドには、再保険会社が複

---

61 Banks, E. (2005) *Catastrophe Risk*. John Wiley & Sons, Ltd. p120
62 Lane, M., op.cit., p65
63 Banks, E., (2005) op.cit., p129
64 Lane, M., op.cit., p57

数のカタストロフィ・リスクを弾力的、効率的にヘッジすることができるというメリットがある。

マルチペリルCATボンドを対象とするモデルの設計にあたっては、複数の異なるリスク間の相関関係を勘案して、リスク分析とプライシングを行うことになる。また、マルチペリルCATボンドは、インデムニティ・トリガーやパラメトリック・トリガー等、各種のトリガーを使って発行されている。さらに、その構成は、単数のトランシェのことも複数のトランシェのこともある。

こうしたマルチペリルCATボンドは、1999年に発行されて以来、このところ顕著な増加傾向を示している。たとえば、スイス再保険会社は、フランスの暴風とフロリダのハリケーン、プエルトリコのハリケーンを対象としたマルチペリルCATボンドを発行した。このCATボンドでは、三つのうちの一つのカタストロフィ・リスクが発生するとトリガーが発動され、その場合には、そのほかの二つのリスクをカバーするための枠が、トリガーが発生したほうに移されて、その合計額でスポンサーに対して補償が行われる仕組みとなっている。また、このほかに欧州の暴風とフランスの地震を対象としたケースや、北大西洋の暴風、欧州の暴風、カリフォルニアの地震、米中西部の地震、日本の地震を対象としたマルチペリルCATボンドの発行例もみられる。

そのなかでも特に、米国のハリケーンと地震、欧州の暴風、日本の台風と地震を対象とするマルチペリルCATボンドの発行が目立っている[65]。

また、前述のJA共済連が2003年に発行した日本の地震と台風を対象としたCATボンドも、マルチペリルCATボンドの一種である。

(2) マルチトリガーCATボンド

マルチトリガーCATボンドは、CATボンドの元利金の支払いに影響を与えるトリガーを複数設けて、その複数のトリガーがすべて発動されてはじめ

---

[65] Kunreuther, H. C., and Michel-Kerjan, E. O. (2009) The Development of New Catastrophe Risk Markets *University of Pennsylvania*. p129

て元利金の一部または全額が支払停止となるタイプのCATボンドである[66]。

　こうしたマルチトリガーCATボンドでは、投資家が元本を失うリスクが低下することになり、したがって、複数のトリガーの一つが発動されたときに元本を失うことになる上述のマルチペリルCATボンドに比べると利回りは低く設定される。この結果、マルチトリガーCATボンドは、保険・再保険のコストと競争力をもつことになり、スポンサーにとっては、魅力のあるタイプとなる。

　このように、マルチトリガーCATボンドは、対象となるカタストロフィ・リスクの発生確率がもともと低いことに加えて、それがすべて発生することを要件とすることから、さらに発生確率は低いものとなり、したがって一般的に高い格付を受けることができる。現に、これまで発行されたマルチトリガーCATボンドの大半が、投資適格の格付となっている。

　マルチトリガーCATボンドの具体例をみると、伝統的な地震ボンドであれば、元利金の支払いを停止するには、単に一定規模以上の地震が発生するということが要件となるが、マルチトリガーCATボンドは、たとえば最初の地震が発生してから一定の時間内に2度目の地震が発生するということではじめて元利金の支払いを停止するスキームのCATボンドがみられる。

　マルチトリガーCATボンドは、このように複数のイベントが時間差で発生するとの設定が可能であるが、また異なる地域で発生するとの設定も可能であり、さらに同一のリスクではなく、異なるリスクを組み合わせて設計することもできる。

　マルチトリガーCATボンドをプライシングするためのモデルの構築は、トリガー間の相関関係と複数トリガーがすべて発生する確率を推計することとなり、単一トリガーのCATボンドのモデルに比べると、はるかに複雑なものとなる。

---

[66] Banks, E., (2005) op.cit.

(3) 合成CATボンド

　合成CATボンドは、CATボンドを原資産とするプットオプションであり、プッタブルCATボンド（puttable CAT bond）と呼ばれることもある[67]。スポンサーとなった保険会社は、このオプションを買うことにより、再保険市場がハード化したようなときに、あらかじめ定めたクーポン等の条件でCATボンドを発行できる権利があり、逆に再保険市場がソフト化ないし平穏に推移した場合には、CATボンドを発行する権利を放棄することができる。

　ドイツの大手保険会社アリアンツは、巨大カタストロフィ・リスクが発生して、再保険市場のハード化により再保険コストが上昇する事態をヘッジするためにCATボンドの発行ができる権利を内容とするオプションを活用している[68]。

　この取引では、投資家はSPCを通じてアリアンツにオプションを売ることになる。そして、3年間と設定されたオプション期間中にアリアンツが権利行使をしたときには、オプションの売り手は、元利金の支払いが欧州の暴風と雹による損失にリンクしたCATボンドを買う義務がある。このように、オプションの売り手となる投資家は、あらかじめ定められた価格でCATボンドを引き受ける義務を負うかわりに、オプションの買い手であるアリアンツからプレミアムを受け取ることとなる。

　このオプションの原資産となるCATボンドの元本は1億5,000万ドルである。そして、オプションが権利行使されてCATボンドが発行されると、後はすでに述べた証券化のスキームに従って、SPCがCATボンドの発行代り金を信託勘定に入れて安全資産で運用する。そして、アリアンツが保険金の支払いを要することになった場合には、安全資産を売却してその代り金を保険金支払いの原資とする。SPCは、安全資産から生じるキャッシュフローをスムーズにするためにトータルリターン・スワップを組み、LIBORをベー

67　Lane, M., op.cit., p145
68　Culp, C. L. (2002) *The Art of Risk Management*. John Wiley & Sons, Ltd. p477

スとするキャッシュフローに変換する。SPCが発行したCATボンドへの投資家は、SPCとアリアンツとの間での再保険契約に基づく保険金の請求がない限り、LIBOR＋スプレッドの金利を受け取り、逆に保険金の請求が発生した場合には、元利金の支払いが削減されることとなる。

(4) 自然災害リスク以外のCATボンド

CATボンドは、保険・再保険会社や企業により1996年から発行されているが、その後、自然災害リスクだけではなく、伝染病、テロ、スポーツイベントの中止、停電等のリスクをヘッジするためにも発行されている。

① 生命リスク

2003年、スイス再保険会社は、初めて生命リスクを対象としたCATボンドを発行した[69]。これは、多数の死者を出すカタストロフィ・リスクを対象としたものであり、死亡CATボンド（mortality catastrophe bond）とか死亡ボンド（mortality bond）と呼ばれている。このCATボンドは、複合のリスク要因をベースにして算定される死亡指数をトリガーとして投資家への元本支払いが削減されるスキームを内容とする期間3.5年のパラメトリック型CATボンドである。

そして、カタストロフィの原因となるリスクは、パンデミック（伝染病など感染症の流行）やテロリスク等で、対象国は、米、英、仏、スイス、伊の5カ国である。このCATボンドの格付はA+、クーポンはLIBOR+135bpsとされている。

アナリストの分析によると、3.5年間と設定されたCATボンドの期間中に、パンデミックとテロ攻撃の二つの大災害が発生してはじめてアタッチメント・ポイントに到達すると推計される。いずれにしても、このCATボンドの発行により、生命に対するリスクが証券化されることは机上の議論ではなく、現実のものとなった[70]。

---

[69] Araya, R., op.cit., p8

また、スイス再保険会社は、2010年に日本と米国を対象とする死亡CATボンドを発行している。このCATボンドは、パンデミックや戦争、自然災害、人災、テロ等により、日本または米国で、死亡率が大幅に上昇した結果、死亡指数があらかじめ決めておいた増加率をオーバーしたときにトリガーが発動され、死亡CATボンドの元利金支払いが減免される内容になっている。具体的には、死亡指数が2年間連続して、日本の場合には7.5%以上増加した場合に、また、米国の場合には5％以上増加した場合に、トリガーが発動されることになる。この死亡CATボンドでは、モデル設計会社のリスクマネジメントソリューションズ（RMS）が、災害モデルや伝染病モデル、テロモデルを使ってリスクモデルの構築を行っている。
　スイス再保険会社が発行したこの死亡CATボンドは、額面が1億ドル、期間が2015年までに設定されていて、発行代り金は、国際復興開発銀行（IBRD；世界銀行）発行のAAA格付の債券で運用される。また、死亡CATボンドの格付は、S&PによりBB+とされた[71]。
　なお、スイス再保険会社は、これまでVITA証券化プログラム（VITAは生命を意味するラテン語）と称する死亡CATボンド発行プロジェクトで、合計15億ドルを超える死亡CATボンドを発行している。

② テロリスク

　2003年、FIFA（Fédération Internationale de Football Association；国際サッカー連盟）は、2006年にドイツで開催予定のワールドカップの試合の中止または延期があった場合の営業収入減のリスクを対象にした2億6,000万ドルのCATボンドを発行した。
　ワールドカップの試合中止は、2001年の米国同時多発テロの発生により、FIFAにとって重大な懸念材料となった。実際のところ、この同時多発テロ発生後、イベントのキャンセル損失保険の保険料が大幅に上昇するなど、保

70　Lane. M., and Beckwith. R., op.cit.
　　Culp, C. L. (2006) *Structured Finance & Insurance*. John Wiley & Sons, Ltd. p727
71　Swiss Re (2010) "Swiss Re transfers USD175milion of extreme mortality risk to the capital markets through the VITA securitization programme" Swiss Re 2010.10 .27

険市場は極端なハードマーケットとなった。また、同時多発テロを契機に、損害保険会社が2002年に開催予定の日韓ワールドカップ興行中止リスク保険をキャンセルするといったケースも発生した[72]。

そこで、FIFAは、リスク移転の場を保険市場から資本市場に求め、それがCATボンドの発行につながることとなった。これは、伝統的な保険・再保険市場がカバーできないリスクの受け皿として資本市場が活用されるという、まさしくARTマーケットがもつ保険市場の補完機能が端的に発揮された典型例であるということができよう。

このFIFAによるカタストロフィ・ファイナンスのスキームによると、FIFAとゴールデンゴール・ファイナンスと名づけられたSPVとの間でワールドカップの興行継続にかかわる保険契約が締結される。そして、SPVにより2億6,000万ドル相当のゴールデンゴール・ボンドと名づけられたCATボンドが四つのクラスに分けて発行された。このうち、二つのクラスはドル建てで、後の二つのクラスはスイスフラン建てとユーロ建てとなっている。

すなわち、2億1,000万ドルのCATボンドA-1は3カ月物LIBOR+150bps、3,000万スイスフランのCATボンドA-2は固定金利の2.851％、1,600万ユーロのCATボンドA-3は3カ月物EURIBOR+150 bps、1,000万ドルのCATボンドA-4は固定金利の3.895％に設定された。

そして、テロ攻撃か自然災害により2006年7月開催予定のワールドカップが中止または延期された場合に、これがトリガーとなってFIFAに保険金が支払われるという内容となっている。

---

[72] 保険毎日新聞2003年9月16日

11　CATボンドマーケットの現状と課題

(1)　CATボンド市場の規模

　CATボンドは、カタストロフィ・リスクのマネジメントについて伝統的な保険・再保険を補完するツールとして、マーケットに受け入れられ、確固たる地位を築いてきた。

　この結果、CATボンドの発行は漸増して、2012年末では135億ドルの残高となっている。これは、CATボンドの発行が始まって以来、毎年平均20％の増加を示してきたことになる。しかしながら、この水準は、カタストロフィ・リスクを対象とする再保険市場の規模に比べると、ごくわずかにすぎない。

　今後、CATボンドマーケットが一段と発展していくためには、発行者にとってよりコスト面で効率的となり、投資家にとってより透明性のある流動性の厚いマーケットが形成されることが求められる。

(2)　CATボンドの発行コスト

　既往発行されたCATボンドのコストを平均すると、再保険に比べて約20％高いといわれている[73]。CATボンドの発行には、リスクプレミアムがつき、また、モデル設計会社、格付会社、弁護士、カストディアン、引受業者、マネジャー等、多くの第三者が関与することから、おのずから手数料は高くなる。そして、こうしたコスト高が、CATボンドマーケットが発展するにあたっての最も大きな障害となっていることは否めない。

　ここで、CATボンド発行に際して要する主要なコストをみてみよう。

73　Yago, G., and Reiter, P. op.cit., p34

① 主要なコスト
・リスクプレミアム
　カタストロフィ・リスクのプレミアムに加えて、投資家がいまだカタストロフィ・リスクを十分に習熟していないことによるノベリティ・プレミアムや、CATボンドの流通市場での売買が不活発なことから来る流動性プレミアムがつくことになる。
・SPVの設置、運営費用
　CATボンドのフレームワークにおいて中心的な役割を担うSPVを設置するための法的費用や運営費用が必要となる。
・格付手数料
　CATボンドが幅広く投資家に受け入れられるためには、カタストロフィ・イベントによる損失リスクの客観的な分析、評価が必要となる。そのために、CATボンドには格付が付されることが一般的であり、CATボンドのスポンサーは格付会社にさまざまな情報を提供し、また、格付にかかわる手数料を支払う必要がある。
・投資銀行の引受手数料
　投資銀行に対してCATボンドを引き受け、販売するための手数料を支払う必要がある。
・モデル開発費用
　CATボンドのトリガー等の仕様を設計し、またプライシングを適正に決定するために、モデル設計会社のサポートを得ることとなり、そのための手数料を支払う必要がある。
・規制対応や、ディスクロージャーに関する弁護士費用
　CATボンドが資本市場に参加する投資家に向けた証券である以上、資本市場に課せられている関連規制に従う義務があり、これに関して弁護士から法規制やディスクロージャーの内容等についてサポートを得ることとなり、そのための手数料を支払う必要がある。

　このようにCATボンドの発行にあたっては、さまざまなコストがかかる

ために、できあがりの発行コストが、再保険市場を利用するよりも相対的に高くなることが一般的である。

　もっとも、CATボンドは通常、複数年のリスクをカバーすることから、1年間を原則とする保険を毎年更新することに要するコストと比較すると、CATボンドの1年当りの発行コストはそれだけ低くなることを勘案する必要がある。また、CATボンドには、たとえば複数年にわたるリスクヘッジを行うことにより、保険市場でみられる短期間のプレミアムのボラティリティを回避することができるといったメリットや、パラメトリック・トリガー等を使用した場合には決済までの期間が短いといったメリット等があることも考慮したうえで、総合的な観点からコスト比較を行うことが重要となる。

② 発行コスト高への対応──CATボンドのシェルフ・プログラム

　2002年、スイス再保険会社は、北大西洋のハリケーン、欧州の暴風、カリフォルニアの地震、米国中央部の地震、それに日本の地震の五つのカタストロフィ・リスクをすべてカバーするCATボンドを発行した[74]。

　このマルチペリルCATボンドの発行にあたってスイス再保険会社は、初めてシェルフ・プログラムを開発、導入した。これは、企業がミディアムターム・ノートを発行するケースに類似したシステムで、このプログラムにより発行体は、あらかじめ決めておいた期間であれば、必要に応じて何回かにわたってCATボンドの追加発行をすることができる枠を確保することになる。

　それまでのCATボンドの発行では、そのつど、発行者と仲介者との間で交渉が行われて発行条件が決まるという個別の設計が必要であり、そのために多くの時間とコストを要することとなった。

　しかし、このシェルフ・プログラムにより、CATボンドの発行者は、具体的なニーズが発生し、かつCATボンドマーケットの状況が好転したとき、

---

[74] GAO (2003) "Catastrophe Insurance Risks" 2003.9 p23

ないし保険・再保険市場がハード化したときをとらえて、短期間のうちにCATボンドの発行に漕ぎ着けるという弾力的な対応ができる。

特に、巨大カタストロフィが発生した後には、再保険市場のキャパシティの限界から、リスクヘッジのニーズが再保険からCATボンドへとシフトする可能性がある。そうしたCATボンドの発行市場（プライマリーマーケット）における需要逼迫の際にCATボンドを新規に発行するには長い時間と多くのコストが必要となるが、シェルフ・プログラムによる継続的発行であれば、機動的に発行することができる[75]。

また、シェルフ・プログラムでは、巨大なリスクを一度に資本市場に移転するというより、一定の期間にわたってリスクを移転することから、リスクの受け皿となる資本市場としても短期間に多額の発行を消化する必要がなく、この結果、発行者が支払うコストも相対的に低くなることが期待できる。

さらに、シェルフ・プログラムによればCATボンドの仕様の設計は当初発行する1回だけで、後は複数回にわたって同一仕様によるCATボンドの発行が可能となり、またいったん、CATボンドの仕様が決まり登録を終えれば、その後、同じ書類を使い、また同じSPCを使ってCATボンドを複数回発行することが可能となる。この結果、法的費用もペーパーワークもSPCの設置費用も削減でき、1件ごとのCATボンドの発行コストの大幅な削減につながる結果となる。

また、こうしたシェルフ・プログラムによるCATボンドの発行は、当該発行体が資本市場で繰り返してCATボンドを発行する可能性があることを投資家にアピールする効果があり、これがひいては発行体と投資家の間の関係を緊密なものとして、CATボンドの発行条件や流通市場におけるプライシングが発行体に有利に働く効果も、実際にマーケットでみられている。

このように、シェルフ・プログラムの活用により、たとえ、CATボンドの初めての発行時にはコスト高であっても、これを何回か発行することによ

---

[75] Geman, H., op.cit., p161

り、長期的には合理的なコストに収まることが期待できる。現に、こうしたさまざまな利点から、このところ、シェルフ・プログラムによるCATボンドの発行が増加傾向にある。

(3) CATボンドの流通市場の流動性

　保険市場と資本市場の大きな違いは、保険市場が基本的に相対の取引であるのに対して、資本市場では不特定多数の投資家を対象にして取引するところにある。したがって、資本市場では投資家が必要に応じて機動的に売買できる市場流動性の厚さがきわめて重要となる。

　そして、こうした流通市場（セカンダリーマーケット）における活発な売買により適正な価格が発見され、それが発行市場にフィードバックされてCATボンドの発行条件に反映されることになる。また、流通市場の取引が活発になれば、投資家は、CATボンドの発行主体との取引関係に入ることなく、投資家同士の取引により、リスクの引受け手になったり、それからイグジットすることができる。

　このように、CATボンドの流通市場における流動性が厚くなれば、投資家はCATボンドに織り込まれているリスクや、CATボンドの発行主体のポートフォリオのリスクを子細に分析、検討して白紙からプライシングを行う必要はなく、マーケットの価格発見機能によってCATボンドのフェアプライスを把握して、それを投資判断の材料にすることができる。

　CATボンドマーケットの初期の段階では、流通市場は事実上存在しない状態で、投資家はバイ・アンド・ホールドの投資スタンスをとらざるをえない状態であった。しかし、その後、米国においていくつかの投資銀行やブローカーが流通市場の取引を開始して、常時、売り値と買い値を提供するようになった[76]。

　こうしたことから、今後、CATボンドの流通市場における流動性も漸次厚みを増していくことが期待される。

---

[76]　Weber,C. op.cit., p241

(4) 金融資本市場と保険市場の相互補完関係

　CATボンドは1990年代央から発行されてきてはいるが、まだ、金融資本市場ではこうした保険リスク商品に対するなじみの薄さが完全に払拭されるまでには至っておらず、これがCATボンドマーケット発展の障害の一因となっている。現に、アセットマネジャーやポートフォリオマネジャーの間では、CATボンド等の保険リンク証券に投資することに、必ずしも積極的ではない向きが少なくない。

　しかし、新たに開発された商品がマーケットに広く受け入れられるようになるまでには、紆余曲折の長い道程を歩まなければならないことは、これまでの数々のケースが経験してきたところである。

　一方、保険市場をみると、企業と元受保険会社、保険会社と再保険会社との間には緊密な関係が存在する。すなわち、保険を掛ける企業と元受保険会社との間には長年の取引関係があり、相互の信頼関係が強固に構築されている。また、保険会社は、長期間にわたって再保険会社と取引してきた関係にあり、したがって再保険の仕組みにもおのずから慣れ親しんでいる状況にある。

　こうしたエスタブリッシュされた保険・再保険の世界に、イノベーティブな商品が浸透していくには、それがいかに優れた商品性や機能をもっているとしても、それ相当の時間を必要とせざるをえない。

　しかしながら、カタストロフィ・リスクをシフトする方法として、伝統的な保険・再保険市場一本槍というのではなく、保険・再保険を利用しながら、状況をみて金融資本市場においてCATボンドを機動的に発行できるといった選択肢の存在には、きわめて大きな意義がある。特に、保険・再保険市場のキャパシティの限界から需給が逼迫してハードマーケット化するなかでプレミアムが上昇するような状況にあっては、CATボンドの発行が有力なツールになることは、保険のマーケットサイクルのなかで、これまで明確に実証されているところである。

　CATボンドもその創成期に比べると、認知度は格段に向上してきている。

そして、金融資本市場と伝統的な保険・再保険市場が文字どおり補完的な関係を強めるなかで、CATボンドマーケットは今後とも着実な発展を続けることが期待される。

第6章

天候デリバティブ

1 ビジネスと天候リスク

(1) 天候リスク対応への経営責任

　企業がビジネスを展開していくプロセスでは、多種多様なリスクに直面し、それに適切に対応しながらリターンの極大化を図ることになる。そうしたリスクの一つに天候リスクがある。

　保険監督者国際機構（IAIS）の推測によると、気象状況は、世界の80％のビジネス活動に直接、間接に影響を与えているとしている[1]。

　天候リスクには、後述（本章1(2)）のとおり、さまざまな種類があり、多くの企業がそのビジネスの内容にかかわる天候リスクを背負っている。こうした天候リスクは、あるときには企業にとってプラスに働き、また、あるときにはマイナスに働くことになる。これは、企業が抱える天候リスクをいかにマネージするか、その巧拙いかんで収益に大きな影響が出ることを意味する。企業が実施する天候リスクへの対応策は、かつてはたとえば天気予報をみて仕入量や生産量を調節するというように単純なものに限られていた。そして、予期せぬ天候リスクが顕現化して、企業業績にネガティブなインパクトを及ぼすことになっても、それは文字どおりの天災でありやむをえないとして、基本的に経営責任に帰すべき要因ではないとする考え方が一般的であった。

　しかし、現在では天候デリバティブの発展により、効率的な天候リスクマネジメントに資するさまざまな商品が、金融機関から企業に提供されている。したがって、いかに各々の企業に適合したツールを有効活用して天候リスクに対応して企業価値の維持、向上を図るかが経営手腕の大きな要素になっている。

　また、こうした天候デリバティブを活用した天候リスクのヘッジ戦略を積

---

[1] International Association of Insurance Supervisors (2002) Issues Paper on Insurance Scuritization *International Association of Insurance Supervisors*. p211

極的に展開すること自体が、株主や債権者等のステークホルダーや格付会社の企業に対する評価を高めることにつながるといった効果も期待できる。

(2) 各業界における天候リスク

天候の不順がビジネスに悪影響を与えるケースは、数多くみられる。

そのなかでも、電力、ガスといったエネルギー商品の需要は、気温の影響を直接に受けることになる。たとえば、冷夏ではエアコンに使用される電力の需要減、暖冬ではオフィスビルの給湯や家庭用の台所、風呂に使用されるガスの需要減が顕著にみられることが統計上、明らかとなっている。このように、気温の影響は、電力、ガス会社にとっては重大なビジネスリスクの一つとなる。

また、最近では再生可能エネルギーの導入に関連して、日照量や風力等が不足することによるリスクへの対応も注目されている。

① 気温リスク

天候リスクの代表的なものが、気温リスクである。

数多くの企業が、夏は暑く冬は寒いという通常の気象条件を前提として、それから収益をあげるビジネスモデルを構築している。このような通常の気象条件を前提とするビジネスモデルが崩れるのが、冷夏、暖冬という気温リスクである。こうした天候リスクにより大きな影響を受けるのは、エネルギー業界だけではない。たとえば、夏季の温度いかんがお茶や水、炭酸飲料、ビール等の売上げにきわめて大きな影響を及ぼす。そして、これに伴いペットボトルのメーカーや販売業者も影響を受けることになる。衣料業界では、暖冬でオーバーやセーター等の重衣料の売上げ減、冷夏でTシャツやジーンズ等の軽衣料の売上げ減を被るリスクがある。また、電器関係では、エアコンの売上げが6、7月の気温によって大きく影響を受ける。さらに、おでん等の食品のメーカーや販売業者は、冬季の気温によって売上げが大きく左右されるといった統計がある。

このような気温リスクを引き起こす要因に、エルニーニョ現象とラニー

ニャ現象がある。エルニーニョ現象は、数年に一度、中部太平洋から南米沿岸までの海域で海面の温度が平年比高くなる現象である。ちなみに、気象庁によると、2012年9月の世界の平均気温は9月としては1891年に統計を開始して以来122年間で最高を記録したが、これはその夏に発生したエルニーニョ現象により、太平洋熱帯域の海面温度が上昇したことも要因であるとしている。また、1997年、米国は記録的な暖冬となり、この結果、多くの企業が大打撃を受けたが、これもエルニーニョ現象によるとみられている。一方、ラニーニャ現象は、中東部太平洋の赤道域の海面の温度が平年比低くなる現象をいう。

② 降雨、降雪リスク

　降雨リスクは、雨が降ることにより損害を受ける場合と、雨が少ないことにより損害を受ける場合とがある。このうち、降雨により損害を被る典型的なケースには屋外ビジネスがある。こうした業種には、レジャーランド、サッカー・野球等のプロスポーツ観戦、さらには行楽シーズン時の弁当業等があげられる。これに対して、少雨によるリスクには、農業や水力発電等があげられる。

　降雪リスクも、業界にとっては重大なリスクである。このリスクも雪が降ることにより損害を受ける場合と、雪が少ないことにより損害を受ける場合とがある。このうち、降雪によるリスクには農業の雪害や地方公共団体の除雪費用増加、交通機関への被害等がある。逆に、降雪が少ないことによるリスクには、スキー用具のメーカー、販売業者やスキー場およびその周辺のホテル業等への影響がある。

③ その他の天候リスク

　霜の発生も天候リスクの要因の一つである。これまで、ブラジルでは遅霜の発生によりコーヒー作物が大きな被害を受けるケースが数多くみられている。また、フロリダでは霜の発生によりオレンジの生産が打撃を受けたこともある。

このほかに、日照時間や湿度が農作物に被害を及ぼすとか、日照時間不足や弱風によりメガソーラーや風力発電機が期待どおりの発電量を得られない等のリスクも存在する。

　また、複数の種類の天候リスクがビジネスに影響を与える例も数多くみられる。たとえば、ワインの出来不出来は、日照、湿度、気温、降雨といった多くの要因により大きく左右される。

　さらに、百貨店においても、降雨、降雪、気温等、幅広い気象事象が来店数に影響を与える。また、一般的に屋外型レジャー施設では、降雨日と降雪日の客数が大きく落ち込む。一方、建設の現場では、降雨、降雪をはじめ、さまざまな天候状況が工事の進捗スケジュールに影響を及ぼす。

　このように、天候状況がビジネスに大きな影響を与える業種には、電力、ガス等の公益事業のほかに、農業、航空、旅行、レクリエーション業、建設業といったアウトドアビジネスや、ソフトドリンク、ビール、エアコン等の製造・販売業者が含まれる。

図表6－1　天候リスクが各業界に与える影響

天候リスクの種類	天候リスクによる被害
暖冬	ガス、電力、灯油の需要減少
冷夏	電力需要の減少、エアコン、飲料等の売上減少
猛暑	ガスの需要減少（給湯の需要減）、電力需要急増により、他の電力会社に対するバックアップ発動要請によるコスト増
日照不足	メガソーラーの発電量の減少、農業の作柄不良
弱風	風力発電量の減少
少雨	水力発電から火力発電への電源振替えによる発電コストの増加
大雪	地方公共団体の除雪費用の増大、運送業の配達の遅延
少雪	スキー器具のメーカー、販売店の売上減少、スキー場の来客数減少
降雨・降雪・気温	外食産業、百貨店、ホテルの来客数減少、農業の作柄不良
降雨・積雪・気温	建設業で建設工事の作業進捗遅れ、またそれによる建材業の資材販売量の減少

（出所）　著者作成

以上を整理すると、図表6－1になる。そして、こうした各種の天候リスクを原資産として、天候デリバティブが開発、取引されている。

(3) 天候リスクマネジメント

　天候リスクを適切に管理するためには、まず、企業が自社のビジネスと気象事象とがどのように関係しているか、自社がさらされている天候リスクがどのようなものかについて認識することが重要となる。すなわち、企業の財務に影響する天候ファクターを把握して、それがビジネスに及ぼす影響を定量的に把握する必要がある。ここでも天候リスクは、企業に損失をもたらすこともあれば、利益をもたらすこともある。

　具体的には、天候リスクマネジメントは、次のようなプロセスを経ることになる。すなわち、まず、天候リスクのなかのどのような気象要素が自社のビジネスに影響するかを把握する。こうした気象要素には、前述（本章1(2)）のとおり、気温、降雨、積雪、風速、日照等、さまざまな種類がある。

　次に、特定した気象要素の観測地点を決定する。これには、客観的なデータが得られる気象庁の測定地点から選択することができる。たとえば、屋外型エンターテインメントをビジネスとする企業は、天候不順で客足が細るといった天候リスクをヘッジする目的があり、その主要な施設が存在する地点の気象現象に最も近似した気象を示す観測地点を選択することとなる。

　これは、大半の場合、ビジネス拠点に地理的に最も近い観測地点が選ばれるが、必ずしもそうではなく、たとえば近接地点に観測場所がない場合には、たとえ地理的に近くなくても過去のデータからみて気象状況が最も近似している地点を選択することもある。また、スキー器具メーカーや販売店であれば、少雪により販売が減少するといった天候リスクをヘッジする目的があり、顧客が主として利用するスキー場の気象に最も近似した観測地点を選択することとなる。ちなみに、日本における天候デリバティブ第1号の取引当事者となったスポーツ用品専門店の㈱ヒマラヤは、多くのウインタースポーツ愛好者が利用する高山と長野のスキー場に近接した3カ所の観測地点を選択している。

次に、その要因がどの程度のリスクの大きさか、すなわち、把握した天候リスクの発生確率と、それが発生した場合にどの程度自社の業績に影響を及ぼすかを分析するステップに入る。これには、天候リスクと企業収益との相関関係を定量的に分析・把握することが重要となる。

　こうした分析を経たうえで、いよいよリスクへの対応方法を検討する。それには、まずリスクを保有するか移転するか、外部に移転するかたちでヘッジを行うとすれば、完全ヘッジを行うか、部分ヘッジにとどめるか等をヘッジのコストとベネフィットを比較考量して決定する。すなわち、自社でリスクを抱えておいても十分耐えられるとか、リスクヘッジのためのコストがあまりにも高いということであれば、一般的にリスクを保有したままにしておくという選択が、適切なリスクマネジメントとなる。また、リスクの移転を選択した場合には、リスクの発生確率等からみて、完全ヘッジではなく、その一部のヘッジにとどめる部分ヘッジ戦略も考えられる。

　そして、リスク移転のツールとしては、保険や天候デリバティブが考えられるが、その各々の特徴を比較してどのヘッジ手段が最適かを決定することになる。

　このような検討をふまえた結果、天候デリバティブ取引を選択することとなった場合には、その条件設定がきわめて重要な要素となる。

(4) 天候データ

① 天候リスクと天候データ

　保険会社等の金融機関が、天候デリバティブ等の商品開発や設計を的確に行うためには、信頼ある気象実績のデータが入手可能であることが最も重要な前提条件となる。

　また、天候デリバティブのユーザーとなる個々の企業が潜在的に抱える天候リスクにはさまざまなものがあり、天候リスクを効率的にヘッジするためには、天候に関する各種データの活用が必須のものとなる。

　こうしたデータは、恣意性がなく客観的な機関により提供されることがきわめて重要である。すなわち、天候デリバティブの対象となる気温、降水

量、降雪量、風力等のデータに連続性、整合性があることと、天候という性格上、長期間、過去にさかのぼって入手可能であることが要件となる。

こうしたデータは、各国とも公共の気象観測所が採集にあたっている。たとえば、米国では、商務省の外郭団体の国立天候データセンター（National Climate Data Center；NCDC）が、全米に1,000を超える気象観測所を設置して、天候データの採取、保存、公表を行っている。また、公共機関のほかに、全米気象サービス社や、アースサット社などの民間会社も信頼性の高いデータを提供している。さらに、米国ではこうした公表データを分析、加工して付加価値をもった気象情報を提供したり、天候デリバティブ商品のプライシングモデルを開発、提供する民間会社も多数存在している。

② 日本の天候データ

日本では、気象庁が、気温、雨、風、日照時間、湿度等に関して、地理的に、また時系列的に精緻なデータを豊富に提供しており、また、日本気象協会や気象業務支援センターからも天候デリバティブ取引に必要な各種データが提供されている。なお、気象庁のデータは、1976年まで遡及して入手可能である。

こうしたことから、日本で取引されている天候デリバティブは、そのほとんどが気象庁等のデータを活用しており、日本の天候デリバティブ市場の発達は、このような充実した気候データにより支えられているといってよい。

気象庁が実施している気象観測には、地上気象観測、地域気象観測、レーダー気象観測、高層気象観測、静止気象衛星による観測、温室効果ガスやオゾン層などの地球環境に関する観測、海上気象観測および航空気象観測等がある（図表6－2）。

このうち、地上気象観測は、全国約150地点の気象官署および特別地域気象観測所において、気圧、気温、湿度、風、降水、積雪、雲、日照等の気象現象を観測している。一方、地域気象観測は、アメダス（Automated Meteorological Data Acquisition System；自動気象データ採取システム）により、気象官署および特別地域気象観測所を含む全国約1,300地点の観測所において、

図表6－2　気象庁の観測システムの概念図

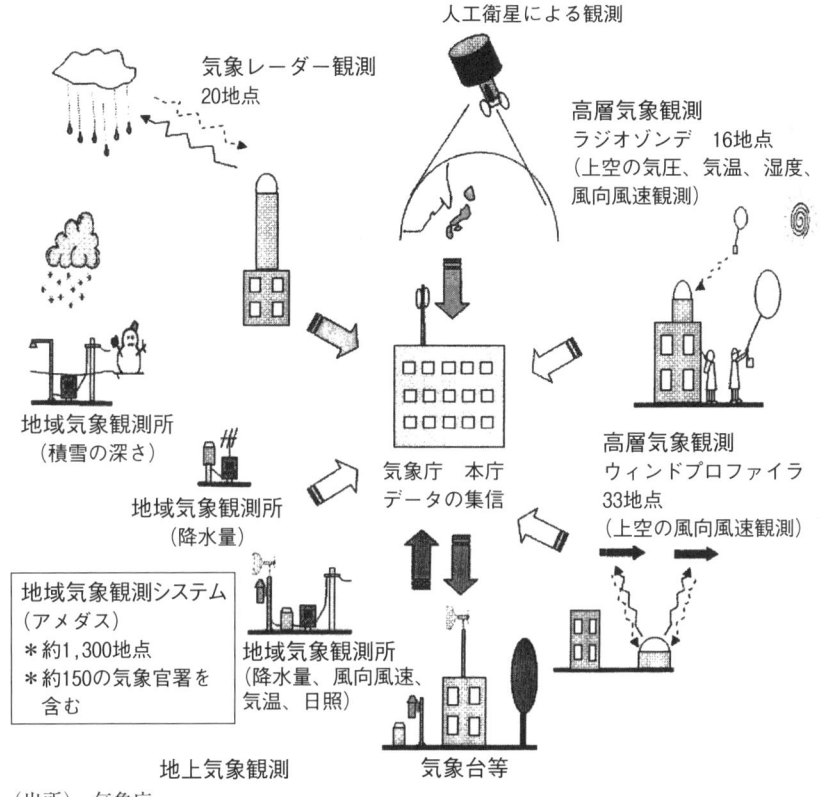

(出所)　気象庁

気象状況をよりきめ細かく時間的、地域的に自動で観測している。このうち、約840カ所（約21km間隔）では降水量に加えて、風向・風速、気温、日照時間を観測しているほか、雪の多い地方の約310カ所では積雪の深さも観測している。

また、気象庁では、気象観測データだけではなく、台風や地震に関するデータも提供している。

・**気象予報**

気象予報について、気象庁では、1カ月予報、3カ月予報、暖・寒候期予報を発表している。また、気象予報には、気象庁本庁が発表する全国を対象

第6章　天候デリバティブ　261

とする全般季節予報と、地方の11の気象官署が発表する各地方を対象とする地方季節予報がある（図表6－3）。

このうち1カ月予報は、毎週金曜日に発表され、平均気温、合計降水量、合計日照時間、それに冬季は日本海側の合計降雪量が予報される。また、3カ月予報は、毎月25日頃に発表され、平均気温、合計降水量、それに冬季は日本海側の合計降雪量が予報される。

一方、暖・寒候期予報は、毎年2月25日頃に発表され、夏（6～8月）の

図表6－3　気象庁が公表する各種予報

種　類	発表頻度・時刻	予報期間	内　　容
降水短時間予報	1時間ごと	6時間先まで	降水量
分布予報	5、11、17時	24時間	3時間ごとの天気、降水量、気温、降雪量
時系列予報	5、11、17時	24時間（17時発表は30時間先）	3時間ごとの天気、風向風速、気温
天気予報	5、11、17時	今日、明日、明後日	日ごとの天気、風、波浪、最高・最低気温、降水確率等
週間天気予報	11、17時	向こう1週間	天気、最高・最低気温、降水確率等

〈季節予報〉

種　類	発表日	内　　容	予測方法
1カ月予報	毎週金曜日	平均気温、降水量、日照時間、降雪量	数値予報（アンサンブル予報）
3カ月予報	毎月25日頃	平均気温、降水量、降雪量	数値予報（アンサンブル予報）、統計的手法
暖候期予報	毎年2月25日頃	夏の平均気温、降水量、梅雨時期の降水量	数値予報（アンサンブル予報）、統計的手法
寒候期予報	毎年9月25日頃	冬の平均気温、降水量、降雪量	数値予報（アンサンブル予報）、統計的手法

（出所）　気象庁の資料をもとに著者作成

平均気温、合計降水量、梅雨時期（6〜7月）の合計降水量が予報される。

予報では、大まかな傾向が発表される。具体的には、平均的な気温、降水量等を低い（少ない）、平年並み、高い（多い）の三つの階級に分けて、それぞれの階級が現れる確率を数値で表して発表している。

・統計的手法とアンサンブル予報

気象庁では、従来、過去のデータから先行きを予測する統計的手法をとっていた。具体的には、過去数十年にわたる大気や海洋、積雪データ等と天候との統計的な関係を分析して、この関係から先行きの天候を予測する手法である。典型例としては、エルニーニョ現象から先行きの天候を予想することがあげられる。

しかし、気象庁では、この統計的手法から1カ月予報を皮切りにして漸次、アンサンブル予報といわれる手法に切り替えている。そして、現在では、1カ月予報は、アンサンブル予報で行い、3カ月予報と暖・寒候期予報は、アンサンブル予報と統計的手法とを併用して利用している。

アンサンブル予報の名称は、複数の予報値をアンサンブルする（集団としてみる）予測手法からつけられたものである。すなわち、将来の予側をするためには、まずもって初期の状態を把握することが重要となるが、初期観測の段階で誤差が出ることは避けられない。そして、その誤差は、初期段階では微小なものであっても、時間の経過とともに拡大する。これは、大気の運動がカオス的な振舞いをすることに起因するものである。そこで、初期の値に誤差がある可能性を前提として初期値にばらつきを与えて、複数の予報値を出す。そして、その複数の予報値の平均やばらつきの程度といった統計的な性質を利用して、最も生起確率の高い現象を予報するというものである。

・気象予報の活用

気象庁発表の季節予報は、さまざまな天候リスクのマネジメントに活用することができる。ここでは、気象庁が例示している農作物のケース（数値は架空のもの）をみてみよう[2]。

---

[2] 気象庁「確率予報の利用例：作付け品種の選択」（http://www.jma.go.jp/jma/kishou/know/kisetsu_riyou/use/howtouse1.html）

図表6－4　収穫量と気温の関係　　　　　　（数値：収穫量）

品種／気温	低い	平年並み	高い
A（冷夏に強い）	40	100	110
B（冷夏に弱い）	70	85	90

（出所）　気象庁「確率予報の利用例：作付け品種の選択」をもとに著者作成

　いま、ある農家が農作物の植え付ける計画を検討している。現在は春で、植付けの候補となっている品種は、冷夏に弱いA品種と逆に冷夏に強いB品種である。そこで、この農家は、このいずれを選択するかの判断材料として、気象庁の暖候期予報の夏の3カ月平均気温の確率予報を活用することにした。A品種、B品種の各々の収穫量と気温との関係は図表6－4のとおりである。

　これから、気温が平年並み、または高いという予想の場合にはA品種を、気温が低いという予想の場合にはB品種を植えればよいことになる。しかしながら、気温が低い可能性（確率）がどのくらいのときにB品種を選択すればよいかは不明である。そこで、気象庁が発表している確率予報が活用できる。

　いま、気象庁の暖候期予報の夏の3カ月平均気温の確率予報で、平均気温が「低い」が50％、「平年並み」が30％、「高い」が20％と予報されているとする。この場合の平均気温の生起確率で加重されたA品種とB品種の各々の期待収穫量の見込みは、次のように算出することができる。

　　A品種　（40×0.5）＋（100×0.3）＋（110×0.2）＝72
　　B品種　（70×0.5）＋（85×0.3）＋（90×0.2）＝78.5

　ここから、平均的に多くの収穫量が予想できるB品種を選択することが適当であるとの検討結果となる。なお、こうした確率を活用した場合には、あくまで多数のケースに適用した平均的な結果がそうなるということであって、個々のケースが最適になるとは限らないことに留意する必要がある。

2 天候リスクマネジメントと天候デリバティブ

(1) 天候デリバティブのコンセプト

　天候デリバティブは、異常気象、天候不順に代表される天候の諸事象により、企業が被る売上高の減少や費用の増加といった損失リスクを回避することを目的とするデリバティブ取引である。これによりヘッジャーとなる取引主体は、あらかじめ決めておいた平時における気象データと、先行きの気象データの実績との差異をもとにして算出される金額を受け取り、基本的に異常気象による損失をカバーすることが可能となる。もっとも、実損てん補となる保険と異なり、天候デリバティブはベーシスリスクが存在することから、必ずしもヘッジャーが期待したように損失をカバーできるとは限らないが、この点はあらためて後述（本章2(4)）することとしたい。

　また、天候デリバティブの対象は、たとえば気温が何度以上というように天候の諸事象をそのまま使う場合と、一定の方式に従って加工した指数を使用する場合がある。

　天候デリバティブは、取引所に上場された商品を取引することもあれば、二当事者間で取引されるOTC取引（店頭取引）の形態もある。

　なお、天候デリバティブの決済は、現物決済といったことは考えられず、現金決済（差金決済）となる。

(2) 天候デリバティブの発展経緯

① 天候デリバティブと農産物先物取引

　天候デリバティブが開発、取引される嚆矢となったOTC取引（店頭取引）は、1996年にアキラエナジー社とエジソン社との間で行われた。この取引では、エジソン社がアキラエナジー社から電力を購入する契約内容となっているが、これには、もし夏季の気温が平年に比べて上がらず冷夏となった場合には電力購入代金を割り引くという条件が付されている。この気温の計測場

所はニューヨークのセントラルパークとされた。これは、気温を対象とする天候デリバティブの原型ともいうべきものである。

　天候デリバティブの第1号は、その翌年の1997年に米国のエネルギー総合企業のエンロン社が開発して、エネルギーをはじめとする多様な商品を手掛けるコングロマリットのコーク社との間で契約された。このように、気象状況により需要が大きく変化するエネルギー産業の中心に身を置く二大企業により天候デリバティブの開発、取引が行われたのは、ある意味では自然なことである。これは、ミルウォーキーとウィスコンシンの温度を指数として1997～1998年の冬季の気温があらかじめ決めておいた気温から1度下回ればエンロン社がコーク社に対して1万ドルを支払い、逆に1度上回ればコーク社がエンロン社に1万ドルを支払うことを内容とする気温デリバティブであった。

　エンロン社とコーク社が天候デリバティブ第1号を取引した直後の1997年冬に米国は、エルニーニョ現象の影響から記録的な暖冬に見舞われ、この結果、多くの企業が深刻な打撃を被ることとなった。そして、これが契機となって天候デリバティブ取引が劇的な増加をみることになる。

②　米国電力産業の自由化と天候デリバティブ

　天候デリバティブは、米国エネルギー産業の自由化がもたらした産物である。従来から天候条件の変動は、エネルギーの消費量に最も大きな影響を与える要因であり、電力、ガス会社にとっては最大のビジネスリスクと認識されてきた。しかしながら、このような予期せざる季節的な気象条件の変動がエネルギー産業の収益に与える悪影響は、規制による独占的な事業環境に支えられて吸収、管理されてきた。

　こうしたなかで、1990年代央のレーガン政権下における規制緩和政策の一環としてエネルギー産業の自由化が強力に推進されることとなった。そして、これに伴って家庭用や商業用のエネルギーを生産、販売するビジネスを手掛けることを目指して、さまざまな企業が雪崩を打ってエネルギー業界に新規参入した。従来、電力会社は電力を製造しそれを自社の配電線を使って

商工業や家庭に供給する発送電一貫体制をとっていた。それが規制緩和により、発電事業と送電事業が分離される発送電分離体制にかわることとなった。ここに、長年にわたる電力業界の独占体制は終焉を告げ、それとともに電力マーケットをはじめとするエネルギー業界で激しい競争が行われるようになった。

　こうした環境変化により、それまで規制の傘の下で保護されてきたエネルギー産業は、天候リスクに身をさらすことになり、特に気温状況がエネルギー産業の収益に直接影響を与えることとなった。この結果、エネルギー業界に属する各企業にとり、そのリスクヘッジ対策を講じることが重要な経営課題として急浮上した[3]。

　・価格ヘッジと量的ヘッジ

　エネルギー企業は、それまで発電に使う石炭や天然ガスの価格変動については先物やオプションを使ってヘッジできるものの、電力需要量にきわめて大きな影響を与える天候リスク自体についてはヘッジする手段をもっていなかった。したがって、仮に猛暑により電力需要が急増した場合には、追加的な電力を自由化されたスポットマーケットで手当しなければならなくなる。しかし、電力市場の自由化の結果、基本的に電力というコモディティの価格が需給要因によって自由に変動することから、スポットマーケットでは、需要増に対して敏感に価格が上昇することとなる。

　こうしたことから、電力自由化のもとにおけるエネルギー企業にとってのニーズは、最終ユーザーの電力消費量を大きく左右する天候リスクそのものに対するヘッジとなった。そして、このようなニーズを背景として、天候デリバティブの開発、取引がにわかに活発化することとなった。

　すなわち、従来の先物やオプションは、たとえば異常気象により影響を受ける農産物の「価格」変動をヘッジする目的に活用されるのに対して、天候デリバティブは、エネルギー需要の増減という「量」をヘッジすることを目的に取引されるという違いがある。具体的には、農産業者はとうもろこしの

---

[3] Randy, M., (2011) "What every CFO needs to know now about weather risk management" *CME Group*

相場の下落による農業収入減を回避することを目的に、とうもろこしの先物を買持ち（ロング）にするヘッジ取引を行うことになる。これに対して、発電業者は、冷夏により被る電力の販売量の落込みからの収入減を回避することを目的に、気温を原資産とするプットオプションを買持ち（ロング）にするヘッジ取引を行うことになる。

　このように、量自体の変化を対象とする新たなヘッジツールとなる天候デリバティブは、それがマーケットに登場して以来、目覚ましい発展を遂げた。

　なお、天候デリバティブは、ハリケーンや竜巻といった低頻度のカタストロフィ・イベントを対象にするというよりも、灯油会社が暖冬をヘッジするというように、より生起確率が高い天候イベントを対象とすることを特徴とする。

　米国における天候デリバティブは、気温を原資産とするものが大半であるが、日本では、気温のほかに、降雪、降雨、風速、湿度、波高、日照時間等、さまざまな気象条件を原資産とする天候デリバティブがOTC（店頭）で取引されている。なお、主要国では、二酸化炭素排出ガスによる地球温暖化を抑制することを指向して、風力や太陽光等の活用に注力する方向にある。こうした風力や日照等の再生可能エネルギーは気象条件に左右されることから、今後、風力や日照時間等を対象とする天候デリバティブの需要が拡大することも予想される。

(3) 天候デリバティブによる天候リスクマネジメント

　天候リスクのマネジメントも、他のカテゴリーのリスクマネジメントと同様に、リスクの3M（Measure、Monitor、Manage）が基本となる。すなわち、まず企業が潜在的に抱える天候リスクを把握する（Measure）。そのうえで、その天候リスクの発生の時期と発生する確率がどれだけあるか、また、実際に天候リスクが発生した場合に企業の収益や費用にどれだけインパクトを及ぼす可能性があるかを推計、観測する（Monitor）。これには、気象データ分析が不可欠となる。こうして天候リスクを定量的に推計したうえで、天

候デリバティブ取引で必要なヘッジを行う (Manage)。

ところで、このプロセスのなかでは、やはり天候リスクの発生の確率予測とそれがどの程度、企業の収益や費用に影響するかの定量的な推計が最も重要なステップとなる。しかし、大企業はともかく、中小企業や個人営業的な企業では実際問題として自社でこれを行うことは困難である。その場合には、天候デリバティブ取引でカウンターパーティとなる保険会社等の金融機関が天候リスクを推計して、それを前提に企業に対してプレミアム（保険料）を提示することとなる。

(4) 天候デリバティブと保険との違い

天候デリバティブと伝統的なヘッジ手段である災害保険との違いは、基本的に前述のCATボンドと保険との違いと同様であるが、ここでは、特に保険との比較で天候デリバティブがもつ特徴に焦点を当てるかたちでみることにしたい（図表6-5）。

まず、天候デリバティブと保険の基本的な相違点は、デリバティブにおけるプロテクションの買い手は、必ずしも保険対象 (insurable interest) に利害のかかわりをもっている必要はないことである。したがって、リスク発生によりプロテクションの買い手が資金を受け取るにあたって、損失を被ったことを証明する必要はない。これは、デリバティブがリスクヘッジのために使われるだけではなく、投機の対象にもなりうることを意味する。現に、シカゴ商業取引所 (CME) で取引されている気温を対象とするデリバティブは、多くのスペキュレーターが市場参加者になって取引を行っている。もっとも、日本の場合には、保険会社等の金融機関が天候デリバティブを顧客に提供するにあたって、その取引目的は天候リスクをヘッジすることを要件としており、投機目的に取引することはできない、としていることが一般的である。

次に、天候関連の保険は通常、台風とか地震といった極端な天候事象から保険者を守るためのものであり、平常の気象の不確実性に必ずしも対応しない場合が多い。これに対して、天候デリバティブは、いかなる気象状況にも

図表6-5　保険と天候デリバティブの比較

	保　　険	天候デリバティブ
取引の目的	リスクのヘッジ	リスクのヘッジまたは投機
取引対象となるリスク	極端な天候事象に起因するリスク	極端な天候事象のほか平時の気象の不確実性に起因するリスク
ベーシスリスク	実損てん補が基本となりベーシスリスクは存在しない	客観的な指標をもとに受払いが行われることからベーシスリスクが存在する
支払いのタイミング	査定を行うことにより、時間を要する	迅速な受払いが行われる
リスクの引受け手	保険会社	保険会社のほか、取引当事者同士がリスクを引き受けるケースもある

（出所）　著者作成

対応できるように設計することが可能である。

　また、天候デリバティブの資金の受払いについては、実損てん補を基本とする保険とは異なり、気象事象等の客観的、定量的な数値に基づいて自動的に受払いの発生の有無とその金額が決定される。したがって、天候デリバティブ取引のヘッジャーには、必ずしも損失額とデリバティブ取引による受取額が見合わないベーシスリスクが存在する。たとえば、気温リスクをヘッジしようと取引しても実際の温度が天候デリバティブで取り決めた観測地点の気温と違っていると、実際に損失が発生したにもかかわらずデリバティブ取引による受払いが発生しないケースもありうる。こうしたベーシスリスクは、カスタムメードではなく標準化された天候デリバティブの取引で特に発生するおそれがある。

　また、天候デリバティブの受払額やタイミングは、指数の動きで自動的に決定されることから、損害発生と天候との因果関係の存在の検証や実損てん補の査定の手続を要することなく、迅速に決済が行われる特徴がある。

　もっとも、天候リスク保険には査定が必要ではなく、一定の気象状況が事前に保険会社と顧客との間で契約した内容に一致すれば自動的に一定額が支

払われる種類も存在する。こうした保険には、大きな催しが悪天候で中止となった場合の損害を補償する興行中止保険とか、スキー場やゴルフ場の天候保険等があり、その本質は、天候デリバティブに類似した契約であるとみることができる。

また、伝統的な保険では、ヘッジ取引のユーザーのカウンターパーティとなる主体は保険会社であり、保険会社は必然的に顧客のもつリスクを引き受けることになる。すなわち、保険では、基本的に保険会社がリスクテイカー、顧客がリスクヘッジャーとなり、取引当事者は相反するステータスとなる。しかしながら、天候デリバティブでは、たとえば、冷夏により損失を被る企業と猛暑により損失を被る企業との間や、異常寒波により損失を被る企業と暖冬により損失を被る企業との間で、天候デリバティブ取引を締結することができる。このように、双方の取引主体が自己のリスクを相手に移転すると同時に、相手のリスクを引き受けるといった内容の天候デリバティブ取引には、後述（本章3(1)）する東京電力と東京ガスとの間で行われた気温デリバティブ取引がある。

(5) 天候リスクの定量化

① 天候リスク定量化の方法

天候リスクを定量化する方法には、以下のようにいくつかの種類がある。

第一は、毎日の数値の平均を一定の期間とって、その数値があらかじめ定めておいた水準を超えたか、または下回った場合に、その幅に応じて受払額が決まる方法である。気温や湿度がこのカテゴリーに入る。毎日の数値の平均は、1日のうちの最高と最低をとってそれを2で割るとか、1時間ごとに数値を計測して24で割る等の方法がある。たとえば、電力会社が8〜9月の夏期の毎日の平均気温が一定の基準値を下回ったときに、その幅に応じて支払いを受けることにより、冷夏リスクをヘッジするといったケースがこれに該当する。

また、1日だけの降雨や気温等を対象とした取引もみられる。これは、特に単一の日になんらかのイベントが予定されている場合の興行収入減をヘッ

ジするニーズを汲んだものである。

　第二は、毎日の数値を一定の期間とって、それを累計して、その数値があらかじめ定めておいた水準を超えたか、または下回ったかをみる方法である。降雨量、降雪量、日照時間等がこのカテゴリーに入る。

　たとえば、スキー会社があらかじめ特定した場所において冬季の一定期間において毎日観測した降雪量の累計があらかじめ決めておいた水準を下回った場合にその幅に応じて支払いを受けることにより小雪リスクをヘッジするといったケースがこれに該当する。

　第三は、1日の数値があらかじめ定めておいた水準を超えた、または下回った日数を一定の期間、累計して、その日数があらかじめ定めておいた日数を超えたか、または下回った場合に、その日数の差に応じて受払額を決める方法である。

　たとえば、屋外型のレジャーランドにおいて行楽期間の6カ月間、毎日の降雨量があらかじめ定めておいた水準を超えた日数を累計する。そして、その日数があらかじめ定めておいた水準を超えた場合に、その日数に応じ、レジャーランドが支払いを受けることにより、降雨リスクをヘッジするといったケースがこれに該当する。

　また、清涼飲料のように販売拠点が多くの地域にわたっている場合には、飲料の製造・販売業者は複数の地点の気温を各地域の売上高で加重平均した値をとって、これをあらかじめ設定した基準気温と比較して受払いを決定するデリバティブ取引を行うことが考えられる。現に、夏の飲料水の売行きについて、東京、大阪、名古屋等の大都市の気温の各平均を算出して、それを当該地域の清涼飲料水の売上高により加重平均した値が基準値を下回ったときにその幅によって受取額が決まるといった天候デリバティブが取引されたケースがみられる。

　天候デリバティブでは、気温、降雪、日照等の天候のさまざまな事象が対象となるが、単一の事象だけではなく、いくつかの事象を組み合わせてそれを原資産とする天候デリバティブも、数多く取引されている。

　たとえば、農業関係のユーザーのニーズを汲み取った気温と湿度を組み合

わせた指数を対象とするデリバティブや、台風リスクのヘッジを目的とした降雨と風速を組み合わせた指数を対象とするデリバティブが出現している。

② HDD、CDD

　天候デリバティブ取引が対象とする気象データは、信頼度が高い客観的な指標で、かつユーザーのニーズにフィットした指標が必要となる。

　米国の電力、ガス事業等の公益事業では、天候デリバティブが開発される以前から、華氏65度（摂氏18.33度）から気温がどれだけ乖離するかを、電力、ガスの需要予測のメルクマールとして使用している。具体的には、華氏65度が暖房と冷房の分かれ目の基準とされていて、華氏65度を大きく下回ると暖房のための電力需要が増加し、逆に華氏65度を大きく上回ると冷房のための電力需要が増加するとみられている。

　そして、寒さの度合い、すなわち暖房を要する度合いをHDD（Heating Degree Day）で表す。このHDDは、気温の絶対値ではなく、華氏65度から日々の平均気温（日々の最高気温と最低気温の平均）を引いた差となる。なお、このHDDは、オフィスビルに勤務する電気技術士が、外気の1日の気温の中央値が華氏65度を下回るとビルの室内温度を70度に上げるように暖房を入れることが多いといった事象を観察して、その経験則をもとにして生み出された指標である[4]。

　たとえば、ある日の最高気温が50度、最低気温が30度とするとその日の平均気温は40度となり、HDDは、（65－40＝）25となる。このHDDが計算の結果マイナスの場合にはゼロとする。たとえば、別の日の気温が最高77度、最低57度とすると平均気温は67度、したがってHDDは、（65－67＝）－2でゼロとなる。

　一方、1日の気温の中央値が65度を大きく上回ると冷房が入るとの想定がなされている。そして、暑さの度合い、すなわち冷房を要する度合いをCDD（Cooling Degree Day）で表す。このCDDも、気温の絶対値ではなく、

---

[4] Labuszewski. J. W., Petersen. P., and Piszczor. C., (2008) Alternative Investment Overview. *CME Group*

日々の平均気温から65度を引いた差となる。たとえば、ある日の最高気温が80度、最低気温が70度とするとその日の平均気温は75度となり、CDDは、(75-65＝) 10となる。このCDDが計算の結果マイナスの場合にはゼロとする。たとえば、別の日の気温が最高71度、最低57度とすると平均気温は64度、したがってCDDは、(64-65＝) －1でゼロとなる。

これを算式にすると次のようになる。

　　デイリー HDD＝MAX（0，65－（1日の最高気温＋最低気温）÷2）

　　デイリー CDD＝MAX（0，（1日の最高気温＋最低気温）÷2－65）

そして、これを一定期間にわたって累計すると、次の算式となる。

　　期間HDD＝Σデイリー HDD

　　期間CDD＝Σデイリー CDD

シカゴ商業取引所では、この期間HDDや期間CDDを対象とした天候デリバティブを上場、取引しているが、この点はあらためて後述（本章3(2)①）することにしたい。また、OTCで行われる天候デリバティブ取引においては、必ずしも華氏65度を基準温度とする必要はなく、当事者のニーズ次第で基準温度を自由に設定することができる。

米国では、国立天候データセンターが、全米各地のHDDとCDDの実績値を計測して、公表している。また、ナットソース社では、天候デリバティブの商品設計をする際の参考基準に供することを目的に、東京、大阪、名古屋のCDD、HDDのデータをJWDI（Japan Weather Derivatives Index）の名称で提供している。

(6) 天候デリバティブのペイオフとプライシング

気温を対象とする天候デリバティブのペイオフ（受払い）は、デイリーのHDDまたはCDDを一定期間、累計した期間HDD、期間CDDを各々HDD指数、CDD指数の実績とする。そして、これと当事者が事前に決めておいた基準値のHDD指数、CDD指数とを比較して、その差に、想定元本に相当するHDD、またはCDDの単価を乗じた金額を受払いすることになる。

OTC取引の場合には、HDDまたはCDDを累計する対象になる一定期間

は、当事者間で自由に決めることとなるが、冬季、夏季の1カ月単位とか、HDDは11月から3月まで、CDDは5月から9月まですることが大半である。なお、4月と10月は端境月（shoulder month）と呼ばれて、気温を対象とする天候デリバティブの対象期間から除外することが多い。また、HDDやCDDの単価となる1HDDまたは1CDD当りの金額は、DDV（Degree Day Value）と呼ばれ、OTC取引ではこれも当事者間でニーズにマッチした金額を決めることになる。このDDVをどのように設定するかで、リスクヘッジの主体となるユーザーにとっては自己のビジネスの気温リスクをどの程度ヘッジするかを調整することができる。

このように、気温を対象とする天候デリバティブは、仕組みが簡単なものであり、いかなる企業にも利用しやすい内容に設計されている。

天候デリバティブのユーザーにとっては、天候リスクのヘッジのためにどのくらいのコストを要することになるかが最大の関心事となる。また、天候デリバティブ商品を提供する業者にとっては天候リスクを引き受ける対価としてどのようなプライシング（価格づけ）をユーザーに提示して契約に持ち込むかがビジネスの重要なポイントとなる。

天候デリバティブが、取引所で活発に売買されている場合には、取引所の価格発見機能によりフェアプライス（適正価格）がアウトプットされ、これにより、天候リスクのヘッジャーにとってはヘッジコストを、また、天候リスクの引受け手にとってはリスクテイクの対価を把握することができる。しかし、天候デリバティブ商品の提供業者とユーザーとの間で相対により行われるOTC取引では、取引所取引のように競争売買のなかから価格が決まるわけではなく、一定のモデルを使用して導出される理論価格に依存することになる。

そこで、以下ではOTC取引における天候デリバティブの代表というべき天候オプションのプライシングについて概観することにしたい。

(7) 天候オプション

株式を原資産とするオプションの理論評価式（プライシング・モデル）と

いえば、ブラック・ショールズモデルが代表的なものである。周知のように、フィッシャー・ブラックとマイロン・ショールズによりブラック・ショールズモデルが開発、発表されるや、たちまちそれが実際の取引に活用され、この結果、株式のオプション取引が飛躍的に拡大したという経緯がある。しかし、このブラック・ショールズモデルを天候オプションのプライシングに活用するにはいくつかの難点がある[5]。こうした難点は、いずれもブラック・ショールズモデルの構築にあたり前提とされた条件に深くかかわるものである。

　第一は、ブラック・ショールズモデルの最も重要な前提は、原資産と無リスク資産を組み合わせてポートフォリオを構築して、オプションと同様のペイオフを模倣することができる点である。しかしながら、天候デリバティブの場合には気象状況自体を原資産としてポートフォリオに組み入れて取引することはできない。

　第二は、ブラック・ショールズモデルでは、原資産価格がランダムウォークに従い、中心回帰しないことが前提となっている。しかしながら、たとえば天候オプションの対象が気温の場合に、ブラック・ショールズモデルを適用すれば気温が際限なく上昇するか下落する事象も前提としていることになる。これは、原資産が株式であれば、そうしたことも想定されるが、気温ではおよそありえない水準になることも想定したモデルとなってしまう。したがって、こうした非現実的な前提を置いたブラック・ショールズモデルをそのまま天候オプションに使用することはできない。

　第三は、ブラック・ショールズモデルでは、ヨーロピアンオプションを前提としている。ヨーロピアンオプションでは、オプションの期日到来時に限って権利行使が可能であり、したがって、オプションのペイオフは、ひとえにオプションの満期時点の原資産価格がどこに位置するかにより決定されることとなる。しかし、天候オプションでは、ある期間の平均的な数値を対象とすることが圧倒的に多い状況にある。この結果、天候オプションは、

5　Garman. M., Blanco. C, and Erickson R., (2000) "Weather Derivatives: Instruments and Pricing Issues" *Environmental Finance*, 2000.3

ヨーロピアンオプションよりも、アメリカンオプション、またはエイジアンオプションのスペックで構築されることが一般的である。

第四は、天候オプションは一般的に支払額に上限が設定されているキャップ付きオプションとなっている。しかし、ブラック・ショールズモデルではこうした前提は置かれていない。

以上のような理由から、天候オプションについては、株式等を対象とするブラック・ショールズモデルではなく、独自のモデルの開発が金融機関やモデル設計会社の手により精力的に行われている。しかし、これまでのところ、市場参加者に幅広く活用されるような普遍的なモデルが構築されるまでには至っていないのが実情である。

現在、実務界で活用されている主な手法には、天候オプションが対象とする期間について過去のデータをとり、その平均値から先行きの気象事象と生起確率を推計し、それにより導出されたペイオフからプライシングを行うといったヒストリカルデータ法がある。

また、コンピュータを使用して乱数を発生させ、それによりおびただしい数のシナリオをつくり、その平均値の現在価値によりプライシングを行うモンテカルロ・シミュレーション法も活用されている。このモンテカルロ・シミュレーション法は、ある期間の平均値をとるエイジアンオプションやキャップ付き天候オプション等、さまざまな構造をもつ天候オプションにも幅広く適用することが可能である。

3 天候デリバティブ取引の実際

(1) OTC取引

天候デリバティブ取引には、OTC取引と取引所取引がある。以下では、OTCのデリバティブ取引を具体例でみる。

① 電力会社とガス会社の天候デリバティブ取引

　エネルギー業界にとっては、特に夏の気温がどうなるかが収益に大きなインパクトを及ぼすことになる。すなわち、電力会社にとって冷夏の場合にはエアコンの稼働率が落ちて電力の売上げが減少し、この結果、業績にネガティブのインパクトを及ぼすことになる。一方、ガス会社にとって猛暑の場合には給湯需要が落ちてガスの売上げが減少し、この結果、業績にネガティブのインパクトを及ぼすことになる。

　このように、電力会社は冷夏リスクを、また、ガス会社は猛暑リスクを抱えるといったかたちで、電力会社とガス会社は逆の方向の天候リスクを潜在的にもっている。そして、これが東京電力と東京ガスとの間で気温リスクをスワップする天候デリバティブ取引として成立する素地となった（図表6－6）。

　この東京電力と東京ガスの天候デリバティブの内容をみると、契約期間は2001年8月1日から9月30日の61日間で、毎日の平均気温を8～9月の61日分平均した数値をオプション取引の対象とする。この平均気温は、東京管区

図表6－6　東京電力と東京ガスの天候デリバティブ取引の概要

項　　目	契約内容
対象期間	2001年8月1日～9月30日
指標値	気象庁大手町地点で観測した対象期間の平均気温の合計値
基準気温	26℃
金銭授受内容	・対象期間の平均気温が基準気温を0.5℃を超えて下回る場合、東京ガスが東京電力に対価を支払う。 ・対象期間の平均気温が基準気温を0.5℃を超えて上回る場合、東京電力が東京ガスに対価を支払う。
	・東京ガスは、対象期間の平均気温が基準気温を2℃下回る場合、支払額が約7億円となり、これが最大支払額となる。 ・東京電力は、対象期間の平均気温が基準気温を2℃上回る場合、支払額が約7億円となり、これが最大支払額となる。

（出所）　東京電力、東京ガス「夏期の気温リスク交換契約の締結について」プレスリリース等をもとに著者作成

気象台（大手町）が1時間ごとに発表する24回分の気温の平均値とされた。

そして、対象期間の平均気温が、基準気温に設定された26度を0.5度を超えて上回る場合、すなわち26.5度を上回る高温の場合には東京電力が東京ガスに対して支払い、逆に基準気温を0.5度を超えて下回る場合、すなわち25.5度を下回る低温の場合には東京ガスが東京電力に対して支払うことになる。

ただし、対象期間の平均気温が基準気温を2.0度超えて上回ったり下回ったりした場合には支払額が約7億円となり、これを上限とするキャップが設定された。すなわち、この天候デリバティブ取引が効果を発揮するのは、24.0度から28.0度の範囲で効果が発揮されるカラー取引となる（図表6－7、6－8）。これは、ヒストリカルデータからみて、このレンジから外れた気温になる確率はきわめて低いと判断されたことによる。

この天候デリバティブ取引は、東京電力にとって、冷夏の場合にはデリバティブ取引からの受取りで本業の収益減をヘッジするが、一方、気温上昇の場合にはデリバティブ取引で支払いとなるものの、本業のほうで利益があがり、これを相殺することができる。一方、東京ガスはその逆で、気温上昇の場合にはデリバティブ取引からの受取りで本業の収益減をヘッジするが、冷夏の場合にはデリバティブ取引で支払いとなるものの、本業のほうで利益が

図表6－7　気温を対象とするカラー取引（猛暑リスクをヘッジするケース）

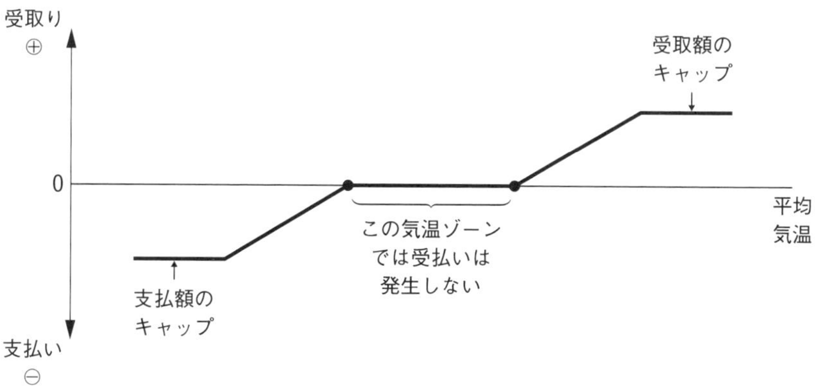

(出所)　著者作成

図表 6 − 8　東京電力と東京ガスの天候デリバティブ取引の損益図

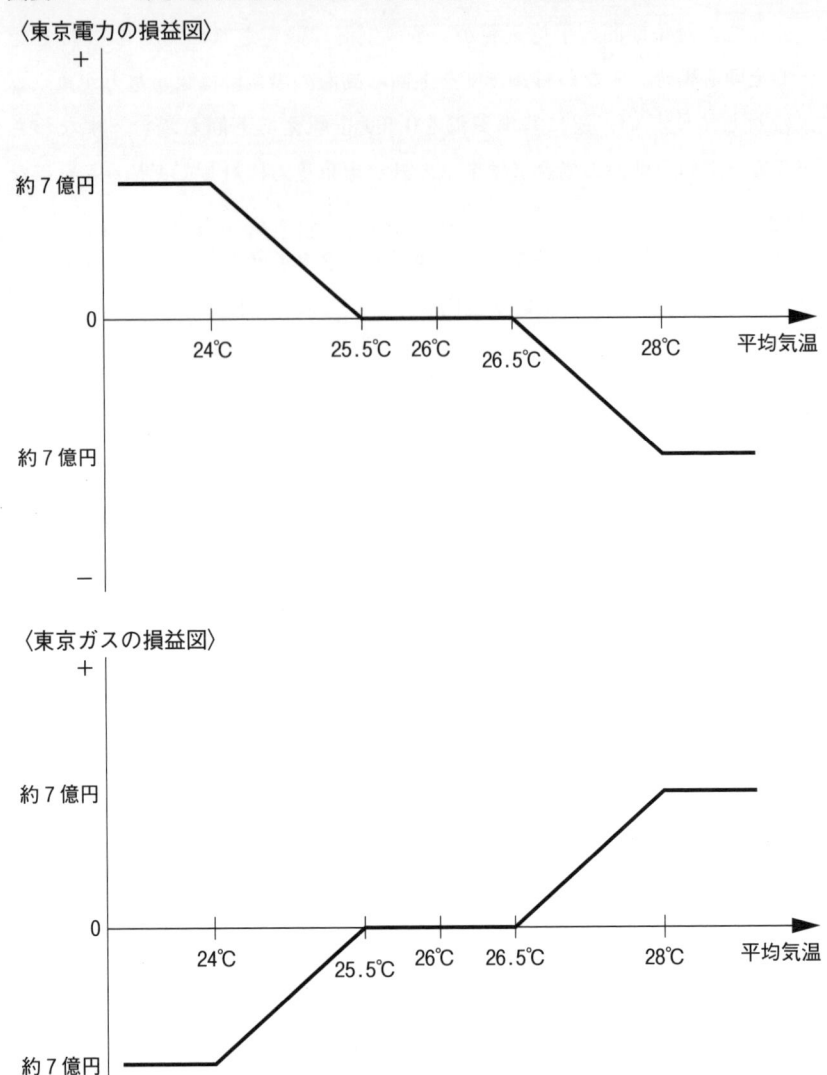

〈東京電力の損益図〉

〈東京ガスの損益図〉

（出所）　東京電力、東京ガス「夏期の気温リスク交換契約の締結について」プレスリリース等をもとに著者作成

あがり、これを相殺することができる。

この取引では、東京電力も東京ガスも、オプションの売り買い双方の取引を行うこととなる。この結果、プレミアムの受払いが相殺され、両社とも実質的にプレミアムの支払いを必要としないこととなる。なお、こうした取引はゼロコストカラーとかコストレスカラーと呼ばれている。

また、東京電力はその後、大阪ガスとの間でも、これと類似の天候デリバティブ取引を行っている。もっとも、この取引では、対象期間中に東京および大阪の平均気温がともに基準気温を一定の幅超えて上回る場合、または下回る場合に初めて受払いが発生することとされている。

なお、ナットソース・ジャパンでは、こうした天候デリバティブのスワップの業者間取引市場「JWX」(Japan Weather Exchange) を開設している。このJWXでは、標準的なスペックに対して取引当事者が売り、買いのプライシングをするかたちでオークションを行うかたちがとられている。

② 降雪量を対象とするデリバティブ

米国の豪雪地帯においては、降雪オプションが活発に取引されている。

これは、主として地方公共団体が大雪の際の除雪費用増加をヘッジするために利用している。これを、まず仮設例でみよう。いま、S市は、今冬の大雪を予想している。S市のこれまでの経験では、降雪が45インチを超えると、1インチにつき5,000ドルの除雪費用を要する。そこで、S市はI保険会社から、12月から2月までの期間を対象として、45インチを権利行使水準、1インチの価格を5,000ドルとし、キャップを100インチに設定した降雪コールオプションを買う、という内容の天候デリバティブ契約を締結する。S市はこのオプションの買付けにあたってI保険会社に1万5,000ドルのプレミアムを支払う（図表6－9①）。

S市が懸念していたとおり、その年は例年にない大雪となり、国立天候データセンターのデータで、12～2月の3カ月間の累積降雪量は70インチとなった。この結果、S市はI保険会社から (70 - 45) ×5,000ドル＝12万5,000ドルの支払いを受けることとなる。そして、S市は、I保険会社に支

払ったオプションのプレミアム1万5,000ドルを差し引いた11万ドルのネット収入となる。また、仮にその年が豪雪で120インチの積雪となった場合には、設定したキャップにより（100－45）×5,000ドル＝27万5,000ドルという最大受取額となる。

次に、実際に行われた降雪デリバティブとして、エンロン社が大手スノーモービル販売会社ボンバーディア社と取引した降雪量を対象とする取引事例をみよう。1999年にボンバーディア社は、降雪量が少ない場合にはスノーモービルを購入した顧客にリベートを支払うというインセンティブをつけた拡販策を打ち出した。具体的には、降雪量が過去3年間の平均の半分に達しない場合にはスノーモービルを購入した顧客1人に対して1,000ドルのリベートを支払うというものである。

そして、降雪量が少なく、ボンバーディア社ではスノーモービルの購入者にリベートを支払う事態になった場合のリスクをヘッジするために、エンロン社との間で天候デリバティブを締結した。その内容は、1999年11月から2000年3月までにミネアポリス国際空港で観測された累積積雪量が19.4インチを下回った場合には、販売したスノーモービル1台当りにつき1,000ドルをエンロン社がボンバーディア社に支払うというものである（図表6－9②）。ただし、この天候デリバティブには、たとえ販売台数がいくら多くても支払額は100万ドルを限度にするキャップがつけられた。

しかし、1999年11月からの冬季の降雪量は平年並みとなり、ボンバーディア社は、スノーモービルを買った顧客へのリベートの支払いもエンロン社からの受取りもなし、との結果となった。もっとも、ボンバーディア社は、こうしたリベートを条件とした販売戦略が奏功して顧客の購入意欲を高める結果となり、スノーモービルの販売が平年に比べて4割近くも増加したことから、その収益で天候デリバティブのヘッジコストは十二分まかなえたとしている[6]。

6　Myers. R., op.cit.

図表6-9　降雪オプションの損益図

① 降雪オプション（通常のオプション）

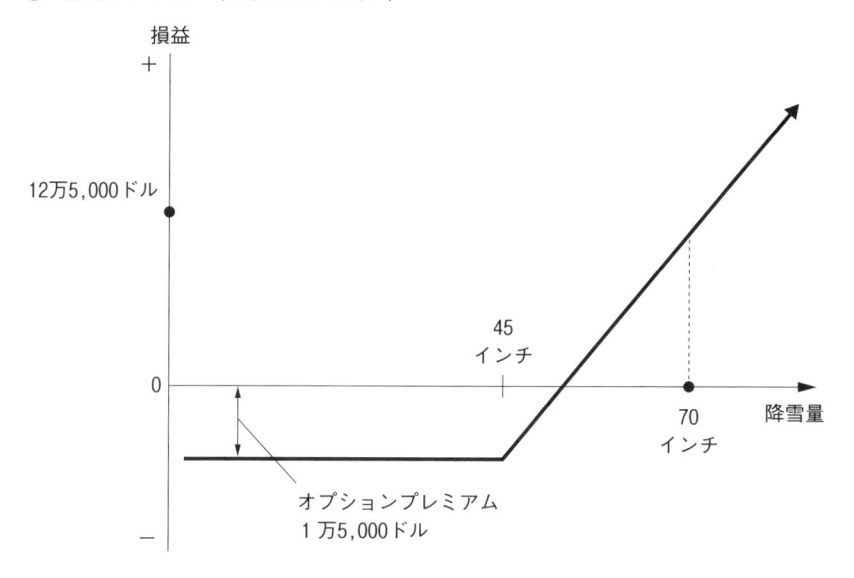

縦軸：損益（＋／−）
横軸：降雪量

12万5,000ドル

45インチ

70インチ

オプションプレミアム
1万5,000ドル

② 降雪オプション（デジタルオプション）

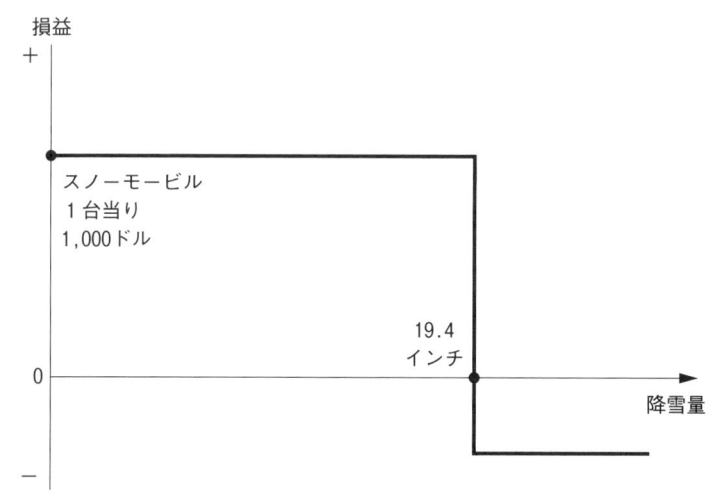

縦軸：損益（＋／−）
横軸：降雪量

スノーモービル
1台当り
1,000ドル

19.4インチ

（出所）　筆者作成

(2) 取引所取引

　米国において天候デリバティブが開発、取引された初期においては、天候リスクのヘッジニーズをもつ企業と天候リスクの引受け手となる損害保険会社や銀行等との間のOTC（店頭）で取引が行われていた。こうしたなかで、1997年に発生したエルニーニョ現象により、米国は記録的な暖冬となり、これを契機として気温を対象とした天候デリバティブの取引高が急増をみるに至った。この結果、気温リスクをヘッジする企業のカウンターパーティとなる損害保険会社や銀行等の金融機関では、天候デリバティブ取引により抱えることになったリスク・エキスポージャーの規模が膨大なものとなった。

　このような状況にあって、天候デリバティブ取引が一段と発展するためには進んでリスクを取ることによりリターンを求める投機家が取引当事者として参入することが強く求められることとなった。それには、天候デリバティブが企業と金融機関との間の相対取引のかたちではなく、多くの市場参加者の間の競争売買による取引所取引のかたちで行われることが必要となる。

　シカゴ商業取引所（CME）では、こうしたニーズを吸い上げることを目的に天候デリバティブの上場に踏み切った。すなわち、シカゴ商業取引所による天候デリバティブ上場の基本的なねらいは、天候デリバティブを提供する保険会社や銀行等が、顧客との間のOTCデリバティブ取引により抱えたエキスポージャーをヘッジする場を提供することとなる。実際のところ、シカゴ商業取引所は、後述（本章3(2)①）のとおりOTCにおける天候デリバティブの取引状況を仔細にリサーチしてそれを反映させるかたちで、天候デリバティブの上場商品のスペックを設計している。このように、天候デリバティブは、OTC取引から始まって、それが取引所取引へと発展した典型的なケースである。

　なお、シカゴ商業取引所では、天候デリバティブの上場に加えて、OTCで取引されている天候デリバティブに対する決済業務を提供している。これにより、取引当事者は、OTC取引でもカウンターパーティリスクを懸念する必要がないといった大きなメリットを享受することができる。

取引所の上場商品は、市場流動性を極力厚くするために標準品仕様となっている。したがって、エンドユーザーが取引所商品でヘッジするにしても、金融機関等がOTC取引で抱えることになったエキスポージャーを取引所商品でヘッジするにしても、ヘッジ対象とヘッジ手段である取引所上場商品の仕様とが完全に一致しない場合には、ベーシスリスクが生じることになる。天候デリバティブ取引においては、このベーシスリスクのなかでも、気象観測所が採取したデータとヘッジ対象が所在する場所における気象データの違いから生じるリスクには、特に注意を払う必要がある。

① シカゴ商業取引所の天候デリバティブ

　シカゴ商業取引所は、1997年末から気象を対象とする先物、オプションの商品化を指向してOTCで行われている天候デリバティブの実態調査に乗り出した。当時、OTCでは、大手のエネルギー業者とブローカーやディーラーの間で、さまざまな仕様の天候デリバティブが取引されていた。こうした状況下、シカゴ商業取引所は、天候デリバティブを標準化するとしたらどのような仕様が市場参加者のニーズにマッチするかをOTCの市場参加者から幅広く聴取した。この調査の過程で、シカゴ商業取引所は、アキラ、エンロン、コーク、サザンエナジーの4社がOTCで天候デリバティブを最も活発に取引しているエネルギー関連企業であることを把握した。そして、シカゴ商業取引所ではこのような大手プレーヤーに加えて、天候デリバティブ取引のニーズをもつと考えられる潜在的なユーザーも幅広く対象にしてマーケットリサーチを行った。

　この調査には、どの地域の気象を対象とした天候デリバティブとするか、天候デリバティブの期間はどうしたら最もニーズにマッチするか、天候デリバティブが上場された場合に最も妥当な決済方法は何か、指数の提供業者のなかでどこが最も信頼の置ける業者か、等の項目が含まれた。

　こうした調査データをもとにシカゴ商業取引所内で種々検討した結果、上場商品の仕様が固まり、この取引所案に対するOTCにおける主力プレーヤーの同意も得られた。また、仕様の決定に加えて、とりわけ重要なことは、取

引対象となる気象の指数を提供する会社の選択である。これには、OTCで行われている天候デリバティブのプレーヤーの強い支持を獲得しているメリーランドに拠点を置くアースサテライト社（EarthSat）が最適の会社であるとされた。アースサテライト社は、遠隔地や各地域の情報収集のための優れた技術開発とその適用能力をもつ経験豊かで、かつ国際的に高い評価を得ている企業である。そして、シカゴ商業取引所は同社に対して、日々気象データの指数を算出、アップデートすることや、過去のデータを蓄積していつでも使用可能とするサービスの提供等の業務を委託した[7]。

このようなプロセスを経て、シカゴ商業取引所は、HDDとCDDを対象とする先物と先物オプションを上場する認可を監督当局である商品先物取引委員会（CFTC）から取得した。そして、暖房シーズンが始まる時期の1999年9月にあわせて、世界初の上場気温デリバティブとして、米国10都市を対象にしたHDD先物と先物オプションを上場した。また、HDD先物が軌道に乗ったところで2000年1月にCDD先物と先物オプションも上場した（図表6-10）。

このシカゴ商業取引所のHDD、CDD先物と先物オプションの上場当初の数年間は取引量もさしたることなく推移したが、2002年になると、OTC取引における気温デリバティブの流動性も厚くなり、これにつれてにわかに取引所取引も活発化した。シカゴ商業取引所では、こうした状況を眺めて、2003年になると従来の月次単位の商品に加えて、暖房期間、冷房期間という季節単位の商品を上場するとともに対象都市も増加する拡充策をとった。

その後も、シカゴ商業取引所は、マーケットの状況等を眺めて商品仕様にいくつかの修正を加えて、今日に至っている。

② 気温デリバティブのスペックと取引例

シカゴ商業取引所による気温デリバティブ上場の基本的なねらいは、前述（本章3(2)）のとおり、保険会社や銀行等が、顧客との間のOTCデリバティ

---

7 Labuszewski. J. W., Petersen. P., and Piszczor. C., op.cit., p4

図表6－10　シカゴ商業取引所の月間と季節HDD、CDDの先物、先物オプション

	先物	先物オプション
取引単位	HDD/CDD指数×20ドル	1単位の先物
呼び値の最小単位	1.00HDD/CDDポイント＝20ドル	
月間HDD/CDD	月間CDD：10、11、12、1、2、3、4月 月間HDD：4、5、6、7、8、9、10月	
シーズナル・ストリップHDD/CDD	2～7カ月間の連続月で構築 例：HDDシーズナル・ストリップを10、11、12、1月の連続月で構築 　　CDDシーズナル・ストリップを6、7、8の連続月で構築	
オプション・スタイル	―	ヨーロピアン・オプション
権利行使価格	―	取引需要により設定
取引時間	CMEグローベクス（コンピュータ取引）で24時間取引可能	立会場で取引

（出所）　CMEグループの資料等をもとに著者作成

ブ取引により抱えることになるエキスポージャーをヘッジするニーズに応えることにある。したがって、取引所上場商品の仕様は、OTCの典型的な気温デリバティブ取引をコピーするような内容に設計されている。これにより、OTCで気温デリバティブ取引を行う金融機関等の業者は、取引所上場の標準化された気温デリバティブ取引によりリスクの転嫁を図ることが可能となる。

シカゴ商業取引所に上場されている基本型となる先物と先物オプションの取引対象は、日々のHDD、CDDの値を1カ月間合計したHDD指数、CDD指数である。そして、その乗数となるDDVは20ドルに設定されている。したがってHDD、CDD指数の1単位に20ドルを掛けたものが先物の元本となる。

たとえば、ある月の日数が31日であり、31日すべての日の平均気温（最高気温と最低気温の平均）が華氏45度であったという極端な例でみると、HDD

は65－45＝20となり、その月のHDD指数は、20HDD×31日＝620HDDと算出される。そして、この値に乗数20ドルを掛けた1万2,400ドル（620×20ドル）が、HDD先物1単位の元本となる。

　シカゴ商業取引所のHDD先物、CDD先物の限月は、各々7連続月が、またHDD先物オプション、CDD先物オプションの限月は、各々5連続月が上場されている。そして、市場参加者はこのなかから自己のニーズにマッチした限月を選択して取引することになる。なお、前述のとおりOTCにおいては、HDDは11～3月、CDDは5～9月をカバーするのが一般的となっている。

　この先物と先物オプションの対象地域は、当初はアトランタ、シカゴ、シンシナティ、ニューヨークの4カ所であったが、その後、漸次拡大して、現在では、米国24都市のほか、欧州（アムテルダム、バルセロナ、ベルリン、エッセン、ロンドン、マドリッド、オスロ、パリ、ローマ、ストックホルム）、日本（東京、大阪、広島）、豪州（シドニー、メルボルン、ブリスベン）、カナダ（カルガリ、エドモントン、モントリオール、トロント、バンクーバー、ウイニペッグ）と世界中に広がっている。このような米国外の地域をカバーする商品では、月ベースでのHDD、CDD商品が取引されている。

　そして、米国外をカバーする商品の通貨建てと1単位の乗数は、欧州ではユーロと英ポンドで20倍、アジアでは日本円で2,500倍、カナダでは加ドルで20倍とされている。また、こうした国際商品では、華氏65度（摂氏18.33度）ではなく摂氏18度を基準としている。

　なお、日本の取引当事者の間ではHDD指数、CDD指数というコンセプトになじみが薄いことから、HDD指数、CDD指数にかえて、24時間の毎時間の気温を累計してその平均をとったC24AT指数（Cumulative 24hours average temperature index）を取引対象としている。

　また、欧州のOTC取引ではCDDが使われていないことから、シカゴ商業取引所上場の欧州の夏季の天候デリバティブについてもCDD指数ではなく、累積平均気温の指数をとることとしている。

③　シーズナル・ストリップ

　市場参加者には、自己が対象とするヘッジ期間が単月ではなく、何カ月かにわたる暖房シーズンや冷房シーズン全体を一括してヘッジするニーズをもつケースが少なくない。従来の商品であれば、そうした場合にはいくつかの限月を連続させてその限月数の件数の取引を行う必要があった。そこで、シカゴ商業取引所では、市場参加者が単一の取引でそのようなニーズを満たすことができるように、シーズナル・ストリップ（seasonal strip contract；季節の連続月商品）と称した商品を追加上場した。

　シーズナル・ストリップは、基本的に単月のHDD、CDD先物と同じ構造であるが、季節の2カ月連続から7カ月連続の期間のうち、市場参加者のニーズに見合った期間を選んで、そのHDDやCDDの累積値を取引対象とすることができる仕様となっている。

　伝統的な暖房時期は11月から翌年3月まで、また冷房時期は5月から9月までの期間であり、単月の限月取引においては10月と4月は端境月とされて取引対象月に入っていない。しかし、このシーズナル・ストリップでは、10月も4月もHDDとCDDの両方が計算され、HDDかCDDのいずれでも10月と4月を対象に入れることが可能である。

　たとえば、HDDシーズナル・ストリップは、10、11、12、1月の累積HDDを対象とすることができ、また、CDDシーズナル・ストリップは、4、5、6、7、8月の累積HDDを対象とすることができる。こうしたシーズナル・ストリップ商品は、夏季や冬季の期間中にわたる天候リスクをヘッジするようなユーザーに活用されている。

　シカゴ商業取引所では、その後、さらにこうしたコンセプトを発展させて、週の月曜日から金曜日までのHDD、CDDを対象とする気温デリバティブも上場している。これは、主としてオフィスビルや工場等の冷暖房によるコスト負担のヘッジを目的とした天候デリバティブの取引需要を吸い上げることをねらいとしたものである。

④　気温デリバティブのリスクマネジメントへの活用

　シカゴ商業取引所上場のHDDとCDDの先物、先物オプションは主として、電力、ガス会社等のエネルギー関連の企業が取引しているが、そのほかにもさまざまな業種が市場参加している。

　HDD指数は、冬季の気温が低いほど大きな数値となり、一方、CDDは夏季の気温が高いほど大きな数値となる。したがって、エネルギー会社は、暖冬、冷夏といった気候になった場合のエネルギー需要による収入減をヘッジするためにHDD、CDDの売り手（ショートポジション）として取引する一方、エネルギーを大量に消費する企業は、厳寒、猛暑といった気候になった場合のエネルギー消費コストの上昇をヘッジするためにHDD、CDDの買い手（ロングポジション）として取引することになる。

　また、衣料関係や飲料、屋外型レジャー施設等、気温によって売行きや来客数が大きく左右される業界も、HDD、CDDを対象とする上場商品を活用することができる。たとえば、開放型遊園地は、一般に猛暑や厳寒の日には入場者が少なくなる。こうした場合には、収入減をヘッジするためにカラー取引を行うことにより、望ましい気温のレンジから上または下に飛び出したときにヘッジ収入を得ることができる。

　また、ビール会社も夏季の気温により売上げが大きく変動することから、CDD商品を活用することができる。ちなみに、ビールメーカーのミラー社が行った実証研究では、温度が摂氏25度を上回った日のビールの売上げは20度を下回った日より50％以上多いとの結果となっている[8]。

・**電力やガス会社の気温デリバティブの活用例**

　米国の電力やガス会社をはじめとするエネルギー関連会社では、基本的に量的リスクをヘッジするためにHDD、CDD先物、オプションを活発に取引している。

　エネルギーの代表商品ともいえる電力は、基本的に貯蔵することができない商品であり、したがって大きな温度変化があった場合には電力需要が急増

---

[8]　SABMiller "2000 Preliminary Report" SABMiller

して自社では供給が追いつかなくなるおそれがある。こうした場合には、高い価格でも他社から電力を購入して、電力の安定供給の責務を果たす必要がある。このような電力会社のコスト増をヘッジする手段としてHDD、CDD先物や先物オプションを活用することができる。こうしたケースでは、電力会社は量的リスクをヘッジするとともに価格リスクもヘッジすることになる。

　以下では、シカゴ商業取引所グループ（CME Group）が例示している電力会社の取引のケースをみよう[9]。

　ABC電力会社は、0.08ドル／kWh（キロワットアワー）でシカゴ地域に電力を供給している。例年の冬季であれば、ABC社は10億kWhを供給することにより、8,000万ドルの収入を得ることができる。しかし、ABC社は、今年の冬はエルニーニョ現象の影響から暖冬になりその結果、電力消費が落ちて減収になるおそれがあると予想した。

　そこで、ABC社は、シカゴ商業取引所のHDDを使ってヘッジ取引を行うことにした。こうしたヘッジ戦略を構築するためには、企業の本業に直接影響を及ぼす電力需要量が気温リスクにどの程度、敏感に反応するかの感応度分析がきわめて重要となる。

　すなわち、このケースではHDDの先物価格にインパクトを与える気象条件と、ABC社の電力売上高にインパクトを与える気象条件の関係を定量化する必要がある。そして、この結果、算出されるABC社の電力売上高の変化とHDDの先物価格の変化の相関係数から、どれだけの単位数のHDDを取引すればよいかを示すヘッジ比率が導出される。こうした相関関係は、過去の電力売上高とHDDの先物価格のデータを回帰することによって算出することができる。

　そこで、過去のデータを使って回帰させた結果によると、ABC社の売上高とシカゴ地区のHDD指数との間の相関係数は0.80となった。これから、HDD指数が1％下落した場合には、ABC社の予想売上高は0.80％減少する

---

[9] Labuszewski. J. W., Petersen. P., and Piszczor. C., op.cit.

ことになる。

　現在、シカゴ商業取引所で取引されているHDD指数先物価格をみると、1,250の相場をつけている。ここからヘッジ比率は次のように計算することができる。

　　　ヘッジ比率＝△売上高÷△先物価格
　　　　　　　　＝（8,000万ドル×0.8％）÷（1,250×20ドル×1％）
　　　　　　　　＝先物2,560単位

　この計算結果をもとにABC社は、先行きの暖冬による収入減をヘッジするために2,560単位の先物を売る取引を行った。

　その冬はABC社の予想したとおり暖冬となりHDD指数は当初の1,250から1,150に下落した。このHDD指数の100ポイントの下落により、ABC社の電力供給は10億kWhから9億3,600万kWhに減少して、それに伴い収入は7,488万ドル（0.08ドル／kWh×9億3,600万kWh）にとどまることになった。これは、通常の冬季に比べると512万ドルの減収となるが、この減収は先物取引による利益512万ドル（2,560単位×20ドル×（1,250−1,150））で相殺されることとなる。

　これをより厳密にみると、この例では売上高と温度は線形の関係にあることを前提としているが、実際にはHDDが下落（上昇）するとエネルギー需要が幾何級数的に減少（増加）する可能性が高い。したがって、こうしたかたちでヘッジ比率が変化する場合には、状況の変化に応じてヘッジ比率を機動的に変更するダイナミックヘッジ戦略をとる必要がある。

　次に、ガス会社の例をみると、たとえば、ある年の12月の日々の平均気温が華氏45度であるとする。この結果、HDDは65−45＝20となり、12月のHDD指数は、20HDD×31日＝620HDDと算出される。そして、これに乗数の20ドルを掛けると1単位は620HDD×20ドル＝1万2,400ドルとなる。この前提で、いまあるガス会社が、本年は暖冬になるとの予想をもったとする。

　そこで、このガス会社は、9月10日にシカゴ商業取引所でHDD先物の12月限を650で1,000枚売り建てた。その後、このガス会社の予想どおり暖冬と

なり、この結果、HDD指数は650から600に下落した。そこで、ガス会社は11月30日にこれを600で買い戻す取引を行った。これによりこのガス会社は（650−600）×20ドル×1,000枚＝100万ドルの利益を得て、暖冬による収入減をカバーできることになる。

⑤　シカゴ商業取引所の取引状況

　シカゴ商業取引所の天候デリバティブマーケットでは、保険・再保険会社や大手エネルギー会社に加えて、天然ガス、石炭等の燃料供給会社、プロパンガス配達業者、フロリダのオレンジ栽培業者、コロラドのスキーリゾート会社、旅行業者、レストラン経営者、除雪作業の任務を担う地方自治体等が、リスクヘッジのために活発な取引を行っている。そして、このカウンターパーティとなる市場参加者として、ヘッジファンド等の投資家がヘッジャーのニーズを汲み取るリスクテイカーとなっている。こうした投資家の取引動機にはオルタナティブ投資の一つとして天候デリバティブを積極的にポートフォリオに組み入れるねらいがある。特に、伝統的な金融商品のリターンが低調をかこつなかで、こうした金融商品との相関性が低い天候デリバティブは、機関投資家の魅力的な投資対象となっている。たとえば、猛暑に見舞われた2011年の夏には、天候デリバティブに対する取引需要が極度に強まり、この結果、シカゴ商業取引所の気温デリバティブの出来高は急増して、CDD指数の相場も過去10年間の平均から実に50％高と暴騰した。

　現状では、シカゴ商業取引所の気温デリバティブの取引量は、クリティカルマスの水準に達したとみられている（図表6−11）。

⑥　シカゴ商業取引所の気温以外の天候デリバティブ

　シカゴ商業取引所は、気温を対象とするデリバティブにとどまらず、降雨、降雪、霜を対象にした天候デリバティブも上場している。

　まず、降雨リスクは、レジャーランドやサッカー・野球をはじめとするプロスポーツ等の屋外ビジネスや建設現場にみられるように雨が降ることにより損害を被る場合と、農業や水力発電にみられるように、雨が少ないことに

図表6－11　シカゴ商業取引所の天候デリバティブの取引量推移

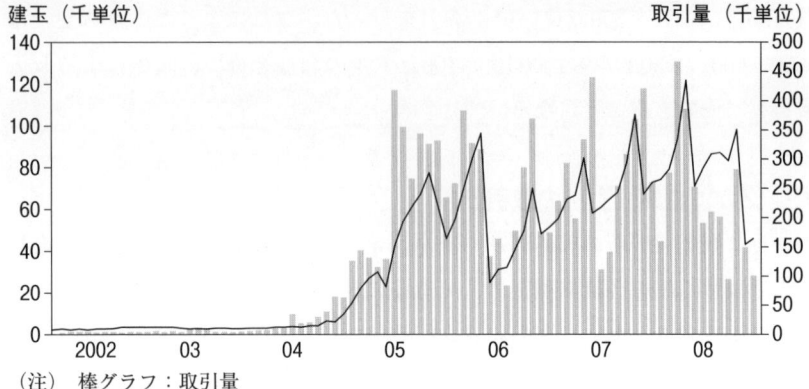

(注)　棒グラフ：取引量
　　　折線グラフ：建玉
(出所)　Futures Industry

より損害を被る場合とがある。シカゴ商業取引所の降雨先物、オプションは、その双方のリスクヘッジに活用されている。降雨量が計測される場所は、ニューヨーク、シカゴ、ロサンゼルス、ダラス、ジャクソンビル、デトロイト等、9カ所となっている。

　一方、降雪先物、オプションは、エネルギー業界や観光業界、地方自治体等がもつ降雪リスクや少雪リスクをヘッジする手段として活用されている。ちなみに全米の地方自治体が負担する除雪費用を合計すると、積雪1インチ当り100万ドルにのぼるとされ、その大半が地方自治体が外注先の企業に対して支払う作業費用となっている[10]。こうした地方自治体は、降雪先物やコールオプションを買うことにより豪雪によるコスト増をヘッジすることができる一方、除雪作業をビジネスとする企業は、降雪先物を売るかプットオプションを買うことにより少雪による収入減をヘッジすることができる。降雪量が計測される場所は、ニューヨーク、ボストン、シカゴ、ミネアポリス、デトロイト等、6カ所となっている。

　また、降霜先物、オプションは、オランダの建設現場の作業員が降霜の場

10　Ibid.

合に工事が遅延するおそれがあり、それによる作業員の収入減のリスクヘッジや、建設会社の工事遅延による損害発生のリスクヘッジのニーズを汲み上げて、シカゴ商業取引所が上場した商品である。この商品の対象地域はアムステルダムとされ、限月は1カ月単位、または季節をカバーする商品設計となっている。また、先物、オプションは、建設工事が行われない週末と祝日を除いた平日の日中の労働時間中の降霜をもとに算出される降霜指数を対象としている。

(3) 日本の天候デリバティブ取引

日本の天候デリバティブ取引は、1999年に三井海上火災（現、三井住友海上）がスポーツ用品専門店の㈱ヒマラヤ向けに積雪量を対象としたデリバティブ商品を開発、取引したのが第1号である（図表6-13）。この天候デリバティブ取引の目的は、暖冬になった場合のスキー用品の売上不振からヒマラヤが被る収益減をヘッジすることにある。

具体的には、積雪量が10cm以下の日数が一定日数を超えた場合にはスキー用品会社が保険会社から補償金を受領する内容の天候デリバティブ商品である。この積雪量の観測は、スキー用品会社の販売主力地区の近辺に所在する長野と岐阜のスキー場に隣接する三つの気象観測所における観測データが使用された。

また、積雪量の観測期間は、12月中の31日間に設定された。これは、12月が冬季のはじめで、またボーナス月に当たることもあり、統計的にスキー用品の売上げの最多月であることによる。したがって、積雪量が10cm以下の日数の最大数は、31日×積雪量の観測地3カ所＝93日となる。そして、10cm以下の日数の合計値が75日を超えた場合には超えた日数に応じて計算される金額をスキー用品会社が保険会社から受け取ることに設定された。これは、75日を権利行使水準とするコールオプションとなる。また、スキー用品会社がこのコールを購入する対価として保険会社に支払うプレミアムは、1,000万円と決められた。

図表6－12　日本の天候デリバティブ第1号のスキーム

取引主体		企業：㈱ヒマラヤ 保険会社：三井海上火災
取引対象		
	気象要素	積雪量
	取引内容	積雪量10cm以下の日数（少雪日）
	観測期間	1999年12月中の31日間
	観測場所	長野県野沢温泉と菅平 岐阜県六厩の合計3カ所
天候デリバティブの スペック		積雪量10cm以下の日数を対象とするコールオプション
	権利行使日数	観測場所3カ所の少雪日合計が75日
	最大受払額（キャップ）	1億800万円
	プレミアム	1,000万円

（出所）　国土交通政策研究第62号等をもとに著者作成

① 日本の天候デリバティブの特徴

　天候デリバティブ第1号の取引が行われた翌年の2000年以降、日本の天候デリバティブマーケットは、急速に取引量を伸張させた。そして、現在では、保険会社、銀行等が天候デリバティブマーケットに参入して、さまざまなスペックの商品を開発、販売している状況にある。

　前述（本章2(2)②）のとおり、米国ではエネルギー産業の自由化の進展を背景に、電力、天然ガス等のエネルギー業界が、気温の不順に起因するエネルギー商品の需要変動をヘッジする目的で天候デリバティブを活発に利用してきた。

　しかし、日本の天候デリバティブは、エネルギー業者に加えて、さまざまな業種の中堅・中小企業がユーザーになるケースが目立っている。これには、中堅・中小企業は、営業拠点が1地域に集中するとか、業務の多様化に限界があることから、ビジネスのポートフォリオの分散を図って天候リスクの影響を削減、回避することが事実上むずかしいといった事情が存在する。

すなわち、現代ポートフォリオ理論の中核に分散投資のコンセプトが位置しているのと同様に、企業がビジネスを展開するにあたっても事業ポートフォリオに分散投資の考え方を導入してリスクの分散を図ることがきわめて重要となる。こうした事業ポートフォリオの分散には、ビジネス自体の多角化や取扱商品の多様化、仕入先や販売先等の取引先の多様化、それにビジネスを展開する地域の分散化が考えられる。しかしながら、中堅・中小企業では限られた投下資本のもとで、こうしたかたちの事業ポートフォリオの分散を行うには、おのずから限界がある。特に、天候リスクによる影響を削減、回避するために取扱商品の多様化やビジネス拠点となる地域の分散化を行うとなると多大のコストを要することとなり、また、たとえそうした方策を講じても、たとえば多様化を図った商品のなかから売行不振の品目が出る等、別のリスクを新たに抱えることにもなりかねない。

　こうした事情が、日本において外食産業やレジャー産業、食品メーカー、衣料品メーカー等さまざまな業種にわたる中堅・中小企業を中心として、天候デリバティブが活発に取引されている背景となっている。

　そして、このような中堅・中小企業のヘッジニーズも、気温のほか、降雨や降雪、風速、湿度、日照等、種々の気象条件が対象となり、したがってそれを汲み取るかたちで各種の商品が開発、取引されている。また、従来は、気温、風速、降雨、降雪等のうちから一つを選択して、それを対象とする天候デリバティブが企画、販売されていたが、こうした単独のデータだけではなく、それらを複数組み合わせた天候デリバティブも開発、販売されている。

　また、最近では、メガソーラー事業者を対象として、メガソーラーの火災リスクや賠償責任リスクを補償する保険と、一定の期間の累計日照時間が免責日照時間を下回った場合に補償を受けることができる天候デリバティブを組み合わせた総合補償プランも販売されている。

　一方、取引ロットをみると、総じてみると1口100万円を下回るような小ロットの取引が多数を占めている。

　このように、米国の天候デリバティブが少品種大量取引であるのに対し

て、日本の場合には多品種少量取引が主体となっていることが大きな特徴である。

② 天候デリバティブマーケットにおける保険会社と銀行、信用金庫等の役割

　日本における多品種少量の天候デリバティブは、その多くがカスタマイズされた商品性をもつこととなる。こうしたことから、日本において天候デリバティブが、標準品の上場を特色とする取引所に上場されている例はなく、すべての取引がOTCにより行われている。そして、ユーザーがもつ多種多様な潜在ニーズをきめ細かく汲み取るかたちで、バラエティに富んだ商品が次々と企画、提供されている。

　日本の天候デリバティブは、損害保険会社や大手銀行が自己開発商品を提供して自己がカウンターパーティとなるかたちで取引を行っている。また、地方銀行、信用金庫等が、さまざまな商品を顧客に販売する媒介ビジネスを行っている。すなわち、地方銀行、信用金庫等は、自己が取引の相手方となるのではなく、企業と損害保険会社や大手銀行との間で行われる取引の仲介を行うことにより手数料収入を得るビジネスを展開している。

　金融機関は、取引先の天候リスクマネジメントに対するサポート役を果たして、取引先企業の経営全般にわたる確固たる取引基盤を構築することが可能となる。金融機関は、取引先のビジネスにかかわるさまざまな情報を把握、蓄積している情報産業でもある。具体的には、金融機関のコアビジネスである融資の決定、実行、さらには融資実行後のモニタリングにあたって、取引先のビジネスの収益状況とその見通しのみならず、取引先がビジネスを展開するなかで潜在するリスクの種類や、それが表面化した場合の業績に与えるインパクト等の情報を収集、分析することが重要となる。

　そして、こうした金融機関の情報産業としての強みを踏み台として、天候デリバティブを取引先に対して積極的に提案することができる。すなわち、さまざまな業種にわたる数多くの企業を取引先にもつ銀行や信用金庫では、企業の抱える天候リスクを把握、分析して、そのリスクヘッジの一つの手法

として天候デリバティブを提案することが考えられる。

　その場合には、取引先が抱える天候リスクの種類とその大きさ、そのリスクが表面化した場合に財務諸表である損益計算書や貸借対照表、キャッシュフロー計算書のどの項目にどの程度のインパクトを与え、それが損益にどのように跳ね返ることになるのか、リスクの把握とその分析を示して、取引先に対してアドバイスを行うことになる。また、それには、天候リスクの表面化による損失リスクだけではなく、天候リスクへの対処を怠った場合の機会利益の逸失リスクも含めて説明することが必要である。

　そして、取引先が抱える天候リスクがさしたるものではなければリスクの保有とし、社内でこれに対応するには大きすぎるリスクであればリスクの移転とし、ここで天候デリバティブが一つの選択肢として検討されることとなる。

　金融機関は、こうした取引先のリスクマネジメントをサポートすることにより、金融機関のコアビジネスである融資について、借り手の返済履行の確実性を高めることにつながる効果も期待できる。

③　OTC商品とドキュメンテーションの標準化
・OTC商品の標準化

　日本の天候デリバティブは、多くの業種にわたるユーザーのさまざまなニーズが吸い上げられて取引されるという多品種少量取引を特徴としている。しかし、企業の間に天候リスクマネジメントの重要性の認識が深まり、これに伴い天候デリバティブの取引が増加する過程で、ある程度の共通性をもつニーズが浮かび上がってくる。そして、現在は、保険会社等がそうしたニーズの標準化に向けた商品開発を行い、天候デリバティブの標準品の品ぞろえをふやしつつある状況にある。

　これによって、天候デリバティブの供給サイドの商品開発コストの節減やユーザーとの交渉の効率化が図られ、ユーザーの天候デリバティブ取引によるヘッジコストも低下して、この結果、天候デリバティブマーケットの拡大が加速する効果が期待できる。事実、こうした標準化によって、天候デリバ

ティブ取引を行う顧客層の裾野は、中小企業、零細企業を中心に大きな広がりをみせている。

そして、この結果、天候デリバティブ取引が増加して金融機関が保有するリスク・エキスポージャーが大きくなると、次の段階には金融機関が引き受けたリスクを移転・調整する場が必要となる。また、金融機関が大手ユーザーとの間でカスタムメード商品を取引したことによる大規模なリスク・エキスポージャーの調整が必要となる。したがって、こうしたリスクの調整には、積極的にリスクを引き受けてリターンをねらう投資家の参入も必要となる。このように先行き、金融機関や大手ユーザー、それに投資家が市場参加者となって天候デリバティブマーケットが発展することが期待される。

・ドキュメンテーションの標準化

天候デリバティブに限らず、およそデリバティブの取引当事者にとって契約書の作成は、多くのエネルギーと費用を要する。そこで、国際的に共通する契約書のひな型を作成して、それをもとに当事者が契約を取り交わすアイデアが生まれ、それがいまでは国際的な慣行となっている。

こうした天候デリバティブのひな型の作成に取り組んでいる国際機関には、天候リスクマネジメント協会と国際スワップデリバティブ協会がある。

天候リスクマネジメント協会（Weather Risk Management Association；WRMA）は、天候リスクマネジメントの向上のために設立された国際的な団体である。WRMAは、天候リスクに関係をもつ企業や金融機関、取引所等から構成され、その活動の一つに2000年から開始した天候デリバティブのひな型作成がある。

そして、このひな型をベースにして国際スワップデリバティブ協会（International Swaps and Derivatives Association；ISDA）が2003年から、より汎用性のあるひな型の作成を行っている[11]。ISDAは、スワップをはじめとするOTC（店頭）デリバティブ取引の契約内容、条件に関する基準や取引の標準となるひな型を定めているほか、各国の監督・規制当局と緊密な連絡をと

11　ISDA "A Retrospective of ISDA's Activities" ISDA

りながら、デリバティブ市場の秩序ある発展を推進する母体として機能している。

ISDAの日本支部には、天候・コモディティ・新商品委員会が設置されており、天候デリバティブのドキュメンテーションに関する問題の検討等が行われている。

④ 天候デリバティブとリスクの国際分散

狭い国土の日本では、天候リスクが現実化しても、それが地域によって大きく異なって現れることは少ない。たとえば、東京で猛暑であれば、よほどのことがない限り大阪でも猛暑となる。すなわち、国内各地の天候事象の相関性が一般的に高い状況にある。こうした背景から、全国の天候リスクの引受け手となる損害保険会社や銀行は、一方向でリスクを負うことになる。

このように、天候リスクは、日本国内の各地域間では相関性が高いものの、これをグローバル規模でみた場合には必ずしもそうではない。そこで、損害保険会社や銀行が、天候デリバティブ取引で引き受けたリスクで構成されるポートフォリオのマネジメントとして、グローバルな規模で天候リスクを分散させることが考えられる。具体的には、1件当りの規模が大きいカタストロフィ・リスクとは異なり、天候リスクの場合は小口リスクの集合体としてのリスクポートフォリオの分散というかたちとなる。

現に、一部の損害保険会社では世界各地域に存在する天候リスクを1カ所にまとめてグローバルなポートフォリオを構築するかたちでリスク分散が行われている。たとえば、三井住友海上では、2003年、米国の天候デリバティブ専門会社であるギャランティードウェザー・ホールディング社と業務提携して、天候デリバティブ事業のグローバルな展開を開始した（図表6-13）。具体的には、三井住友海上が日本およびアジア市場、ギャランティードウェザー社が米州市場、さらにハノーバー再保険会社が欧州市場の天候デリバティブの業務を展開する。そして、この3社が引き受けた天候デリバティブ契約をギャランティードウェザー社が管理するグローバル天候リスクプール（Global Weather Risk Pool）に集めて、グローバル規模で分散されたポート

図表6－13　三井住友海上の天候デリバティブのグローバルな業務提携

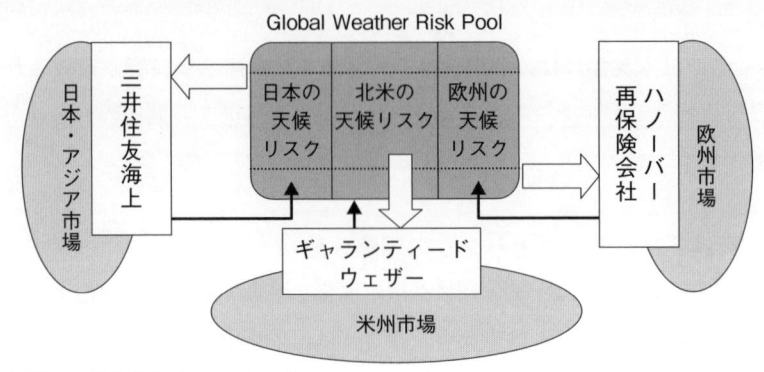

Global Weather Risk Pool

日本・アジア市場　三井住友海上　日本の天候リスク　北米の天候リスク　欧州の天候リスク　ハノーバー再保険会社　欧州市場

ギャランティードウェザー

米州市場

（出所）　三井住友海上　2003年4月7日　プレスリリース

フォリオを構築する。そして、3社はこの分散ポートフォリオを再分担するというスキームである。

　さらに、三井住友海上では、2007年にギャランティードウェザー社の事業を買収して、全額出資でMSIギャランティードウェザー社を設立している[12]。三井住友海上では、これにより、グローバルな天候デリバティブマーケットに本格参入し、国内の天候リスクのみを引き受ける場合に比べて顧客に提供する天候デリバティブのプレミアムをより安定的、低廉に設定することが可能になるとしている。また、同社では、国際的なリスク引受けキャパシティを集中させることによって、大きなリスクの引受けも可能となり、国内電力・ガス業界等の天候デリバティブ取引ニーズにも応えられること、さらには、海外のノウハウを活用した天候デリバティブ商品を顧客に対して提供することができることも大きなメリットであるとしている。

12　三井住友海上プレスリリース（2007）「MSクオータリーレポート2007年4～6月」
　　2007年7月9日

【参照・引用文献】

石井隆（2011）『最後のリスク引受人—知らざれる再保険』保険毎日新聞社
遠藤昭彦、吉川弘道（2002）『地震リスクマネージメントの考え方』武蔵工業大学土木工学科
大谷光彦監修、トーア再保険株式会社編（2011）『再保険—その理論と実務—改訂版』日経BPコンサルティング
オリエンタルランド（2011）「地震リスク対応型ファイナンスによる資金調達のお知らせ」オリエンタルランドプレスリリース2011年9月6日
甲斐良隆、加藤進弘（2004）『リスクファイナンス入門』金融財政事情研究会
金融庁金融研修センター（2008）『欧州の先進的な保険リスク管理システムに関する研究会報告書』金融庁2008年9月
国土交通省国土交通政策研究所　瀬本浩史、山田哲也、江岡幸治、渡真利諭（2006）「社会資本運営における金融手法を用いた自然災害リスク平準化に関する研究」国土交通政策研究第62号
小林篤（2012）「再保険の進化と最近の再保険市場」損保ジャパン総研レポートVol.61
齊藤誠（2005）「リスクファイナンスの役割：災害リスクマネジメントにおける市場システムと防災政策」多々納裕一・髙木朗義編著『防災の経済分析』勁草書房
産業構造審議会　産業金融部会（2005）「次世代の企業財務と産業金融機能のあり方について—中間報告—」2005年8月
世界経済フォーラム（2009）『グローバルリスク・ネットワーク報告書』2009年1月
損害保険料率算出機構（2003）『巨大災害リスクに関する研究』損害保険料率算出機構2003年7月
損害保険料率算出機構（2012）『日本の地震保険　平成24年4月版』
損保ジャパン総合研究所（2008）『金融と保険の融合の進展—金融コンゴロマリットとART（代替的リスク移転）に関する調査研究報告書—』損保ジャパン総合研究所2008年12月
高尾厚（2003）「巨大リスクの証券化」神戸大学ディスカッションペーパー2003
多々納裕一（2003）「災害リスクの特徴とそのマネジメント戦略」『社会技術研究論文集2003』
多田修（2012）「活況を呈し始めた保険リンク証券への期待」『損保ジャパン総研レポート2012.9』

トムソンネット編、鈴木治・岩本尭著（2010）『図説損害保険ビジネス補訂版』金融財政事情研究会
田中賢治（2008）『自然災害リスクの特殊性とそのリスクマネジメントの困難性』内閣府経済社会総合研究所2008年11月
田中賢治、上野山智也（2008）『自然災害リスクマネジメントとサプライチェーン』内閣府経済社会総合研究所2008年11月
土岐孝宏（2007）「天候デリバティブ・地震デリバティブの商法上の地位」『中京法学』41巻3・4号
日本損害保険協会（2011）『ファクトブック2011日本の損害保険』日本損害保険協会
フォーサイトマネジメント株式会社「ART（代替的リスク管理移転方法）」フォーサイトマネジメント（http://www.foresightmgt.co.jp/service3.html）
三井住友海上（2007）「台風リスクの証券化実行」三井住友海上ニュースリリース2007年6月
ミュンヘン再保険会社（2011）「キャットボンド市場の2010年の動向及び2011年の見通し」プレスリリース2011年1月24日
森本祐司（2000）「金融と保険の融合について」『日本銀行金融研究所／金融研究』2000年4月
リスクファイナンス研究会（2006）『リスクファイナンス研究会報告書～リスクファイナンスの普及に向けて～』経済産業省2006年3月

Akerlof, G. (1970) "The market for lemons: quality uncertainty and the market mechanism" *Quarterly Journal of Economics*
A World Economic Forum Report2008.10
Araya, R., (2004) Catastrophic risk securitization: Moody's perspective *OECD Conference.*
Banks, E. (2004) *Alternative Risk Transfer.* John Wiley & Sons, Ltd.
─── (2005) *Catastrophe Risk.* John Wiley & Sons, Ltd.
Barrieu, P., and Albertini, L., (2009) *The Handbook of Insurance-Linked Securities*, John Wiley & Sons, Ltd.
Blessing, S., (2011) *Alternative Alternatives*, Wiley & Sons, Ltd.
Borden, S., and Sarker, A., (1996) Securitizing Property Catastrophe Risk *Federal Reserve Bank of New York.*
Bruggeman, V., (2007) Capital Market Instruments for Catastrophe Risk Financ-

ing *American Risk and Insurance Association, University of Maastgicht* 2007.8

Canabarro, E., Finkemeier, M., Anderson, R. R., and Bendimerad, F. (1998) Analyzing Insurance-Linked Securities. *Goldman Sachs*.

Carayannopoulos, P., Konavacs, P., and Leadbetter, Darrell., (2003) Insurance Securitization *ICIL Research Paper* 2003.1.

Congressional Budget Office. (2005) Innovations in Capital Markets. *Congressional Budget Office*.

Crossett KM, and CullitonTJ, (2004) *Population Trends Along the Coastal United States*. John Wiley & Sons, Ltd.

Culp, C. L. (2006) *Structured Finance & Insurance*. John Wiley & Sons, Ltd.

―――. (2002) *The Art of Risk Management*. John Wiley & Sons, Ltd.

Cummins, J. D., (2007) CAT Bonds and Other Risk-Linked Securities: State of the Market and Recent Developments. *Temple University*.

―――., (2009) Financing Catastrophic Risk: Convergence of Insurance and Financial Markets. *XIII Convencion Internactional de Seguros Cartagena, Colombia*.

Cummins, J. D., and Weiss, M. A., (2009) Convergence of Insurance and Financial Markets: Hybrid and Securitized Risk Transfer Solutions *The Journal of Risk and Insurance* 2009.1.

Dischel, R, S., (ed.) (2002) *Climate Risk and the Weather Market*, Risk Books.

Froot, K. A., (ed.) (1999) *The Financing of Catastrophe Risk*. The University of Chicago Press.

GAO (2003) *Catastrophe Insurance Risk* GAO 2003.9

Geman, H., (ed.) (1999) *Insurance and Weather derivatives*. Risk Books.

Gorvett, R. W. (1999) Insurance Securitization: The Development of a New Asset Class *Casualty Society Discussion Paper Program* 1999

Grace, M. F., Klein, R. W., Kleindorfer, P. R., and Murray, M. R., (2003) *Catastrophe Insurance*. Kluwer Academic Publishers.

International Association of Insurance Supervisors (2002) Issues Paper on Insurance Scuritization *International Association of Insurance Supervisors*.

Ishaq, A. (2005) Reinsuring for Catastrophes through Industry Loss Warranties. *Causality Actuarial Society Forum*.

Kenneth, A.F. (2001) The Market for Catastrophe Risk: A Clinical Examination. *Journal of Financial Economics* 60, nos. 2-3 (May-June: 529-571). (Revised from

NBER Working Paper No. 8110, February 2001. Reprinted in Blaug, M., (ed.) (2003) *The Economics of Natural Hazards*, part of the *International Library of Critical Writings in Economics series* . Edward Elgar Publishing Ltd).

———.. (1995) *The Emerging Asset Class.* Insurance Risk

———., ed. (1999) *The Financing of Catastrophe Risk.* University of Chicago Press.

Kunreuther, H. C., and Michel-Kerjan, E. O. (2009) The Development of New Catastrophe Risk Markets *University of Pennsylvania.*

Kunreuther, H. C., and Useem, M (2010) *Learning from Catastrophes* Wharton School Publishing.

———., (2011) *At War with The Weather* The MIT Press.

Labuszewski, J. W., Petersen, P., and Piszczor, C., (2008) Alternative Investment Overview. *CME Group* 2008.

Lane , M., (ed.) (2002) *Alternative Risk Strategies.* Risk Books.

Louberge, H., Kellezi, E., and Gilli, M., (1999) Using Catastrophe-Linked Securities to Diversify Insurance Risk: A Financial Analysis of Cat Bonds *Journal of Insurance.*

Meyers, G., and Kollar, J. (1999) Catastrophe Risk Securitization Insurer and Investor Perspectives. *Insurance Services Office.*

Pollner, J. D., (1999) Using capital markets to develop private catastrophe insurance *The World Bank Group* 1999.10

———., (2001) Catastrophe risk management using alternative risk financing. *World Bank Group.* 2001.2.26

Randy, M., (2011) What every CFO needs to know now about weather risk management *CME Group.*

Sedgwick Lane Financial L. L. C. (1998) A Tale of Two Securities : TMCC vs USAA, *Sedgwick Lane Financial L. L. C. 1998*

Torregrosa, D. (2008) Financial Losses from Catastrophic Risks. *Congressional Budget Office.*

Weistroffer, C. (2010) Insurance-linked securities. *Deutsche Bank Research.*

Weber, C. (2011) *Insurance Linked Securities.* Gabler Verlag.

Yago, G., and Reiter, P. (2008) Financial Innovations for Catastrophic Risk: Cat Bonds and Beyond. *Milken Institute.*

事項索引

[英字・記号]

ABS ······················· 105、143
ART ····························· 57
BCE ···························· 137
BCP ························ 15、31
C24AT指数 ····················· 288
CatEPut ······················· 103
CATEX ························· 139
CATs ·························· 126
CAT先物オプション ············· 128
CATファンド ··················· 206
CATリスク ······················· 8
CBO ··························· 143
CCP ··························· 140
CDD ··························· 273
CDD先物と先物オプション ······ 286
CDO ··························· 143
CEA ···························· 12
CHI ··························· 134
CLO ··························· 143
CMBS ·························· 143
CME ··························· 133
CMEハリケーン指数 ············ 134
CMEハリケーン指数バイナリー
　オプション ··················· 136
CMO ··························· 143
COSO ··························· 30
COSO ERMフレームワーク ······· 30
COCOs ·························· 86
CSN ···························· 96
CSR ···························· 33
ELC ···························· 48
ERM ···························· 30
GCCI ·························· 137
HDD ··························· 273

HDD先物と先物オプション ······ 286
ILS ······················· 142、206
ILW ··························· 109
ISDA ·························· 300
ISO ··························· 127
KRW ···························· 55
LIBOR ························· 154
MAC条項 ······················· 91
MAE条項 ······················· 91
OLW ··························· 110
PCC ···························· 75
PCS ··························· 129
PCS CATオプション ············ 130
PERILS ························ 190
RMBS ·························· 143
S&L ··························· 143
SPC ······················· 144、147
SPRV ·························· 105
SPV ······················· 144、147
TRS ··························· 149
USAA ·························· 215
WRMA ·························· 300
XOL ···························· 48
β ····························· 210

[あ行]

アタッチメント・ポイント ···· 48、178
アニキ ·························· 54
アメダス ······················ 260
アンサンブル予報 ·············· 263
アンダーライティング・サイクル
　······························ 159
アンドリュー ···················· 54
イグゾーションポイント ······ 49、178
意図したリスクの保有 ············ 26

意図せざるリスクの保有 ………… 25
インダストリーロス・インデック
　ス・トリガー ………………… 189
インダストリーロス・ワランティ
　………………………………… 109
インデムニティ ………………… 158
インデムニティ・トリガー …… 186
受再 ……………………………… 40
エキスポージャー ……………… 9
エクイティ ……………………… 145
エクセスポイント ……………… 48
エルニーニョ現象 ……………… 255
エンタープライズ・リスクマネジ
　メント ………………………… 30
オフショア ……………………… 77
オプション ……………………… 49
オリジナルロス・ワランティ … 110
オルタナティブ投資 …………… 210

[か行]
ガイカーペンター・カストロフィ
　指数 …………………………… 137
格付会社 ………………………… 201
確率モデル ……………………… 169
カストロフィ・イベント ……… 2
カストロフィ・再保険スワップ … 123
カストロフィ・スワップ ……… 118
カストロフィ・モデル ………… 166
カストロフィ・リスク ……… 2、7
カストロフィ・リスク取引所 … 139
カストロフィ先物 ……………… 126
カタストロフィ・エクイティプッ
　ト ……………………………… 101
カタストロフィ・ボンド ……… 142
カタストロフィ先物オプション … 128
株式の希薄化 …………………… 100
カラー取引 ……………………… 279
カリフォルニア地震公社 ……… 12

環境報告書 ……………………… 33
気温リスク ……………………… 255
企業の社会的責任 ……………… 33
企業のリスク管理 ……………… 30
気象予報 ………………………… 261
義務的再保険 …………………… 47
逆選別 ………………… 158、179、180
キャピタルコール ……………… 109
キャプティブ …………………… 63
共同キャプティブ ……………… 72
金融スワップ …………………… 118
組合キャプティブ ……………… 72
グループ・キャプティブ ……… 72
決定モデル ……………………… 169
降雨リスク ……………………… 256
合成CATボンド ………………… 242
降雪リスク ……………………… 256
行動経済学 ……………………… 15
コーポレートガバナンス ……… 10
コールスプレッド ……………… 131
国際スワップデリバティブ協会 … 300
ココ・ボンド …………………… 86
コストレスカラー ……………… 281
コミットメントライン ………… 89
コンティンジェント・エクイティ
　………………………………… 100
コンティンジェント・キャピタル … 85
コンティンジェント・コミットラ
　イン …………………………… 91
コンティンジェント・サープラス
　ノート ………………………… 96
コンティンジェント・デット・フ
　ァシリティ …………………… 92
コンティンジェント・ローン … 91

[さ行]
災害債券 ………………………… 142
災害損失指数 …………………… 129

サイドカー	105	脆弱性	9、172
再保険	39	絶対リターン	207
再保険会社	40	ゼロコストカラー	281
再保険マーケット	41	ゼロベータ資産	210
サファー・シンプソン・ハリケーン風力スケール	134	セントラルカウンターパーティ	140
サブプライムローン	185	ソフトマーケット	55
シーズナル・ストリップ	289		
シェルフ・プログラム	248	**[た行]**	
シカゴ商業取引所	133	大数の法則	37
シカゴ商品取引所	126	代替的リスク移転	57
事業継続計画	31	ダイレクト方式	69
事業継続プラン	15	タックスヘイブン	63
資産流動性	86	担保債券証券	143
事後的リスクファイナンス	24	担保負債証券	143
資産担保証券	105、143	担保モーゲージ債券証券	143
地震災害時融資実行予約契約	92	担保ローン負債証券	143
地震債券	94	地域気象観測	260
地震保険に関する法律	43	地上気象観測	260
事前的リスクファイナンス	24	超過損失再保険	48
実損てん補	158	貯蓄貸付組合	143
シニア債	145	使い捨て再保険ビークル	107
死亡CATボンド	243	天候リスク	254
死亡ボンド	243	天候リスクマネジメント	258
住宅用不動産担保証券	143	天候リスクマネジメント協会	300
出再	40	統計的手法	263
純粋カストロフィ・スワップ	119	統合的リスクマネジメント	29、67
商業用不動産担保証券	143	統合的枠組み	30
証券化	142	トータルリターン・スワップ	149
情報の非対称性	67、179	特別目的会社	144、147
ジョージ・アカロフ	179	特別目的再保険ビークル	105
シングル・キャプティブ	70	特別目的ビークル	144、147
シングルペアレント・キャプティブ	70	特約再保険	46
震災時発動型融資予約スキーム	93	トランシェ	145
信託	149	トランチング	145
スポンサー	147	トリガー	177
スポンサー企業	70	トレッドウェイ委員会組織委員会	30

[な行]

任意再保険 …………………………… 45
ノースリッジ地震
　……………………… 12、54、162、167
ノンプロポーショナル再保険 ……… 48

[は行]

ハードマーケット …………………… 55
ハイブリッド・トリガー …………… 195
ハザード ……………………………… 7
バミューダ商品取引所 ……………… 137
パラメトリック・インデックス・
　トリガー …………………………… 193
ハリケーン・アンドリュー
　……………………… 12、162、167、215
ハリケーン・ウィルマ ……………… 54
ハリケーン・カトリーナ …………… 54
ハリケーン・リタ …………………… 54
東日本大震災 ………………………… 214
ヒューゴ ……………………………… 54
ファイナイト保険 …………………… 79
フォース・マジュール条項 ………… 91
ブラック・ショールズモデル ……… 276
プレインバニラ・スワップ ………… 118
プロテクション ……………………… 111
プロポーショナル再保険 …………… 47
フロンティア方式 …………………… 69
ペアレント …………………………… 70
米国同時多発テロ …………………… 162
ベーシスリスク ……………… 159、196
ベータ ………………………………… 210
ヘッジファンド ……………………… 207
ペリル ………………………………… 7
保険サイクル ………………………… 55
保険リンク証券 ……………………… 142
保険リンク証券専門ファンド ……… 206
保護セルキャプティブ ……………… 75

[ま行]

マルチ・トランシェ ………………… 152
マルチトリガーCATボンド ……… 240
マルチペアレント・キャプティブ … 72
マルチペリルCATボンド ………… 237
ミディアムターム・ノート ………… 248
メザニン債 …………………………… 145
モデルリスク ………………………… 208
モデルロス・インデックス・トリ
　ガー ………………………………… 192
元受保険会社 ………………… 39、40
モラルハザード ……… 158、182、198

[や行]

優先劣後構造 ………………………… 145

[ら行]

落水構造 ……………………………… 145
ラニーニャ現象 ……………………… 256
リーマン破綻 ………………………… 163
リスク ………………………………… 7
リスクカーブ ………………………… 18
リスク近視眼 ………………………… 16
リスクコントロール ………… 19、21
リスクの3M ………………………… 268
リスクの移転 ………………………… 26
リスクの測定 ………………………… 17
リスクの認識 ………………………… 13
リスクの保有 ………………………… 25
リスクファイナンス ………… 20、23
リスクマネジメント ………… 10、13
レイヤー ……………………………… 48
レモン市場 …………………………… 179
レンタ・キャプティブ ……………… 74
ロス・エクイティプット …………… 101

金融と保険の融合
――究極のリスクマネジメント

平成25年8月23日　第1刷発行

　　　　　著　者　可　児　　　滋
　　　　　発行者　倉　田　　　勲
　　　　　印刷所　図書印刷株式会社

〒160-8520　東京都新宿区南元町19
発　行　所　一般社団法人 金融財政事情研究会
　　　編集部　TEL 03(3355)2251　FAX 03(3357)7416
販　　　売　株式会社きんざい
　　　販売受付　TEL 03(3358)2891　FAX 03(3358)0037
　　　　　URL http://www.kinzai.jp/

・本書の内容の一部あるいは全部を無断で複写・複製・転訳載すること、および
　磁気または光記録媒体、コンピュータネットワーク上等へ入力することは、法
　律で認められた場合を除き、著作者および出版社の権利の侵害となります。
・落丁・乱丁本はお取替えいたします。定価はカバーに表示してあります。

ISBN978-4-322-12356-2

KINZAI バリュー叢書 好評発売中

社内調査入門
――"守りの法令遵守"から"戦略的不祥事抑止"へ
●中村　勉［著］・四六判・228頁・定価1,680円（税込⑤）
元特捜検事が実践的な社内調査ノウハウを一挙掲載。社内調査の流れをわかりやすく解説。

再エネ法入門
――環境にやさしい再生可能エネルギービジネス入門
●坂井　豊・渡邉雅之［著］・四六判・320頁・定価1,890円（税込⑤）
再エネ特措法の解説とあわせて、太陽光発電の事業に必要な許認可等やファイナンス手法を詳説。また、実際の案件に利用できる種々の契約書式も掲載。

債権回収の初動
●島田法律事務所［編］・四六判・248頁・定価1,470円（税込⑤）
不良債権の増加が迫りくるなかで、不良債権処理の全体像を念頭に置いた債権回収の初動時の適切な対応を余すところなく伝授。出口戦略に備えるための必読書。

コーポレートガバナンス入門
●栗原　脩［著］・四六判・236頁・定価1,680円（税込⑤）
会社法制の見直しにおける重要なテーマの1つとなっているコーポレートガバナンスについて、国際比較の視点から歴史的な経過や問題意識の変遷をふまえ多角的に解説。

原子力損害賠償の法律問題
●卯辰　昇［著］・四六判・224頁・定価1,890円（税込⑤）
「原子力発電に内在するリスク」「損害賠償制度」「原子力関連訴訟」「核廃棄物処分に関する法政策」から「福島の原発事故による損害賠償」まで主要な法的論点を網羅。

クラウドと法
●近藤　浩・松本　慶［著］・四六判・256頁・定価1,890円（税込⑤）
「情報セキュリティ」「クラウドのカントリーリスク」などクラウドコンピューティングにまつわる最新の話題を満載。その導入の最新動向や普及に向けた政府の動きについても言及。

最新保険事情
●嶋寺　基［著］・四六判・256頁・定価1,890円（税込⑤）
「震災時に役立つ保険は何？」など素朴な疑問や、最新の保険にまつわる話題を、保険法の立案担当者が解説し、今後の実務対応を予測。

好評図書

金融法務のすべてを網羅した実務の定本
銀行窓口の法務対策4500講

前版比700講増！
4年ぶりの全面改訂！

[監修] 畑中龍太郎
　　　 中務嗣治郎
　　　 神田　秀樹
　　　 深山　卓也

Ⅰ	コンプライアンス・取引の相手方・預金・金融商品 編	1,640頁
Ⅱ	為替・手形小切手・電子記録債権・付随業務・周辺業務 編	1,584頁
Ⅲ	貸出・管理・保証 編	1,304頁
Ⅳ	担保 編	1,200頁
Ⅴ	回収・担保権の実行・事業再生 編	1,376頁

各巻A5判・上製　各巻 8,400円(税込⑤)
全5巻セット 42,000円(税込⑤)

◆でんさいネット、改正犯罪収益移転防止法、改正金融商品取引法など新法制・新ルールに対応！
◆海外進出支援、経営改善支援強化等、最新の実務動向をフォロー！